CW01647675

ŚMIERĆ HITLERA

W tajnych aktach KGB

JEAN-CHRISTOPHE BRISARD
LANA PARSHINA

ŚMIERĆ HITLERA

W tajnych aktach KGB

Z języka francuskiego przełożyła
Krystyna Szeżyńska-Maćkowiak

post FACTUM

Tytuł oryginału:
LA MORT D'HITLER. Dans les dossiers secrets du KGB

« LA MORT D'HITLER » by Jean-Christophe BRISARD and Lana PARSHINA
Copyright © LIBRAIRIE ARTHÈME FAYARD 2018
Copyright © 2018 for the Polish edition by Wydawnictwo Sonia Draga
Copyright © 2018 for the Polish translation by Wydawnictwo Sonia Draga

Projekt graficzny okładki: Marcin Słociński

Redakcja językowa i merytoryczna: Piotr Chojnacki
Korekta: Maria Zając, Iwona Wyrwisz

ISBN: 978-83-8110-401-2

Wszelkie prawa zastrzeżone. Nieautoryzowane rozpowszechnianie całości lub fragmentu niniejszej publikacji w jakiejkolwiek postaci jest zabronione i wiąże się z sankcjami karnymi.

Książka, którą nabyłeś, jest dziełem twórcy i wydawcy. Prosimy, abyś przestrzegał praw, jakie im przysługują. Jej zawartość możesz udostępnić nieodpłatnie osobom bliskim lub osobiście znanym. Ale nie publikuj jej w internecie. Jeśli cytujesz jej fragmenty, nie zmieniaj ich treści i koniecznie zaznacz, czyje to dzieło. A kopiując ją, rób to jedynie na użytek osobisty.

Szanujmy cudzą własność i prawo!
Polska Izba Książki

Więcej o prawie autorskim na www.legalnakultura.pl

WYDAWNICTWO SONIA DRAGA Sp. z o.o
ul. Fitelberga 1, 40-588 Katowice
tel. 32 782 64 77, fax 32 253 77 28
e-mail: info@soniadraga.pl
www.soniadraga.pl
www.postfactum.com.pl
facebook.com/PostFactumSoniaDraga
www.facebook.com/wydawnictwoSoniaDraga

Skład i łamanie: Wydawnictwo Sonia Draga

Katowice 2018. (N518)

CZĘŚĆ I

ŚLEDZTWO (I)

Moskwa, 6 kwietnia 2016 roku

Lana wyglądała na zdenerwowaną.

Jej kontakty w wyższych kręgach rosyjskiej administracji państwowej nie ukrywały, że mamy znikome szanse na osiągnięcie celu. Potwierdzono spotkanie o jedenastej, ale w Rosji niczego to jeszcze nie oznacza. Mroźne powietrze szczypało nas w policzki, gdy zbliżaliśmy się do siedziby Archiwum Państwowego Federacji Rosyjskiej. Gosudarstwiennyj Archiw Rossijskoj Fiedieracyi (GARF) mieści się w ścisłym centrum Moskwy. Ma ogromny zbiór materiałów archiwalnych – niemal 7 milionów dokumentów od początku XIX wieku do dziś. Są to głównie dokumenty pisane, ale także trochę fotografii oraz tajne akta. I właśnie z powodu takich tajnych akt musimy zmierzyć się ze srogim moskiewskim klimatem i równie srogą rosyjską biurokracją. Lana Parshina nie jest w Rosji osobą całkiem anonimową. Młoda dziennikarka, twórczyni filmów dokumentalnych, jest pół Rosjanką, pół Amerykanką, i bywa częstym gościem stacji telewizyjnych, dla których relacjonuje największe ze swych dotychczasowych osiągnięć: ostatni wywiad z Laną Peters. Lana Peters była staruszką bez grosza, zapomnianą przez wszystkich pensjonariuszką schroniska dla ubogich w zapadłej amerykańskiej mieścinie. Ukrywała się, nie chciała rozmawiać z dziennikarzami, a tym bardziej wspominać ojca, niejakiego Josifa Wissarionowicza Dżugaszwilego, zwanego Stalinem. Lana Peters nazywała się w rzeczywistości Swietłana Stalin i była ukochaną córką dyktatora. W środku zimnej wojny, w latach sześćdziesiątych, uciekła z kraju i wystąpiła do amerykańskiego wroga o udzielenie azylu politycznego. Odtąd stała się symbolem ludzi radzieckich gotowych na wszystko, żeby wyrwać się spod władzy terroru. Lana Parshina zdołała przekonać skrytą córkę wodza do udzielenia kilku filmowanych wywiadów. Działo się to w roku 2008. Ten sukces został w Rosji zauważony. Stalin od kilku lat znów stawał się w Moskwie modny. Lana Parshina, doskonale znając mechanizm działania skomplikowanej machiny państwowej i administracyjnej tego kraju, sądziła, że zdoła dotrzeć do tajnych akt i do dokumentów wrażliwych.

A jednak tego kwietniowego ranka 2016 roku wyczuwałem jej niepokój.

Byliśmy umówieni z dyrektorką GARF-u Larysą Aleksandrowną Rogową. Tylko ona mogła udzielić nam zgody na przejrzenie akt H jak Hitler.

Już przy wejściu do holu głównego GARF-u intruzom daje się odczuć, gdzie się znaleźli. Żołnierz z wąsami w stylu lat siedemdziesiątych, wzorujący się chyba na Freddiem Mercurym, zażądał okazania paszportów. „Kontrola!", warknął, jakby chciał nam dać do zrozumienia, że nie jesteśmy tu mile widziani. Z Laną, która ma rosyjski dokument tożsamości, sprawa była prosta, ale mój francuski paszport to już problem. Żołnierz chyba nie radził sobie za dobrze z alfabetem łacińskim i nie potrafił przeczytać mojego nazwiska. Brisard zapisane cyrylicą to БРИЗАР. I właśnie takie nazwisko figurowało na liście osób uprawionych do wejścia tego dnia. Po długiej kontroli, dzięki bezcennej pomocy Lany, mogliśmy wreszcie wejść. Biuro dyrekcji generalnej archiwum? Tym pytaniem zirytowaliśmy wartownika. Zajmował się już kolejnym gościem, traktując go równie uprzejmie. „W głębi, za trzecim budynkiem po prawej". Młoda kobieta, która udzieliła nam odpowiedzi, nie czekała na podziękowanie – odwróciła się na pięcie i wbiegła po słabo oświetlonych schodach. GARF przypomina radzieckie osiedle robotnicze. Zajmuje wiele budynków o ponurych fasadach, w czysto radzieckim stylu łączącym konstruktywizm z modernizmem. Wędrowaliśmy od budynku do budynku, starając się omijać rozległe połacie topniejącego śniegu, który zamieniał się w breję. „Dyrekcja generalna", zauważyliśmy z daleka napis na dużej tabliczce nad dwuskrzydłowymi drzwiami. Dostęp do nich blokował czarny samochód. Zostało nam do pokonania około 20 metrów, kiedy z budynku szybko wyszła potężnie zbudowana kobieta. Wsiadła do auta. „To dyrektorka...", szepnęła rozczarowana Lana, wiodąc wzrokiem za oddalającym się pojazdem.

Była 10.55, mogliśmy zapomnieć o umówionym na jedenastą spotkaniu.

Witamy w Rosji.

Dwie sekretarki dyrekcji GARF-u podzieliły się rolami – jedna była uprzejma, druga wręcz opryskliwa. „W jakiej sprawie?" Gdy nie rozumie się języka – a tak jest w moim przypadku – łatwo odczuć ostrość tych słów. Młodsza z kobiet (ale po co silić się na uprzejmość – po prostu mniej stara), nie odnosiła się więc do nas przyjaźnie. Lana nas przedstawiła, wyjaśniła, że jesteśmy dziennikarzami, że jest Rosjanką, a ja Francuzem. Przyszliśmy, ponieważ jesteśmy umówieni na spotkanie z dyrektorką, panią dyrektor, a następnie mamy obejrzeć pewien szczególny obiekt... „Nie zobaczycie się z nią!", przerwała jej ta opryskliwa. „Wyszła. Nie ma jej". Lana wyjaśniła, że już o tym wiemy, powiedziała o czarnym samochodzie i dyrektorce, która o nas zapomniała i ulotniła się, kiedy byliśmy niemal pod drzwiami. Opowiedziała o tym wszystkim, nie tracąc entuzjazmu. Zaczekać – czy to wchodzi w grę? „Skoro nie macie nic lepszego do roboty", skwitowała sekretarka i opuściła pokój z plikiem dokumentów pod pachą, żeby dać nam do zrozumienia, że zajmujemy jej cenny czas. Nad jej biurkiem królował zegar z kukułką. Wskazywał 11.10. Druga sekretarka słuchała koleżanki, nie odzywając się ani słowem. Jej zażenowana mina zwróciła naszą uwagę. Lana podeszła do niej.

To spotkanie na Kremlu, u prezydenta. Nie było planowane. Rzecz jasna, że kiedy dzwoni Putin, a raczej ktoś z jego gabinetu, wszyscy natychmiast biegną. Sekretarka, ta miła, wyjaśniła nam to półsłówkami, zniżając głos. Ten głos brzmiał łagodnie i przyjaźnie, był jak miód na serce, mimo że nie takie informacje chcieliśmy usłyszeć. Kto wie, kiedy wróci dyrektorka?! Na pewno nie sekretarka. Czy to nagłe wezwanie ma coś wspólnego z nami? „Nie. Skąd taki pomysł?"

Minęła siedemnasta, kiedy okazało się, że cierpliwość popłaca. Na naszych oczach otwarto pudło ze sztywnej tektury. A w nim, troskliwie przechowywana, leżała w mniejszym pudełku...

– To ona? Naprawdę?

– *Da!*

– Tak, powiedziała, że tak.

– Dziękuję, Lano. I zostało tylko to?

– *Da!*

– Zrozumiałem, nie musi pani tłumaczyć, Lano.

Patrząc z bliska na pudełko, zauważyłem jego uderzające podobieństwo do tych na dyskietki komputerowe. I rzeczywiście, to było pudełko na dyskietki. Czaszka Hitlera przechowywana w pudełku na dyskietki! Ale bądźmy precyzyjni – to tylko fragment czaszki, o którym rosyjskie władze mówią, że należał do Hitlera. Trofeum Stalina! Jedna z najpilniej strzeżonych tajemnic Związku Radzieckiego, a następnie postkomunistycznej Rosji. A dla nas plon rocznego oczekiwania i śledztwa.

Żeby zrozumieć nasze odczucia w tamtej chwili, trzeba wyobrazić sobie tę scenę. Kwadratowy pokój, dość duży, by pomieścić dziesięć osób. Stół, również kwadratowy, z ciemnego politurowanego drewna. Na ścianie oprawione w czerwone ramki rysunki pod szkłem. „To oryginalne plakaty", usłyszeliśmy. Pochodzą z czasów Rewolucji. Tej Rewolucji – wielkiej, tej, która dokonała się w Rosji, rewolucji Lenina z października lub listopada 1917 roku – zależnie od tego, czy posługujemy się kalendarzem juliańskim, czy gregoriańskim. Widnieją na nich dumni, ale głodni robotnicy. Ich silne ramiona dzierżą czerwony sztandar, niosąc go światu. Na ich drodze pojawił się kapitalista, dręczyciel ludu. A po czym poznać, że to kapitalista? Ubrany w drogi garnitur i cylinder, paraduje z wielkim brzuchem. Bije od niego poczucie wyższości, z jakim możni tego świata patrzą na słabszych. Na ostatnim plakacie mężczyzna w cylindrze nie prezentuje się już tak dumnie – leży na ziemi z głową rozbitą potężnym młotem robotnika.

Symbole, wciąż te symbole. Choćbyś był najpotężniejszy, skończysz obalony, z głową roztrzaskaną przez wytrwały rosyjski lud. Czy Hitler widział te plakaty? Na pewno nie.

A szkoda, bo i jego Rosjanie w końcu dopadli, i mają jego głowę. A dokładniej – kawałek czaszki.

Powróćmy jednak do opisu sceny.

Niewielki pokój, sala zebrań, w której wciąż unoszą się wyziewy rewolucji, mieści się na parterze GARF-u, tuż obok sekretariatu, gdzie cierpliwie czekaliśmy na powrót dyrektorki, Larysy Rogowej. Tęga kobieta po pięćdziesiątce robi na rozmówcach wrażenie nie tylko wyglądem fizycznym. Jej spokój i wrodzona charyzma wyróżniają ją spośród moskiewskich urzędników. Po powrocie z Kremla przeszła przez sekretariat i zniknęła w swoim gabinecie, nie zauważywszy nas. Lana i ja siedzieliśmy w dwóch jedynych fotelach w tym pokoju. Ogromna roślina, być może fikus, oddzielała je od reszty pomieszczenia, zawłaszczając znaczną część znikomej przestrzeni, jaką przeznaczono dla interesantów. Choćby była zamyślona, choćby się spieszyła, dyrektorka nie mogła nie dostrzec dwojga ludzi pod olbrzymim fikusem. To było o szesnastej. Oboje poderwaliśmy się z miejsc pełni nadziei. Zadzwonił telefon. „W pokoju obok? W sali narad? Za pół godziny..." Uprzejma sekretarka powtarzała polecenia, które wydano jej przez telefon. Lana spojrzała na mnie, uśmiechając się. Chodziło o nas.

Dyrektorka bez słowa usiadła przy dużym stole. Przy niej stała na baczność dwójka pracowników. Po jej prawicy – kobieta w na tyle zaawansowanym wieku, że od dawna mogłaby korzystać z zasłużonej emerytury, po lewicy – mężczyzna o wyglądzie zjawy, jakby żywcem wyjęty z powieści Brama Stokera. Kobieta to Dina Nikołajewna Nochotowicz, odpowiedzialna za zbiory specjalne. Mężczyzna nazywał się Nikołaj Igoriewicz Władimircew (prosił, by mówić do niego Nikołaj) i kierował wydziałem konserwacji dokumentów GARF-u.

Nikołaj delikatnie postawił przed dyrektorką duże pudło. Dina pomogła mu podnieść wieko. Potem cofnęli się i splótłszy ręce na plecach, obserwowali nas. Przybrali postawę, która miała być dla nas przestrogą – czuwali, w każdej chwili gotowi do interwencji. Larysa siedziała, ująwszy pudło w dłonie: tym gestem zarazem chroniła skarb i zapraszała nas, byśmy zajrzeli do środka.

A już traciliśmy nadzieję, że ta chwila nadejdzie. Jeszcze rano ten fragment czaszki zdawał się niedostępny. Po wielu miesiącach niekończących się negocjacji, po ponawianych prośbach przesyłanych w mailach, listach, wyrażanych telefonicznie i faksowanych (owszem, w Rosji faks jest wciąż w użyciu), a także przedstawianych w rozmowach z nieprzystępnymi urzędnikami, nareszcie mieliśmy przed sobą te ludzkie szczątki. Kawałek czaszki – oceniając na oko, mniej więcej jedna czwarta – jej tylna lewa część (dokładnie kość ciemieniowa i fragment potylicznej). Obiekt pożądania historyków i dziennikarzy z całego świata. Czy, jak utrzymują rosyjskie władze, to szczątki Hitlera, czy też, jak stwierdził niedawno amerykański uczony, czterdziestoletniej kobiety? Zadanie tego pytania w gmachu GARF-u oznaczałoby wtargnięcie na grunt polityki, podważenie oficjalnej wersji Kremla. Dla dyrektorki archiwum byłaby to obraza. Rzecz nie do przyjęcia.

Larysa Rogowaja kierowała GARF-em od zaledwie kilku dni. Zastąpiła na tym stanowisku, jakże politycznym, jakże trudnym w epoce Putina, dawnego dyrektora Siergieja Mironienkę. W naszej obecności ważyła każde wypowiadane słowo. Tylko ona udzielała odpowiedzi na nasze pytania, jej współpracownicy nie mieli prawa głosu. Bardzo lakoniczna, ograniczała się do dwóch, trzech słów, cedząc je przez zaciśnięte usta. Ta stojąca wysoko w hierarchii państwowej urzędniczka już żałowała, że przystała na naszą prośbę. Jednak, ściśle rzecz biorąc, na nic nie przystała. Polecenie, by pozwolić nam popatrzeć na ten kawałek czaszki, przyszło z góry. Ale z jak wysokiego szczebla? Trudno powiedzieć. Z Kremla? Z pewnością, tylko kto je wydał? Lana była przekonana, że decyzja zapadła w gabinecie prezydenta. Jak za czasów Związku Radzieckiego, archiwa państwowe to znów miejsce niemal tajne. 4 kwietnia 2016 roku Władimir Putin podpisał dekret, na mocy którego zarządzanie archiwami, publikacja materiałów, dostęp do nich i ich ujawnianie podlega bezpośrednio prezydentowi Federacji Rosyjskiej, czyli jemu samemu. To koniec otwartego dostępu do dokumentów historycznych, zapoczątkowanego za prezydentury Borysa Jelcyna. I pożegnanie z charyzmatycznym dyrektorem GARF-u, Siergiejem Mironienką, przyjacielem wielu zagranicznych historyków i zwolennikiem niemal swobodnego dostępu do setek tysięcy dokumentów historycznych przechowywanych w jego archiwum. „Mniej komentarzy, więcej dokumentów. Dokumenty muszą przemówić same", lubił powtarzać przy każdej okazji kolegom, których dziwiła polityka otwarcia. Koniec z tym! Mironienkę odstawiono na boczny tor. A dwadzieścia cztery lata solidnej pracy i lojalnej służby w GARF-ie okazały się nie mieć żadnego znaczenia. Kreml zdegradował go jednym podpisem. Nie zwolniono go ani nie wysłano na emeryturę (w wieku sześćdziesięciu pięciu lat mógłby o nią wystąpić), nie przeniesiono w inne miejsce, ale zdegradowano. W ślad za niełaską przyszło więc upokorzenie, bo oczywiście nowa dyrektorka, nasza droga Larysa Rogowaja, była jego podwładną. Stalin zapewne postąpiłby tak samo.

Dekret Putina został wydany 4 kwietnia 2016 roku, a my stanęliśmy nad pudłem z fragmentem czaszki 6 kwietnia 2016 roku. Wrażenie, że Larysa Rogowaja wiele by dała, żeby nas przegnać, to nie objaw paranoi. Jej niechęć do nas była wręcz namacalna, bił od niej strach, że skończy tak jak Mironienko. Toteż kiedy poprosiliśmy o wyjęcie pudełka z kośćmi z kartonowego pudła, w małym pokoju gwałtownie wzrosło napięcie. Larysa popatrzyła na dwójkę swoich przybocznych. Zaczęła się krótka narada. Nikołaj pokręcił głową na znak dezaprobaty. Dina wyciągnęła z pudła kartkę, poprawiła okulary, w których wyglądała jak szczwana kuna, i pochyliła się nad Laną.

W tym samym momencie dyrektorka gestem dała Nikołajowi do zrozumienia, że nie zmieniła zdania. On jeszcze się wahał i przez chwilę milczał. Potem z wyraźną niechęcią zanurzył chude ręce w pudle i delikatnie wyjął z niego pudełko na dyskietki.

„Musicie podpisać się w rejestrze udostępniania. Podajcie datę, godzinę i dane osobowe". Dina podsunęła nam formularz. Lana starannie go wypełniła. Pozwoliłem się jej wyręczyć i zacząłem oglądać kość. Nikołaj natychmiast zareagował. Stanął przede mną i cmokając z dezaprobatą, dał mi do zrozumienia, że łamię zasady. „Proszę najpierw wypełnić formularz", powtórzyła dyrektorka. Lana przeprosiła za moje zachowanie. W końcu byłem Francuzem, cudzoziemcem... On nie rozumie – tak im tłumaczyła z pobłażliwym uśmiechem, jak zażenowana wybrykami niesfornego dziecka. Po co ta ostrożność, skąd ta nerwowość? Mironienko przeszedł przed otwartymi drzwiami salki. Poznałem go, pojawiał się w wielu reportażach, które oglądałem, gromadząc materiały na temat Hitlera. Był w korytarzu sam. Otyły, przygarbiony, podreptał dalej, nawet na nas nie spojrzawszy. Na pewno wiedział, co tu robimy. Do niedawna to on spotykał się z dziennikarzami. I doskonale znał ten fragment czaszki. Było już wpół do szóstej, wziął już ciężkie palto, na siwych włosach miał kaszkiet – zakończył pracę. Larysa nie. „Wszystko musi być zgodne z regułami. Czasy się zmieniają, musimy zachować ostrożność", podkreśliła dyrektorka, kiedy Mironienko opuścił budynek. „Dostaliśmy zielone światło od administracji centralnej, możemy pokazać wam tę czaszkę, ale także musimy złożyć raport". Powiedzieliśmy, że rozumiemy, że to normalne, oczywiście, nie ma żadnego problemu – to właśnie chciała usłyszeć od nas Rogowaja. Ta czaszka, a raczej to, co z niej zostało, stała się powodem sporu, polemiki między Rosją a… znaczną częścią świata. Czy to naprawdę kości Hitlera? Czy Rosja kłamie? Larysa spodziewała się najważniejszego pytania, tego o autentyzm szczątków. Jej odpowiedź była krótka: „Wiem!". Dina i Nikołaj, jej zastępcy, również wiedzą. Ale my nie wiemy. „Skąd ta pewność?" Larysa bez zająknienia recytowała gotowe odpowiedzi, wcześniej wyuczone i powtarzane mechanicznie. Lata badań, analiz, próbek pobieranych przez KGB i radzieckich naukowców, najlepszych z najlepszych… Tak, to naprawdę czaszka Hitlera. „W każdym razie oficjalnie to jego czaszka". Po raz pierwszy dyrektorka GARF-u zdystansowała się wobec wersji oficjalnej. Jej pewność wcale nie jest niezachwiana. „Oficjalnie"… to słowo nacechowane. Ta czaszka jest oficjalnie, ale nie naukowo, czaszką Hitlera.

Lana wypełniła formularze. Nikołaj, jak za dotknięciem czarodziejskiej różdżki, przesunął się, nie blokując mi już dostępu do stołu. Pudełko na dyskietki i czaszka są nasze. Pochylamy się nad plastikową pokrywką. Duża nalepka, na której widnieje marka dyskietek, przeszkadza nam w oglądaniu obiektu. Przechylamy się, żeby spojrzeć na niego pod kątem, ale to nic nie daje. Gestem pytam, czy istnieje możliwość otwarcia pudełka. Klucz, obrócić klucz? Gest zadziałał. Nikołaj wyciągnął z kieszeni kluczyk i otworzył zamek. Potem cofnął się i stanął tuż za nami. Ale nie podniósł pokrywki, toteż znów zacząłem gestykulować. Tym razem naśladowałem ruch unoszenia, odkrywania. Zrobiłem to dwukrotnie, powoli. Larysa opuściła powieki. Nikołaj, burcząc pod nosem, otworzył pudełko. Czaszka nareszcie naprawdę była przed nami.

A zatem to miałby być Hitler. Ten fragment kości złożony w ciasnym, banalnym pudełku na dyskietki z lat osiemdziesiątych. Cóż za ironia losu: człowiek, który chciał zmiażdżyć część Europy i zniewolić miliony istot ludzkich! Hitler, który obawiał się skończyć w szklanej gablocie w Moskwie, pokazywany przez wrogów jak zwyczajne trofeum. Tymczasem nie zyskał nawet

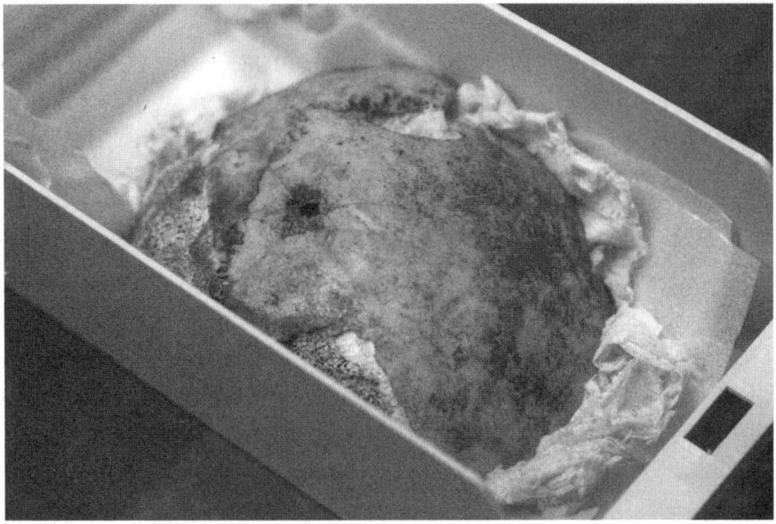

Fragment czaszki zachowany w zbiorach GARF-u
i przypisywany przez Moskwę Hitlerowi.

oprawy stosownej do jego wpływu na współczesną historię – nie potraktowali go tu jak uosobienia czystego zła. Rosjanie zapakowali go do pudełka i zepchnęli w niepamięć archiwów, celowo czy nie, okazując mu takie względy jak szczątkom psa. A to, że tak trudno uzyskać dostęp do tych kości, nie wynika z obawy Rosjan, że mogłoby to doprowadzić do ich uszkodzenia, ale z przyczyn politycznych. Nikt już nie powinien badać tych szczątków i kwestionować ich autentyzmu. To czaszka Hitlera. Żadnych wątpliwości. Przynajmniej według Rosjan.

Szczerze mówiąc, poczułem się rozczarowany. To miał być największy sekret rosyjskich archiwów – smętny kawałek kości zamknięty w pudełku po dyskietkach? Świadomość, że być może to jedyne ludzkie szczątki jednego z największych potworów, jakich nosiła ta ziemia, wzbudza niesmak. Ale trzeba wziąć się w garść. Skupić się na naszym śledztwie i nie zapominać, po co tu jesteśmy: żeby poznać tajemnicę ostatnich godzin Hitlera. Dlatego musimy zadać celne pytania. Gdzie znaleziono tę czaszkę?

Kto ją znalazł? Kiedy? A przede wszystkim jak udowodnić, że to szczątki Hitlera. To chcemy osiągnąć. I najpierw musimy poddać kości analizie. „Analizy?", zdziwiła się Larysa, usłyszawszy prowadzoną przez nas po angielsku rozmowę. „Tak, chodzi o testy… na przykład DNA. Musimy sprowadzić specjalistę, lekarza sądowego…", wyjaśniła jej po rosyjsku Lana. Dyrektorka wysłuchała jej uprzejmie, nie przerywając. „Dzięki temu nie będzie już wątpliwości. Żadnych. Już nikt nie zakwestionuje autentyzmu tej czaszki. Albo to Hitler, albo nie. To chyba ważne?" Położyłoby to kres najbardziej nieprawdopodobnym pogłoskom na temat śmierci tyrana, jakie krążą. Hitler w Brazylii, Hitler w Japonii albo na biegunie południowym…

Berlin, maj 1945 roku

Niczym legendarny potwór albo przerażająca zjawa, Hitler stał się przedmiotem wielu fantazji. Od chwili zdobycia Berlina, 2 maja 1945 roku, raz po raz padało pytanie, czy zginął. A może uciekł? Według tych, którzy byli z nim w bunkrze, a przeżyli, 30 kwietnia 1945 roku popełnił samobójstwo. Potem jego zwłoki spalono, aby nikt ich nie mógł odnaleźć. To właśnie brak ciała sprawił, że narodziła się cała seria pogłosek o tym, że Hitler przeżył. 8 maja 1945 roku Leonid Leonow, ceniony przez władze radziecki autor, opublikował na łamach „Prawdy" pełen żaru tekst: „Żądamy materialnego dowodu, że kapral strateg nie przeistoczył się w wilkołaka. Że małe dzieci na całym świecie mogą spokojnie spać w kołyskach. Armia radziecka, podobnie jak nasi zachodni alianci, chce zobaczyć zwłoki Führera »naturalnych rozmiarów«"*. I tak nadano ton dyskusji. Dopóki nie będzie tego dowodu „naturalnych rozmiarów", duch Hitlera będzie nękał umysły, a relacje potwierdzające, że go widziano, będą się mnożyły.

Niektóre z tych relacji opierają się na faktach. Jedna przypomina scenariusz filmu szpiegowskiego. Chodzi o losy U-530 – *Unterseeboot*, niemieckiego okrętu podwodnego. Mimo kapitulacji Trzeciej Rzeszy jednostka ta nie poddała się aliantom i 10 lipca 1945 roku dotarła do wybrzeży Argentyny. Być może na jej pokładzie ukryto pasażerów.

* „Le Monde", 9 maja 1945 r.

Na stanowisku dowodzenia U-530 znalazł się bardzo młody – być może za młody – oficer. Nazywał się Otto Wermuth i miał zaledwie dwadzieścia cztery lata. Ten prosty Oberleutnant zur See 10 stycznia 1945 oku awansował na dowódcę okrętu podwodnego. W ostatnim roku wojny Kriegsmarine (niemiecka marynarka wojenna) odczuwała – podobnie jak cała armia Rzeszy – dotkliwy brak doświadczonych oficerów. Oczywiście Otto Wermuth nie był kompletnym żółtodziobem, nie zdążył jednak dowieść swej wartości. Wstąpił do Kriegsmarine tuż po wybuchu wojny z Polską, Francją i Wielką Brytanią, we wrześniu 1939 roku. Miał wówczas dziewiętnaście lat i nie przypominał aryjskiego wojownika sławionego przez niemiecką propagandę. Otto Wermuth był raczej typem subtelnego studenta, chłopakiem o pociągłej twarzy, smukłej, wręcz chudej sylwetce i niemal dziecięcym spojrzeniu. Bardzo szybko skierowano go do służby na okrętach podwodnych. Po zakończeniu szkolenia we wrześniu 1941 roku wypłynął jako oficer na stanowisku obserwacyjnym. Kiedy w styczniu 1945 roku obejmował dowództwo na U-530, jednostce najnowszej generacji o bardzo dużym zasięgu, nie miał jeszcze żadnego doświadczenia jako dowódca. Powierzony mu okręt stanowił duże wyzwanie. Miał 76 metrów długości i mógł zabrać na pokład do pięćdziesięciu sześciu osób. Wyposażony w wyrzutnie torped i działo pokładowe, mógł także stawiać miny i był naprawdę groźną bronią. Ale młody dowódca nie zdążył tego udowodnić.

Skierowany w kwietniu 1945 roku w rejon amerykańskiego wybrzeża U-530 wystrzelił na południe od Long Island dziewięć torped do znajdujących się w rejonie Nowego Jorku okrętów alianckich. Żadna nie trafiła. Wermuth dowiedział się o kapitulacji Niemiec i otrzymał ze sztabu rozkaz, żeby się poddać. Nie chcąc tego uczynić, postanowił uciec do Argentyny. Panowała tam wtedy dyktatura wojskowa. Mimo że pod naciskiem Stanów Zjednoczonych argentyńskie władze 27 marca 1945 roku wypowiedziały Niemcom wojnę, wciąż podziwiały system nazistowski.

Po dwóch miesiącach na morzu U-530 zakotwiczył 10 lipca 1945 roku w odległości 400 kilometrów na południe od Buenos Aires, w Mar del Plata. Wermuth poddał się wraz z załogą. Odtąd byli jeńcami wojennymi. Wieści o tym szybko się rozeszły, a w ślad za nimi pojawiły się pogłoski o obecności Adolfa Hitlera i jego żony Ewy Braun na pokładzie okrętu podwodnego. Profaszystowskie nastroje w Argentynie były silne, a w Patagonii mieszkała grupa Niemców, skupiona we wsiach w stylu bawarskim. Idealna sceneria, by wyobrazić sobie, że Hitler znalazł schronienie w Ameryce Łacińskiej.

Zaraz po zejściu na ląd Wermuth został przesłuchany przez przedstawicieli marynarki argentyńskiej i US Navy. Niemieckiego oficera podejrzewano o to, że zanim poddał się 10 lipca, przybijał do brzegu w pobliżu małych miast. Czy skorzystał z okazji, żeby wysadzić tam na ląd pasażerów albo pozostawić dokumenty? 14 lipca 1945 roku amerykański attaché morski w Buenos Aires wysłał do Waszyngtonu informację o przybyciu okrętu podwodnego, z którego miały zejść na ląd dwie niezidentyfikowane osoby.

Argentyńska prasa zainteresowała się rejsem U-530 i publikowała artykuły, których autorzy twierdzili, że Hitler żyje. W jednym z nich, reportażu pisma „Critica" z 18 lipca, przekonywano, że niemiecki dyktator znalazł schronienie na Antarktydzie, w strefie, gdzie temperatury są jeszcze znośne. Argentyński minister spraw zagranicznych Cesar Ameghino zmuszony był interweniować, by położyć kres tym pogłoskom. W dniu ukazania się artykułu oficjalnie zdementował przedstawioną w nim wersję wydarzeń. Niemiecki okręt podwodny nie wysadził Hitlera na terytorium Argentyny.

Jednak FBI podjęła śledztwo, by sprawdzić południowoamerykański trop, zwłaszcza że amerykański wywiad również otrzymywał zaskakujące raporty. Wyróżniał się wśród nich ten dotyczący Roberta Dillona, podrzędnego amerykańskiego aktora z Hollywood. 14 sierpnia 1945 roku skontaktował się on z FBI i poinformował, że spotkał się z Argentyńczykiem, który miał ponoć uczestniczyć w powitaniu Hitlera na argentyńskiej ziemi. To kolejna historia z okrętem podwodnym w roli głównej! Dillon podawał jednak więcej szczegółów. Führer miał zejść na ląd z dwiema kobietami, lekarzem i grupą pięćdziesięciu innych osób. Ukryli się w Andach Południowych. Hitler był chory na astmę, miał też wrzody. I zgolił wąsy. Amerykańskie służby specjalne zweryfikowały te doniesienia i przestały zajmować się „sensacjami" Dillona.

Tego rodzaju raporty przez długie lata gromadziły się na biurkach agentów FBI. Dotyczyły Hitlera, a także innych nazistów w Brazylii, Chile, Boliwii i oczywiście w Argentynie. Nie wszystkie były zmyślone. Nazistowscy zbrodniarze naprawdę przedostawali się na te tereny. Najbardziej znana była siatka przerzutu „Odessa". Przez wiele lat umożliwiała oficjelom Trzeciej Rzeszy ucieczkę z Europy. Prawdą jest również, że Argentyna udzieliła azylu wielu zbrodniarzom wojennym. Najbardziej znani spośród nich to Josef Mengele (lekarz z obozu koncentracyjnego Auschwitz, odpowiedzialny za bestialskie eksperymenty medyczne prowadzone na więźniach), Adolf Eichmann (jeden z twórców „ostatecznego rozwiązania") czy Klaus Barbie (dowódca Gestapo w Lyonie). Nigdy jednak nie natrafiono na ślad Adolfa Hitlera.

Dziesięć lat po kapitulacji nazistów, w lipcu 1955 roku, niemiecki wymiar sprawiedliwości postanowił raz na zawsze zakończyć sprawę Hitlera. Do przeprowadzenia śledztwa wyznaczono sąd w Berchtesgaden, małym, siedmiotysięcznym bawarskim mieście. Ten wybór miał charakter symboliczny: niemiecki dyktator bardzo lubił spędzać tam czas i odpoczywać. W okolicy wybudował swą prywatną rezydencję, Berghof. Dlatego tamtejszy sąd miał rozstrzygnąć o statusie Führera: żywy czy martwy. Moment został wybrany nieprzypadkowo – zbiegł się z powrotem nazistowskich jeńców z radzieckiej niewoli. Byli wśród nich świadkowie ostatnich godzin w bunkrze Führera, schronie przeciwlotniczym, gdzie dyktator dokonał żywota. Członkowie świty Hitlera zostali schwytani przez czerwonoarmistów i natychmiast przewiezieni do tajnych więzień w Związku Radzieckim. Zeznań tych ludzi nigdy nie ujawniono ani nie przekazano zachodnim aliantom, a tym bardziej niemieckiemu wymiarowi sprawiedliwości. Jednak w 1955 roku Moskwa zgodziła się uwolnić ostatnich nazistowskich zbrodniarzy wojennych, którzy gnili w radzieckich więzieniach. Ten gest polityczny miał swoją cenę – w zamian Niemcy Zachodnie zobowiązały się nawiązać stosunki dyplomatyczne i gospodarcze z ZSRR. Wysocy rangą dygnitarze Trzeciej Rzeszy byli tuż po powrocie do kraju przesłuchiwani przez tamtejszy wymiar sprawiedliwości. Na podstawie ich zeznań ustalono, że Adolf Hitler i jego żona Eva Braun zginęli śmiercią samobójczą 30 kwietnia 1945 roku.

25 października 1956 roku małżonkowie Hitler zostali oficjalnie uznani przez sąd w Berchtesgaden za zmarłych.

Odtąd o końcu władcy Trzeciej Rzeszy można już było pisać w podręcznikach historii na całym świecie. Poszukiwania przerwała także FBI. Przez poprzednią dekadę amerykańskie tajne służby prowadziły poszukiwania w najdalszych zakątkach świata. Waszyngton z pewną ulgą uznał za oczywiste samobójstwo Hitlera w berlińskim bunkrze. A jednak wciąż brakowało najważniejszego: ciała. W tamtych latach nie było żadnego materialnego dowodu śmierci Führera.

Dopóki nie pojawiła się czaszka.

Początek roku 2000. Związek Radziecki nie istnieje już od ośmiu lat. Zniknął dokładnie 25 grudnia 1991 roku. Na ruinach komunistycznego reżimu, który kulał już od lat, próbuje odbudować się nowa Rosja. Dawny status supermocarstwa odszedł w zapomnienie wraz z sierpem i młotem na sztandarach. Szokowa kuracja liberalna, prowadzona w zawrotnym tempie przez Jelcyna, zburzyła i tak już chwiejną równowagę społeczną i ekonomiczną kraju. Świat uwierzył, że czerwone zagrożenie ze swym ogromnym arsenałem nuklearnym zniknęło na dobre. A nowa Rosja w nikim już nie wzbudza strachu. Rosjanie czują się poniżeni.

W roku 2000 na Kremlu odradza się nadzieja. Stery państwa przejmuje nowy prezydent . Co prawda jest młody i trochę nieśmiały, ale odcina się od czasów Jelcyna. Jest poważny i powściągliwy. Nazywa się Władimir Putin i ma zaledwie czterdzieści siedem lat. Ten pułkownik KGB myśli tylko o jednym – by przywrócić pełny blask krajowi i znów umieścić go w centralnym punkcie geopolitycznej szachownicy świata. Zacznie od przypomnienia, że Rosja to potęga militarna. I że to ona wygrała wojnę z Hitlerem.

27 kwietnia 2000 roku, w przededniu pięćdziesiątej piątej rocznicy zwycięstwa nad nazistowskimi Niemcami, w Moskwie zorganizowano wielką wystawę materiałów z tajnych archiwów. Tytuł nie pozostawiał żadnych wątpliwości co do intencji prezydenta Rosji: „Agonia Trzeciej Rzeszy – kara". Tych eksponatów świat jeszcze nie widział: odwiedzającym zaprezentowano łącznie sto trzydzieści nieudostępnionych dotąd obiektów. Historycy drugiej wojny światowej od półwiecza marzyli, by się z nimi zapoznać. Raporty radzieckich tajnych służb, opatrzone klauzulą „ściśle tajne", zdjęcia, przedmioty… Wszystko, co pozwala rozwiać wątpliwości co do ostatnich chwil Hitlera spędzonych w berlińskim bunkrze. Dziennik Martina Bormanna, sekretarza i człowieka bliskiego Führerowi, także znalazł się na tej wystawie. „Sobota 28 kwietnia: nasza wspaniała Kancelaria legła w gruzach. Świat ledwie się trzyma. […] Niedziela 29 kwietnia: Berlin zamienił się w morze ognia. Hitler i Ewa Braun wzięli ślub". Zdjęcia dzieci Goebbelsa, listy nazistowskich oficjeli, w tym reżimowego architekta i ministra uzbrojenia i amunicji Alberta Speera: „Hitler sypał się w oczach. Stał się kłębkiem nerwów i całkowicie przestał się kontrolować". Ale to, co najważniejsze na tej wystawie, znajdowało się gdzie indziej. W specjalnej sali. Artykuł w dzienniku

„Le Monde" opisywał tę scenę: „Pośrodku pomieszczenia obitego czerwonym welurem króluje w gablocie zwęglony fragment czaszki z dziurą po kuli"*.

Wystawa odniosła ogólnoświatowy sukces. Odwiedzili ją korespondenci wszystkich liczących się mediów zachodnich. Rosyjskim władzom udało się osiągnąć zamierzony cel. No, prawie. Bardzo szybko pojawiły się wątpliwości co do autentyczność czaszki. Pytania dziennikarzy wprawiły w zakłopotanie organizatorów, w tym dyrektora GARF-u, wspomnianego wcześniej Siergieja Mironienkę. Tego samego, którego zauważyliśmy w długich korytarzach archiwum państwowego. W 2000 roku ten mężczyzna nie przemykał pod ścianami – chodził z wysoko podniesioną głową. Władał rosyjskimi archiwami niczym car. Dziennikarze i historycy podlizywali mu się, przynosili wódkę i inne białe alkohole – coraz lepsze, byle zyskać jego przychylność. A przede wszystkim zezwolenie na dostęp do tego kawałka kości czaszki wydobytego z tajnych magazynów archiwum. Podczas wystawy nieufność gości z Zachodu postawiła Mironienkę w kłopotliwej sytuacji. Jak może twierdzić, że te ludzkie kości to naprawdę szczątki Hitlera? Dyrektor archiwów raz po raz słyszał takie uwagi. Choć powtarzał wszystkim, że nie ma wątpliwości co do autentyzmu fragmentu czaszki, czuł, że to może nie wystarczyć. Nawet Aleksiej Litwin, jeden z kustoszy wystawy w 2000 roku, musiał przyznać: „To prawda, że nie przeprowadziliśmy badań DNA, ale zeznania wszystkich świadków potwierdzają, że to szczątki Hitlera"**. Zeznania? Żadnych niepodważalnych analiz? W tym momencie Mironienko uświadomił sobie, jak poważne jest ryzyko utraty kontroli nad sytuacją i wywołania polemiki w sprawie zniknięcia Hitlera.

Zamiast cofnąć się o krok, on śmiało posuwa się dalej. Nowa ekspertyza? Przeprowadzona przez zagranicznych badaczy? Nie

---

* Agathe Duparc w: „Le Monde", 2 maja 2000 r.

** Hélène Despic-Popovic w: „Libération", 2 maja 2000 r.

ma problemu! Dyrektor archiwów jest z siebie dumny. A jednak nie zdoła już zamknąć puszki Pandory, którą otworzył.

Rzecz jasna rosyjskie władze nigdy nie dopuściły do przeprowadzenia analiz. Ale propozycja Mironienki rozbudziła nadzieje i – bez względu na zezwolenia – czaszka stała się największą tajemnicą drugiej wojny światowej, jaka pozostała jeszcze do rozwikłania.

Larysa Rogowaja długo była zastępczynią Mironienki. Dziś ta świeżo upieczona dyrektorka GARF-u stosuje metody wypróbowane przez znakomitego poprzednika. Nigdy nie pozwala sobie na otwarte starcia z dziennikarzami. Stoimy we czworo nad dużym kwadratowym stołem: Lana, dwoje archiwistów – Dina i Nikołaj – oraz ja, wszyscy wpatrzeni w brunatne kości. Tylko Larysa wciąż siedzi w czarnym fotelu ze sztucznej skóry. Wygląda na nieco rozbawioną naszą fascynacją i tym pragnieniem, żeby zrobić kolejny krok. Spodziewała się, że będziemy chcieli przeprowadzić ekspertyzy. I tak jak przed szesnastu laty Mironienko, także zapewniła, że badanie tej czaszki jest możliwe. Dodała nawet, że pragnęłaby takich analiz. „Dla nas byłaby to duża szansa", stwierdziła, po raz pierwszy podczas tego spotkania uśmiechając się do nas. „Tak, byłoby doskonale. Będziemy popierać wasze starania, możecie na nas liczyć". Dina i Nikołaj zgodnie pokiwali głowami. „Dałoby nam to możliwość potwierdzenia prawdy. I położyłoby kres tej szkodliwej polemice. Tej, którą wywołał kilka lat temu ten tak zwany amerykański naukowiec".

Grymas na twarzy Larysy miał pokryć jej głęboką odrazę do tego człowieka. Jej podwładni zesztywnieli, jakby ktoś wylał im wiadro lodowatej wody na głowę. Z trudem zdołali zachować pozory spokoju. Skąd to zakłopotanie? Czy dyrektorka GARF-u miała na myśli prace przeprowadzone przez zespół amerykańskich badaczy w 2009 roku? Wtedy była to głośna sprawa. Nick Bellantoni, profesor archeologii z uniwersytetu w Connecticut w Stanach Zjednoczonych, twierdził, że pobrał próbki z tej czaszki. Poddano je następnie analizom w pracowni genetyki na jego uczelni, a wyniki przedstawiono w filmie dokumentalnym, który emitowała amerykańska stacja History Channel. „Struktura kostna wydaje się bardzo delikatna", opisywał amerykański archeolog. „Kości mężczyzn są znacznie mocniejsze, a spojenia łączące różne części czaszki wskazują na istotę ludzką poniżej czterdziestego roku życia". Bellantoni zniszczył scenariusz rosyjskich władz. Na podstawie testu DNA twierdził też, że przechowywana w Moskwie czaszka należała do kobiety. I nie miała nic wspólnego z Hitlerem. Wątpliwości ożyły. Teorie spisku i ucieczki Führera współgrały z amerykańskimi rewelacjami.

Prasa na całym świecie pisała o odkryciach Bellantoniego. A informacje niezmiennie sprowadzały się do tego, że przez długie lata Rosjanie kłamali! Dla Moskwy był to ciężki afront – bolesny, upokarzający. Do dziś nie przełknęli tej gorzkiej pigułki. Zwłaszcza że dyrekcja GARF-u utrzymuje, że nigdy nie widziano tego amerykańskiego badacza w gmachu archiwum. I że nie ma żadnych śladów rzekomego pobierania próbek. Dina sięgnęła po formularz wypełniony przez Lanę. W kolumnie nad naszymi nazwiskami widnieje kilka innych. W ciągu dwudziestu lat zebrało ich się najwyżej dziesięć. Dina podała nam ten dowód prawdomówności Rosjan. „Wszystkie ekipy dziennikarzy i badaczy, którzy widzieli tę czaszkę, musiały podpisać ten dokument. Proszę sprawdzić, nie widnieje w nim nazwisko tego Amerykanina. Nie było go tu". O dziwo, jego wizyta w gmachu GARF-u nie została odnotowana w rejestrze – w przeciwieństwie do naszej. Nick Bellantoni nie zaprzeczył tej administracyjnej osobliwości. Kiedy zapytaliśmy go o to w mailu, odpisał nam po prostu: „Wszystkie procedury związane z moją pracą w rosyjskich archiwach były załatwiane przez producentów stacji telewizyjnej History Channel. Nic więc dziwnego, że moje nazwisko nie figuruje na liście. Wizytę zarejestrowano albo na History Channel, albo na nazwisko któregoś z producentów". Dyrektorka archiwum odrzuciła ten argument. Żeby ostatecznie wyjaśnić sprawę, przysłała nam formalną odpowiedź: „Informuję, że GARF nie zawierał ze stacją telewizyjną, panem Bellantonim ani nikim innym umowy obejmującej wykonanie badań DNA na podstawie wycinków czaszki Hitlera". Czyżby amerykański archeolog działał bez zezwolenia? Według rosyjskich mediów tak właśnie musiało być. Sprawę uznano za skandal. Wokół archeologa z Connecticut rozpętała się quasi-ideologiczna dyskusja: Zachód kontra Wschód, blok kapitalistyczny kontra blok komunistyczny. W rosyjskiej telewizji państwowej NTV (związanej z rosyjskimi władzami) w roku 2010 wyemitowano program poświęcony w całości „sensacji" Bellantoniego. W obecności rosyjskich historyków drugiej wojny światowej oraz znanych ludzi w wieku dość zaawansowanym, by pamiętać wojnę, Amerykanin próbował wyciszyć emocje. Przede wszystkim zaś przekonać, że nie jest rabusiem archiwów. Najpierw zapewnił, że pracował z dochowaniem wszelkich zasad, legalnie. „Otrzymaliśmy oficjalne zezwolenie kierownictwa rosyjskich archiwów, z którymi zawarliśmy umowę, by przeprowadzić potrzebne prace". Jak już wiemy, GARF podważa tę wersję.

Ale powróćmy do wywiadu Nicka Bellantoniego dla NTV. Prowadzący spytał go o analizy kości czaszki. „Zdecydował się pan podjąć te prace, żeby osobiście pobrać kilka próbek z czaszki..."

Bellantoni: „Nie, nie zrobiliśmy tego! [...] Trzeba pamiętać, że praca na spalonych szczątkach nastręcza wielu trudności. Badanie tego materiału to dla genetyków prawdziwy koszmar. Z takiego materiału niezwykle trudno wyodrębnić markery, które pozwalają określić płeć. Mimo to udało nam się ustalić, że chromosomy, które wyodrębniliśmy, są kobiece. Być może była to Ewa Braun, ale nie jesteśmy tego pewni".

W studio, wśród zaproszonych do udziału w programie, znalazła się starsza kobieta, która nie kryła oburzenia. Rimma Markowa, sławna aktorka, znana z radzieckich filmów, była uosobieniem nostalgii, wspomnieniem czasów stalinowskich. Choć liczyła już osiemdziesiąt pięć lat, miała mnóstwo energii: „Jak mógł pobrać te próbki? A teraz jeszcze oznajmia światu, że je ukradł! Za to, co zrobił, powinien trafić do więzienia!".

Bellantoni: „Jestem tylko naukowcem, któremu zaproponowano zbadanie tej czaszki".

Rimma Markowa: „Niech nam pan powie, kto panu dał te próbki? Pracownik archiwum czy przedstawiciele pańskiej stacji telewizyjnej?".

Wciąż to samo pytanie. Bellantoni czuł się osaczony. Czy załamie się w programie na żywo?

Bellantoni: „Mieliśmy zezwolenie na przeprowadzenie badań i pobranie próbek. Tak ustalono w kontrakcie. Pragnę jeszcze raz podkreślić, że pracowałem nad tym projektem jako naukowiec. Jeżeli chcą państwo poznać więcej szczegółów, proszę zwrócić się z tym pytaniem do kierownictwa stacji [History Channel – przyp. aut.]".

Minęło siedem lat. Teraz to my poprosiliśmy Nicka Bellantoniego, żeby wyjaśnił, jak zdobył te fragmenty czaszki. Nie kazał nam długo czekać na odpowiedź: „Nasza ekipa uzyskała zgodę na zabranie kilku drobnych odprysków kości, które się wykruszyły z czaszki. Nie uszkodziliśmy samej czaszki, nie pobieraliśmy z niej próbek [...]. Nie przywiozłem tych odłamków do Stanów Zjednoczonych. Przekazali je nam producenci, już po powrocie na uniwersytet, gdzie mieliśmy prowadzić analizy. Przypuszczam, że ten materiał dostali od oficjeli. Możecie to sprawdzić w stacji History Channel".

Tak też uczyniliśmy.

Joanna Forscher była producentem dokumentu Nicka Bellantoniego o czaszce Hitlera. Udzieliła nam ścisłej i jednoznacznej odpowiedzi: „Często zadawano mi to pytanie, niestety jednak nie mogę ujawnić szczegółów uzyskania przez nas dostępu do czaszki". A zakończyła dość zagadkowym stwierdzeniem: „I tak zresztą nie dałoby się już odtworzyć okoliczności naszego dostępu".

***

Mimo upływu siedmiu lat okoliczności te nadal pozostają tajemnicą. A pracownicy GARF-u od tamtej pory nie wyzbyli się głębokiego urazu.

Larysa zacisnęła zęby. Jej gniew nie był wymierzony w nas – obrzuciła Dinę i Nikołaja piorunującym spojrzeniem. Czyżby chodziło o korupcję? Zapłacono pracownikowi archiwum, aby na chwilę zostawił amerykańskich naukowców sam na sam z „trofeum" Stalina? „Nie wiemy, co się stało", ucięła dyrektorka, wstając. „Z pewnością jednak wszystko to było nielegalne, a my kwestionujemy wyniki tych analiz".

Obawialiśmy się, że nasze spotkanie może się przedwcześnie skończyć. Musieliśmy znaleźć sposób, żeby je przedłużyć, zyskać trochę czasu na przekonanie dyrektorki o naszych dobrych zamiarach. My też chcieliśmy przeprowadzić testy czaszki. Kto może wydać nam potrzebne zezwolenia? To zasadnicze pytanie, jedyne naprawdę ważne, Lana zadała w chwili, gdy Larysa wychodziła już z sali. Nie usłyszeliśmy odpowiedzi. Nie poddając się, Lana podążyła za nią korytarzem – nie zamierzała rezygnować. Doszły już do sekretariatu, jeszcze kilka metrów i dyrektorka znajdzie się w swoim gabinecie. Rosyjska grzeczność nie pozwoliłaby nam wejść tam bez zaproszenia. „Jak mamy to załatwić?", powtarzała Lana jak najgrzeczniejszym tonem. „Czy decyduje o tym tylko pani? Gabinet Prezydenta...?" Zniecierpliwiona Larysa w końcu odwróciła głowę. „Na pewno nie ja", rzuciła, by po chwili dodać: „Musicie zwrócić się z tym do biura śledczego! Mówimy już o śledztwie kryminalnym, badaniu zwłok, fragmentu zwłok. A to śledztwo może ponownie otworzyć tylko Ministerstwo Sprawiedliwości". Szarość murów, które nas otaczały, nagle wydała mi się jeszcze bardziej przygnębiająca, ten szkaradny wykwit siedemdziesięciu lat komunizmu czekał, gotów nas zmiażdżyć. „Wiem, to może zabrać kilka miesięcy, ale poprę waszą prośbę". Larysa czuła, że byliśmy bliscy załamania. Odniosłem wrażenie, że było jej niemal przykro. „Nie martwcie się", dodała w końcu. *Spasibo, spasibo*, dziękowała jej Lana, dając mi znak, żebym się do niej przyłączył. Twarz dyrektorki znów się rozpogodziła. „A właśnie, kto miałby przeprowadzić analizy? Znajdźcie specjalistę bez zarzutu pod względem merytorycznym, nie Amerykanina. Tylko nie Amerykanina".

Moskwa, październik 2016 roku

Wojna w Syrii, konflikt na Ukrainie i zajęcie Krymu, a także ewentualna ingerencja w wybory w Stanach Zjednoczonych... Tyle związanych z Rosją napięć, tyle powodów, żeby reżim Putina skupił się na własnych problemach, jeszcze bardziej utrudniając nam śledztwo w archiwach państwowych. „To nie jest dobry moment", powtarzali nam w różnych strukturach rozbudowanej administracji rosyjskiej. W przyszłym miesiącu warunki będą lepsze... po wakacjach, najpierw letnich, potem tych z okazji Wszystkich Świętych... Tak minęło pół roku. Trzy kolejne pobyty w stolicy Iwana Groźnego, trzy podróże na trasie Paryż–Moskwa, z jakim skutkiem? Na próżno! Larisa nadal była dyrektorką GARF-u, ale nie odpowiadała już na nasze próby kontaktu. Jej sekretariat stał się barykadą między nią a nami i trzeba przyznać, że był zdumiewająco skuteczny. Lana, moja współpracowniczka, dorastała w tym kraju za czasów, kiedy nazywał się jeszcze Związek Radziecki. Rozumiała reakcje rosyjskich władz. „W oczach moich rodaków Zachód źle nam życzy, odtrąca nas", tłumaczyła. „Nasze śledztwo w sprawie Hitlera nie jest sprawą obojętną. Ta historia z czaszką to w Rosji symbol naszych cierpień podczas drugiej wojny światowej, naszej walki i zwycięstwa. Odkąd pokazano tę czaszkę na wystawie, wciąż podważana jest jej autentyczność. Postępując w ten sposób, Zachód kradnie nam trochę chlubnej przeszłości Związku Radzieckiego".

A kiedy tę autentyczność kwestionuje Amerykanin, którego zapleczem jest amerykański uniwersytet, a wszystko to emituje amerykańska telewizja, Rosjanie nie są w stanie uwierzyć, że to przypadek. To musi być próba zdestabilizowania sytuacji przez dawnych amerykańskich sojuszników. Choć zatem od maja 1945 roku minęło już ponad siedemdziesiąt lat, Waszyngton i Moskwa nadal spierają się o to, do kogo należy ostateczne zwycięstwo nad Hitlerem. To powoduje, że śledztwo w sprawie Hitlera jest w Rosji kwestią tak drażliwą. A przede wszystkim – tak skomplikowaną.

Human factor. Lana twardo się tego trzyma. Powtarza te dwa słowa głośno, niczym ochronną mantrę czy kabalistyczną formułę. „W moim kraju", tłumaczy, „nie należy postępować racjonalnie, trzeba zdać się na instynkt i wykorzystywać słabostki rozmówców". A zatem czynnik ludzki. Ponieważ nasze oficjalne podania i prośby nie przyniosły skutku, musimy postawić na bezczelność.

Zaułek Chołzunowa, elegancka dzielnica wtulona w zakole rzeki Moskwy. Siedziba Archiwum Państwowego Federacji Rosyjskiej.

Bywaliśmy w GARF-ie tak regularnie, że tygodniowy rozkład dyżurów strażników nie miał już przed nami żadnych tajemnic. Najbardziej lubiliśmy wtorki. Tego dnia kontrolę wejść prowadziła dość sympatyczna żołnierka, zupełnie inna niż ten srogi i ograniczony wąsacz z poniedziałku albo prostak z wielkim nochalem z piątków. Drobna i zawsze pogodna strażniczka z wtorku po prostu otwierała barierkę, pozwalając nam wejść bez problemów. W ten jesienny, mokry wtorek zachowywała się jak zwykle. Domyślała się powodu naszej wizyty. „Wciąż ten Hitler, tak?" Czy jest w GARF-ie jeszcze ktoś, kto o tym nie wie? „Do którego wydziału idziecie tym razem?", zapytała, sprawdzając nasze nazwiska w rejestrze. „A, Dina, idziecie spotkać się z Diną Nikołajewną Nochotowicz? Sądzę, że wiecie, gdzie ją znaleźć... Prosto, ostatni budynek w końcu dziedzińca..." Lana dokończyła za nią: „...środkowe drzwi, czwarte piętro, pierwszy pokój na lewo". Ton rozmowy był lekki, a jednak i Lana, i ja byliśmy wyjątkowo spięci, bo wiele oczekiwaliśmy po tej rozmowie.

Kiedy pół roku wcześniej oglądaliśmy czaszkę wraz z dyrektorką GARF-u, asystowała przełożonej wspólnie z kolegą, bladym Nikołajem. Dina była kobietą w nieokreślonym wieku. Czas łaskawie obszedł się z tą drobną, energiczną osobą. A może to mroczne sale rosyjskich archiwów państwowych mają taką magiczną moc? Są jak bańka, w której czas się zatrzymuje? Trudno wykluczyć. Już sam fakt, że do jej gabinetu trzeba było iść pieszo, po schodach, niejako przenosił nas w minione czasy radzieckiej utopii. Każde pokonane piętro cofało nas o dekadę. Im wyżej byliśmy, tym bardziej zniszczone i zaniedbane stawały się schody i ściany. Dotarłszy na czwarte piętro, cofnęliśmy się o czterdzieści lat. Znaleźliśmy się nagle w połowie lat siedemdziesiątych, w erze Breżniewa. Dokładnie w tych czasach, w których nadal żyła i miała zostać na zawsze szefowa działu zbiorów specjalnych GARF-u, Dina Nochotowicz.

Myśl o spotkaniu sam na sam z tą wysokiej rangi urzędniczką GARF-u nie od razu przyszła nam do głowy. Kiedy poznaliśmy ją w kwietniu, nie zrobiła na nas najlepszego wrażenia. Trzymająca się w cieniu, milkliwa, pasywna, a potem niemal wroga wobec nas, nie okazywała większego zainteresowania naszym śledztwem. Tak przynajmniej nam się wydawało. Jeszcze nie poznaliśmy jej sekretu. O wszystkim dowiedzieliśmy się dopiero niedawno, w przededniu tego październikowego spotkania. Wraz z Laną po raz kolejny przeglądaliśmy archiwalne dokumenty w siedzibie GARF-u. Młoda dokumentalistka dziwiła się, że tak często tam bywamy. Choć bardzo nieśmiała, w końcu odważyła się zapytać o powody naszych wizyt. Czaszka Hitlera, jego śmierć, dziennikarskie śledztwo… I oczekiwanie na analizę szczątków ludzkich. „Kości? Ale przecież to ona, Dina, je znalazła". Czaszkę? Nasza żywa reakcja wystraszyła dokumentalistkę, ale nic sobie z tego nie robiliśmy. Musieliśmy dowiedzieć się jak najwięcej. Czyli to Dina znalazła czaszkę? Ale jak? Kiedy? Gdzie? „Zapytajcie ją o to…", zareagowała nasza informatorka, broniąc się przed natrętami. „O proszę, jest tu, zapytajcie ją". Szefowa zbiorów specjalnych, nasza nowa przyjaciółka Dina, właśnie kończyła pracę, którą zaczęła zbyt wcześnie, by o tej porze nie czuć zmęczenia. Podczas gdy stara archiwistka zamykała masywne drzwi pancerne – jedne z licznych drzwi na drodze do magazynów archiwum – Lana wdrożyła swą teorię *human factor*. Porażka. Dina była odporna. Czego jeszcze od niej chcieliśmy? Nie miała czasu. Ani ochoty. Lana sobie nie radziła, nie mogła znaleźć punktu zaczepienia, nie wiedziała, jak przebić się przez ten pancerz. A schlebianie pysze? To mogło zadziałać. „Przecież to nie w porządku, że nie wspominają o pani w tych wszystkich artykułach na temat czaszki Hitlera!". Poprosiłem Lanę, żeby tłumaczyła mi rozmowę słowo w słowo. Doskonale się z tego wywiązywała. Kontynuowałem, nie dopuszczając Diny do słowa. „Właśnie się dowiedzieliśmy, że odnalezienie tej czaszki zawdzięczamy pani! Dokonała pani historycznego, fundamentalnego odkrycia. Świat powinien się o tym dowiedzieć". *Da, da*. Dina raz po raz powtarzała *da*. Tak. Kiwała głową. Korytarz, w którym rozmawialiśmy, miał około dwóch metrów kwadratowych. Prowadził z trzech pomieszczeń do windy. Był przeciwieństwem miejsca sprzyjającego szczerym rozmowom. „A może miałaby pani ochotę na herbatę, moglibyśmy pójść do kawiarni albo restauracji i tam spokojnie porozmawiać?..." Niezręczność debiutanta, nieznajomość rosyjskiej kultury... Lara wyjaśniła mi później, na czym polegał mój błąd. Mężczyzna nie może zaprosić kobiety do kawiarni czy baru, nawet jeśli ta jest w wieku jego babki. Spotkanie w jej biurze, owszem, to możliwe. Jutro? „Dlaczego nie, jutro. Skoro wam zależy. Ale wątpię, żeby to was szczególnie zainteresowało", krygowała się Dina, jakby była gimnazjalistką.

Gdyby rangę pracownika mierzyć wielkością jego gabinetu, Dina mogłaby aspirować do funkcji babci klozetowej, na pewno nie do stanowiska szefowej działu zbiorów specjalnych wielkiego archiwum państwowego całej Federacji Rosyjskiej. Jaki błąd musiała popełnić, żeby zesłano ją do tak niewygodnej klitki? Niski, z jednym oknem, tak małym, że dziecku trudno byłoby wysunąć przez nie głowę, pokoik mógł pomieścić najwyżej trzy osoby. Dla kolejnej zabrakłoby tu już powietrza. Wchodziło się do niego prosto ze schodów, bo mieścił się tam, gdzie na innych piętrach toalety. I stąd wzmianka o babci klozetowej.

Gruba na dziesięć centymetrów pajęczyna łagodnie kołysała się przed nami, nad politurowanym stołem. Dina siedziała i pracowała w półmroku. Nie przerwała na nasz widok. Jej barokowa fryzura zdawała się nie podlegać prawu grawitacji, mocno tkwiąc na głowie. Żaden kosmyk nie śmiał się z niej wymknąć. A może to peruka? Nawet nie odrywając oczu od papierów, Dina zwróciła się do Lany. Przypomniała jej, jak cenny jest jej czas. My zaś zapewniliśmy, że doskonale zdajemy sobie z tego sprawę i przepraszamy, że przeszkodziliśmy jej w wypełnianiu obowiązków... Lana nigdy nie cofała się przed pewną przesadą. Dina słuchała jej, ale już z pewnym znużeniem, i wreszcie zdecydowała się na nas spojrzeć. „Zapomniałam, że się umówiliśmy. Jak powiedziałam wczoraj, nie wiem, czy mogę wam w czymś pomóc, a mam jeszcze mnóstwo dokumentów do uporządkowania". Przemiana rzucała się w oczy. To wzruszające. Dina wystroiła się jak na bal. Róż na policzkach, szminka na ustach. Różowa, chociaż może to odcień fiołkowy albo malinowy, w każdym razie – Dina się umalowała. Nie, nie zapomniała o tym spotkaniu. Czekała na nas. Po raz pierwszy od dawna Lana i ja mogliśmy się odprężyć. Zapowiadało się miłe spotkanie.

Sajgon padł. Oddziały Wietkongu zwyciężyły po trwającej dwie dekady wojnie. W 1975 roku doktryna komunistyczna triumfowała, ogarniając wszystkie kontynenty. Związek Radziecki znaczył na świecie więcej niż kiedykolwiek, pertraktował ze Stanami Zjednoczonymi jak równy z równym. W Moskwie już od dawna nie brakowało żywności, czystki polityczne przeprowadzano coraz rzadziej. Przyszłość ludzi radzieckich nareszcie malowała się w jasnych barwach. Leonid Breżniew rządził krajem od jedenastu lat. Prezentował się jak ociężały aparatczyk i z pewnością nie był geniuszem, ale też nie przerażał tak jak Stalin. To w takim Związku Radzieckim, niemal spokojnym, życie trzydziestopięcioletniej Diny Nikołajewnej Nochotowicz nagle legło w gruzach. GARF jeszcze nie istniał. Cała etatowa administracja (to truizm, ponieważ w ZSRR nie istniał sektor prywatny) była do głębi przeniknięta językiem rewolucyjnym. Instytucja, w której pracowała Dina, nie stanowiła wyjątku od tej reguły i nosiła nazwę Centralne Archiwum Rewolucji Październikowej i Budownictwa Socjalistycznego. To było czterdzieści jeden lat temu. W innej epoce, w innym państwie, w innym ustroju.

Dina mimowolnie ściągała usta po każdym zdaniu. Jej oczy wpatrywały się w dal, jakby chciała uciec od teraźniejszości, wymknąć się z ciasnego pokoiku w GARF-ie i z tej neokapitalistycznej Moskwy XXI wieku. Zamilkła na długą chwilę. A potem zaczęła swą opowieść. „Właśnie powołano mnie na stanowisko kierownika departamentu tajnego w archiwum. Było to w roku 1975. To stanowisko różniło się od pozostałych, ponieważ powierzono mi poufne dokumenty historyczne naszego kraju, to znaczy – Związku Radzieckiego. W tamtych czasach państwo doskonale funkcjonowało, nie brakowało nam wykwalifikowanych pracowników. Zgodnie ze zwyczajem mój poprzednik powinien przekazać mi podstawowe informacje, które umożliwiłyby mi właściwe wypełnianie zadań. O dziwo, nie zrobił tego". Bo dawny szef departamentu tajnego po prostu zniknął. Wyjechał, ulotnił się, nie zostawiając po sobie śladu. Jakby nigdy nie istniał. Zresztą teraz Dina nie mogła sobie przypomnieć, jak się nazywał. Co się z nim stało? Nagłe przeniesienie do innej instytucji? Wypadek? Ciężka choroba? Dina nigdy nie poznała odpowiedzi, ale też nigdy o to nie pytała. Odruch epoki stalinowskiej, czy – jeśli ktoś woli – instynkt samozachowawczy, który w tym „raju" dla ludu u wielu bardzo mocno się rozwinął. W Związku Radzieckim ten, kto zniknął, nie mógł liczyć na nic ze strony tych, którzy zostali. Jego wspomnienie było wymazywane z pamięci kolektywu.

W połowie lat siedemdziesiątych Dina nie zamierzała odgrywać bohaterki – jej poprzednik zniknął bez śladu? No cóż, trudno. Musiała poradzić sobie bez niego.

„Pilno mi było sprawdzić, za jakiego rodzaju dokumenty odpowiadam. Pamiętam, że kiedy weszłam do swojego nowego gabinetu, zobaczyłam kilka sejfów. Ochrona przekazała mi klucze od nich i mogłam je otworzyć". Do dziś te ogromne sejfy, wysokie jak staromodna szafa i szerokie jak lodówka, królują w większości pomieszczeń GARF-u. Co kryją? Nigdy nie uzyskaliśmy odpowiedzi na to pytanie. Może po prostu stoją puste. Może zostawiono je tam, ponieważ są zbyt ciężkie, żeby je wynieść. W 1975 roku sejfy Diny były jednak używane. „Wewnątrz znajdowały się dokumenty, a także różne przedmioty. Najbardziej zdumiewające, że żaden z tych przedmiotów nie został nigdy zinwentaryzowany. Nie było numerów inwentarza, rejestru, żadnej sygnatury. To wszystko po prostu nie istniało". Za tamtych czasów wielu szybko odłożyłoby rzeczy do sejfów i postarało się natychmiast o nich zapomnieć. Ale nie Dina. „Chciałam się dowiedzieć, nie bałam się. Czego miałabym się obawiać? Nie robiłam niczego zakazanego. Poprosiłam jedną z koleżanek i razem zaczęłyśmy badać te skarby. Były tam przedmioty owinięte w tkaniny. Niektóre znacznie większe od innych. Kiedy rozwinęłam najmniejszy pakunek, to – muszę przyznać – obie osłupiałyśmy z przerażenia. Znalazłyśmy fragment ludzkiej czaszki".

Jej opowieść przerwało dziwne, metaliczne pobrzękiwanie. Ten odgłos był coraz bliższy. Pojawił się Nikołaj. Wszedł, popychając wózek jak w supermarkecie. Nikołaj Władimircew o cerze jak masa perłowa, tak troszczący się o tę czaszkę! Brakowało już tylko dyrektorki GARF-u i bylibyśmy w komplecie. Dina nie wyglądała na zaskoczoną. Wstała i poprosiła, żebyśmy z nią poszli. Dalsza część spotkania odbyła się w sali, w której pokazano nam kiedyś te kości, na parterze budynku. Nie fatygując się, by odpowiedzieć na nasze pytania ani choćby przeprosić za przerwanie rozmowy, Nikołaj poszedł za nami ze swoim śmiesznym wózkiem.

Dudnienie kółek na posadzce rozbrzmiewało w uśpionych korytarzach, jakby przetaczała się przez nie piekielna machina. Po wejściu do sali z kwadratowym stołem Dina usiadła i wskazała nam krzesła. Nikołaj zaparkował wózek w kącie i zdjął z niego sfatygowane akta oraz grube bawełniane płótno. Przez cały czas nikt nie powiedział ani słowa. Dina wskazała koledze, gdzie to wszystko ułożyć: akta na rogu stołu, podniszczone płótno przed nami. „Popatrzcie... Jest tu wszystko, co znalazłam". W chwili gdy to mówiła, on zamaszystym, wdzięcznym ruchem rozwinął płótno i odsłonił... stołowe nogi. „Zbliżcie się. Możecie". Nikołaj nagle odzyskał mowę i okazało się, że jest całkiem rozmowny. „Oto inny dowód pewnej śmierci Adolfa Hitlera, to ślady krwi na drewnianych elementach jego kanapy".

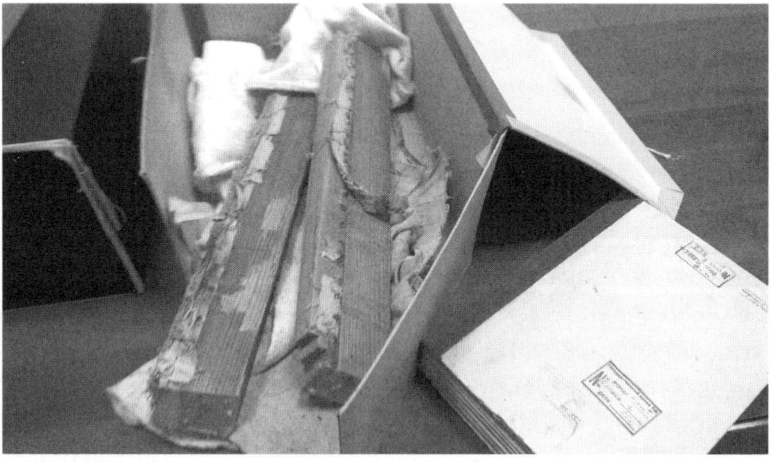

Drewniane elementy kanapy Hitlera z widocznymi brunatnymi zaciekami. Czy to krew Hitlera?

Czy Larysa, dyrektorka GARF-u, wie, że tu jesteśmy i oglądamy historyczne dowody? Czy to ona zorganizowała to małe przedstawienie? Dziwiłbym się, gdyby było inaczej. Bez jej zgody nie może tu zapaść żadna decyzja, zwłaszcza po przykrym epizodzie z amerykańskim archeologiem. Nie pozwoliłem Lanie na eksperymenty z *human factor* i skupiłem się na zadawaniu pytań dwójce naszych nowych i drogich przyjaciół, Dinie i Nikołajowi. „Oprócz czaszki były rzeczywiście te drewniane elementy", potwierdziła. „Początkowo, kiedy wyjęłyśmy pudła z sejfu, nie miałyśmy pojęcia, co to takiego. Szukając, natrafiłyśmy na kartkę. Było tam napisane: »To fragment czaszki Adolfa Hitlera. Musi zostać przekazany do archiwów państwowych«". Niechcący ujawniłyśmy jedną z największych tajemnic od 1945 roku".

Kult tajemnicy, ta niesłychana troska, by trzymać pod kluczem informacje, a także kary grożące za zaniedbania i uchybienia zasadom sprawiły, że kariera zawodowa Diny na długo została zahamowana. Archiwistka nie należała oczywiście do KGB, musiała jednak postępować jak szpieg. Nie dla przyjemności, ale z obowiązku. Pracownicy archiwów w Związku Radzieckim, stosownie do rangi i uprawnień, poddani byli ścisłemu, paranoicznemu nadzorowi. A to dlatego, że mieli dostęp do serca reżimu: tajemnic, które nie mogły wyjść na jaw. Mord dokonany podczas drugiej wojny światowej na tysiącach polskich oficerów, zastrzelonych w lesie katyńskim na rozkaz Stalina, drobne układy z przywódcą nacjonalistycznych Chin, prawicowym Czang Kaj-szekiem, wymierzone w komunistę Mao czy wreszcie wewnętrzne konflikty w Armii Czerwonej... Ten, kto kontroluje archiwa, mógłby napisać nową historię, oficjalną, i skinieniem palca obalić legendy, na których dotąd ją budowano. Czy można się dziwić, że w odróżnieniu od wielu państw Rosja nadal trzyma swą przeszłość w tajemnicy? Dziś także warunki korzystania z archiwów są dość proste – dokumenty dzielą się na te dostępne i na takie, które mogłyby szkodzić najważniejszym interesom państwa. Te ostatnie, zaliczane do kategorii „wrażliwych", nie mogą być udostępniane bez specjalnego zezwolenia wydawanego na wyższych szczeblach władzy. A to znaczy prawie nigdy. Problem z rosyjskimi dokumentami polega na tym, że wszystkie mogą trafić do kategorii „wrażliwe".

Dina, będąc zwykłą archiwistką, musiała pogodzić się z życiem pod nadzorem, choć w zamian nie dane jej było nawet poczuć dreszczu emocji. Przynajmniej do upadku systemu w roku 1991. „ZSRR to były inne czasy, inne zasady", przyznała, lekko się krzywiąc. Czy ten grymas wyrażał dezaprobatę, czy nostalgię? „W roku 1975 życie nie wyglądało tak jak dziś. Mówię o mentalności, o dostatku materialnym, o wszystkim... W pracy mieliśmy ścisłe wytyczne, których należało przestrzegać. I tyle było rzeczy objętych tajemnicą wojskową..." Do najważniejszych wytycznych należała nieufność wobec wszystkich – kolegów, sąsiadów, własnej rodziny. Należało też informować przełożonych o każdym przejawie buntu i dywersji. Czy znalezienie czaszki Hitlera ukrytej w pudle na dnie sejfu było działaniem wywrotowym? Potencjalnie tak.

Po dokonaniu tego odkrycia Dina nie mogła się już wycofać. Musiała poinformować przełożonych. Bardzo szybko okazało się, że w jej departamencie nikt nigdy nie słyszał o tych szczątkach. „Sądzę, że tylko mój poprzednik wiedział, że tam są. Ale ponieważ zniknął, nigdy nie przekazał mi informacji, które mógł znać". I to wszystko? Dina znalazła czaszkę Hitlera i na tym kończy się historia? Nie została za to nagrodzona? Awans, większe mieszkanie w dzielnicy dla zasłużonych obywateli? „Nic z tych rzeczy. Dyrektor archiwum poprosił, żebym nigdy o tym nie mówiła. Nie zrozumiecie tego, oboje jesteście za młodzi. Lano, pani jest Rosjanką? Zna pani system radziecki?"

Lana niczego nie zapomniała. Często i bardzo emocjonalnie mówiła o ZSRR, jakby przywoływała wspomnienia z dzieciństwa. Breżniew się roztył i postarzał. Kiedy Lana się urodziła, jeszcze rządził krajem. To było w roku 1978, zaledwie kilka lat po przygodzie Diny. „Atmosfera tamtych czasów była naprawdę specyficzna", podjęła stara archiwistka. „Bardzo specyficzna. Za taką informację, jak ta o czaszce, można było zapłacić życiem, jeżeli nie umiało się trzymać języka za zębami. Hitler i jego kości – ta sprawa była opatrzona klauzulą »ściśle tajne«. Przez te wszystkie lata nigdy nie naruszyłam obowiązku dochowania tajemnicy”. Nikołaj położył przed nami album z fotografiami. Z pewnością znał historię koleżanki na pamięć i nie musiał jej słuchać. W albumie zebrano biało-czarne zdjęcia, starannie wklejone i otoczone ramkami nakreślonymi czarnym tuszem. Każda fotografia opatrzona została dłuższą lub krótszą legendą, pisaną odręcznie starannym, kaligraficznym pismem.

Album ze zdjęciami z radzieckiego śledztwa w sprawie śmierci Hitlera z maja 1946 roku. Tu widok wyjścia ewakuacyjnego z bunkra Führera.

Lana tłumaczyła mi te opisy. „Wejście do Nowej Kancelarii… Ogrody Kancelarii… Wejście do bunkra…” Mieliśmy przed sobą raport fotograficzny ze śledztwa w sprawie śmierci Hitlera. Pochodził z maja 1946 roku. Jest w nim wszystko – bunkier widziany z zewnątrz, a także jego wnętrze, a przede wszystkim zdjęcia z miejsca zbrodni, a przynajmniej samobójstwa. Ale nie ma ciała. Kanapa, na której miał umrzeć Hitler, została sfotografowana ze wszystkich stron.

Na wprost, z boku, z dołu – nic nie pominięto. Szczególną uwagę zwrócono na podłokietniki. I nie bez powodu, bo ciemne zacieki są wyraźnie widoczne po prawej stronie kanapy. Na następnej stronie nadal oparcia, ale tym razem oddzielone od reszty kanapy. A oto opis zdjęcia: „Elementy kanapy ze śladami krwi. Elementy pobrano, by posłużyły jako materiał dowodowy". Ich kształt i wymiary dokładnie odpowiadają kawałkom drewna, które przyniósł Nikołaj. „To te same. Radzieckie tajne służby oderwały je od kanapy, żeby przywieźć je do Moskwy. Zamierzano wykonać analizy tych plam krwi i upewnić się, że należała do Hitlera", wyjaśniła Dina.

Nikołaj wziął do ręki jeden z kawałków drewna i pokazał nam, z której części radzieccy badacze pobrali materiał do badania w 1946 roku. Archiwista nie miał oczywiście sterylnych rękawiczek. Czy zdawał sobie sprawę, że w ten sposób niszczy ewentualne ślady DNA? Nie zrozumiał, kiedy zwróciliśmy mu na to uwagę. Jakie były wyniki badań z 1946 roku? „To była krew grupy A", podjęła Dina. „Ta grupa jest bardzo częsta w populacji niemieckiej (prawie czterdzieści procent) i zgodnie z doktryną nazistowską stanowi dowód przynależności do »rasy aryjskiej«. Oczywiście Hitler miał krew grupy A".

Ostatnie strony albumu to seria zdjęć czaszki. Tej uznawanej za czaszkę Hitlera, tej, którą przez chwilę oglądaliśmy tu przed kilkoma miesiącami. Na jednym ze zdjęć czerwona strzałka wskazywała otwór w czaszce.

Radzieckie tajne służby skupiły się przede wszystkim na otworze przypominającym otwór wylotowy kuli. Jeżeli to naprawdę czaszka nazistowskiego dyktatora, to zginął on od strzału w głowę. W 1975 roku taka hipoteza była świętokradztwem. I to bardzo niebezpiecznym dla Diny. Do upadku Związku Radzieckiego Moskwa z uporem utrzymywała, że Hitler zażył truciznę, według komunistycznych przywódców – broń tchórzy. Ta uznana

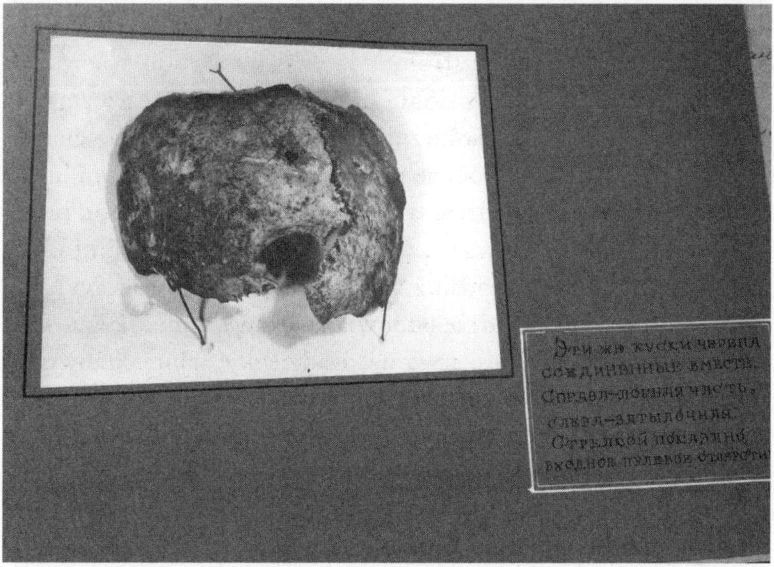

Fotografia fragmentu czaszki uznawanej za czaszkę Hitlera. Na zdjęciu śledczy czerwoną strzałką zaznaczyli otwór, który mógł pozostać po kuli.

przez Józefa Stalina wersja zostałaby obalona, gdyby publicznie pokazano czaszkę ze śladem po kuli.

Dina przez dziesiątki lat musiała ukrywać tę tajemnicę. Nie wolno jej było wyjeżdżać z kraju, pozostawała pod nadzorem władz, nie mogła też zmienić pracy. Tak oto spędziła czterdzieści lat w tym samym miejscu, przekładając zakurzone dokumenty, których nikomu nie udostępniano. „Nasz departament nazywał się departamentem zbiorów tajnych", podjęła. „Przechowywano tu tylko dokumenty niejawne. I nie było mowy o odtajnieniu czegokolwiek. Żaden z pracowników departamentu nie miał prawa wspomnieć o tym, co robi. Nawet między sobą nie rozmawialiśmy o dokumentach, które nam przydzielano. Nie było komunikacji między piętrami tego budynku". Siedemdziesięciolatka kontynuuje swą misję do dziś i robi to z niezmiennym zaangażowaniem, dawno jednak zatraciła zapał i przestała czerpać przyjemność z pracy. Dina nie rozumie nowych zasad obowiązujących w jej kraju.

Odtajniane, ponownie utajniane... Które dokumenty są dostępne? Dina się w tym pogubiła. „Po raz pierwszy mogłam swobodnie mówić o tej czaszce w roku 1990. Moi przełożeni nagle otworzyli drzwi archiwum przed badaczami. Pojawili się historycy, w ślad za nimi przyszli dziennikarze. Wtedy wszystko się skomplikowało". Artykuł opublikowany w rosyjskiej gazecie „Izwiestia" z 19 lutego 1993 roku doprowadził do kryzysu. „Trzymam w rękach szczątki czaszki Hitlera", napisała wówczas dziennikarka Ella Maksimowa. „Przechowuje się je w największej tajemnicy w tekturowym pudełku opatrzonym etykietką, na której opisano je niebieskim atramentem; wraz z nimi leżą poplamione krwią kawałki kanapy, która stała w bunkrze". Ona pierwsza podała tę sensacyjną wiadomość, która błyskawicznie obiegła cały świat. Od lat krążyły pogłoski, że KGB nie zniszczyło zwłok Führera, ale przechowywało je w ukryciu, więc może w plotce tkwiło ziarno prawdy. Ale czy ta czaszka nie była fałszywa? Czy to nie kolejna manipulacja, bo przecież Sowieci często próbują manipulować światem? Zachodni historycy natychmiast zaczęli się oburzać. Twierdzili, że to niemożliwe. Czaszka Hitlera? Co za bzdury?

Tymczasem zagraniczna prasa podgrzewała atmosferę. Dziennikarze chcieli zobaczyć obiekt. W tej Rosji, która niedawno uwolniła się spod komunistycznych rządów, rządził pieniądz. Wszystko można było kupić, wszystko było na sprzedaż i miało swoją cenę. Czy czaszka Hitlera także? Niektórzy twierdzili, że tak. Napięcie wzrosło, kiedy korespondent niemieckiego „Spiegla" napisał, że zaproponowano mu dostęp do kości oraz sześciu protokołów przesłuchań naocznych świadków ostatnich godzin życia Hitlera. Żądano za to sporej sumy pieniędzy. Ale nie rubli. Rosjanie okazali się zbyt zachłanni, toteż „Der Spiegel" wycofał się z licytacji. „Nie zapłacilibyśmy nawet połowy żądanej kwoty"*, powiedział ówczesny korespondent tygodnika w Moskwie. „Te artykuły były dla nas bardzo szkodliwe", podjęła Dina.

* Helen Womack w: „The Independent", 20 lutego 1993 r.

„Dziennikarze… Te opowieści o tym, że nie chcieliśmy pokazać czaszki, że żądaliśmy pieniędzy, to kłamstwa. Żeby to udowodnić, władze postanowiły zorganizować już później, w 2000 roku, wielką wystawę poświęconą zakończeniu drugiej wojny światowej i pokazać na niej szczątki Hitlera". Wiemy już, z jakim skutkiem. Wybuchły kolejne skandale związane z identyfikacją czaszki, a potem zapadła decyzja rosyjskich władz: obiekt wrócił do pudełka, a dziennikarzom nie pozwalano się do niego zbliżać.

„Oczywiście wszyscy chcą wiedzieć, czy to naprawdę czaszka Hitlera". Nikołaj nie potrafił ukryć rozdrażnienia, które niemal nigdy go nie opuszczało. „Chcecie badać tę czaszkę, poddać ją analizom. Dlaczego nie? Ja wiem, że to jego czaszka. Wiem, jak Hitler się zabił. Przeczytałem akta śledztwa od deski do deski. Od roku 1945 i wszczęcia dochodzenia wszystko było jasne. Ale skoro chcecie zacząć od początku, proszę bardzo". Czy to tak długo wyczekiwana odpowiedź na nasze liczne prośby? Czy ten osobliwy archiwista przekazał nam właśnie decyzję dyrektorki? „Możemy przeprowadzić badania czaszki? Dobrze zrozumieliśmy?" Dina i Nikołaj patrzyli na siebie. Wahali się. „Naszym zadaniem jest przechowywać materiały archiwalne w jak najlepszym stanie, aby przyszłe pokolenia mogły z nich korzystać. Nie naszą sprawą jest przeprowadzanie badań naukowych". Nikołaj nie udzielił nam jasnej odpowiedzi. Lena dała mu to do zrozumienia najgrzeczniej, jak mogła. A on podjął monotonnym, cichym głosem. „Te wszystkie pytania nie są do mnie". Uśmiech. Zawsze się uśmiechać. Nawet jeśli ten uśmiech to zwykły grymas. Dina, z racji wieku i tych lat przepracowanych w archiwum… to na niej powinniśmy się skupić, aby uzyskać tak ważną odpowiedź. „Sądzę, że to możliwe. Tak". – powiedziała w końcu. Kiedy, jak, kto może to zrobić? Tyle szczegółów do uzgodnienia, tyle punktów do doprecyzowania. Możemy bardzo szybko ściągnąć tu doskonałego specjalistę. Już go wybraliśmy. Uprzedziliśmy go. „Jego nazwisko?", zapytał Nikołaj. „Znacie je, wyjaśniliśmy wszystko w korespondencji. Nazywa się Philippe Charlier. To Francuz.

Doktor medycyny sądowej. We Francji to autorytet. Musicie go znać, to on identyfikował czaszkę Henryka IV”.

Uzyskaliśmy zgodę. Lana rozmawiała z dwójką archiwistów, aby potwierdzić to, co nam oznajmili. Ja tymczasem rzuciłem się na dokumenty, które Nikołaj przyniósł ze sobą. Były to raporty radzieckich tajnych służb o zniknięciu Hitlera. W drodze wyjątku mogłem je sfotografować. „Wszystkie?”, zapytałem. Nikołaj skinął głową. Nie zamierzałem się krępować. Poszedłem na całość. Dina patrzyła na mnie kątem oka, czułem, że była zakłopotana. Cudzoziemiec, który swobodnie fotografuje jej bezcenne dokumenty – trudno jej się z tym pogodzić. Krążyła wokół mnie, mrucząc coś pod nosem. Nie znam rosyjskiego i tym razem było mi to na rękę. Powtarzała te same słowa. Robiłem swoje. W końcu, zirytowana, zawołała Lanę, która rozmawiała jeszcze z Nikołajem. Mówiła do niej coś bardzo szybko, pokazując mnie palcem. Wystraszona Lana zwróciła się do mnie: „Musisz przestać. Wolno ci zrobić tylko dziesięć zdjęć, nie więcej!”. Udałem, że nie słyszę, i nie przerwałem. Teraz już Dina po prostu beształa Lanę. Dlaczego dziesięć? Starałem się zyskać na czasie, udawałem zdziwionego. Nikołaj powiedział, że nie ma żadnych ograniczeń. „Po prostu, dziesięć”, oznajmiła Lana. „Uważa, że dziesięć to i tak dużo”. Ale czy mogłem mieć żal do drogiej Diny? Poświęciła całe swoje życie zawodowe, by strzec tych tajnych dokumentów. Czterdzieści lat chronienia ich przed nieprzychylnymi spojrzeniami – o tym nie da się zapomnieć. Wyobraziłem sobie, jakim wstrząsem był dla niej ten widok: Francuz, kapitalista, który na jej oczach zagrabia skarb jej zawodowego życia. Ale zareagowała zbyt późno, bo już skończyłem. Sfotografowałem wszystko. Dokumentacja sprawy Hitlera znalazła się w pamięci mojego smartfona. Setki stron do przetłumaczenia i przetrawienia. Mrówcza praca.

Paryż, październik – listopad 2016 roku

Pierwsze przekłady dokumentów sfotografowanych w siedzibie GARF-u dostałem już wkrótce. Lana dokonywała cudów. Przesyłała mi je przeważnie wieczorem, po dniu pracy. Poza śledztwem w sprawie Hitlera nadal pracowała dla rosyjskich mediów. Ja tymczasem wróciłem do Francji. Porządkowałem przetłumaczone teksty według wątków i chronologicznie. Niektóre były niejasne. W zdaniach pisanych skrajnie urzędowym stylem pojawiało się mnóstwo nieznanych nazwisk i tajemniczych skrótów. Rosyjscy śledczy najwyraźniej nie gustowali w poezji. W ich pracy liczyła się skuteczność i precyzja. Oto jeden z pierwszych dokumentów, jakie otrzymałem:

> Ściśle tajne
>
> Do towarzysza Stalina
> Do towarzysza Mołotowa
>
> 16 czerwca 1945 roku NKWD ZSRR pod nr. 702/b przedstawiło Wam i towarzyszowi Stalinowi przesłane z Berlina przez towarzysza Sierowa kopie protokołów przesłuchań niektórych osób z otoczenia Hitlera i Goebbelsa dotyczące ostatnich dni pobytu Hitlera i Goebbelsa w Berlinie, a także kopie opisu i protokołów z autopsji domniemanych zwłok Hitlera i Goebbelsa oraz ich małżonek.

Niczego nie brakuje: ani ważnych w historii nazwisk – Stalina, Hitlera, Goebbelsa, ani skrótów NKWD i ZSRR. A to był tylko początek. Inne nazwiska i inne równie ważne skróty miały nawiedzać mnie i Lanę przez długie miesiące tej pracy niczym zjawy, które wyłaniały się z piekła przeszłości. Po stronie niemieckiej: Himmler, SS, Göring, Trzecia Rzesza… Po stronie radzieckiej: Beria, Mołotow, Armia Czerwona, Żukow…

Poza raportami zgromadziliśmy serię zdjęć z opisami i kilka rysunków. Były wśród nich szkice bunkra Hitlera. Zostały narysowane ołówkiem na papierze przez więźniów – esesmanów z najbliższego kręgu Führera na rozkaz radzieckich służb specjalnych. Rosjanie chcieli zrozumieć, jak zorganizowane było życie w schronie przeciwlotniczym wroga. Wszystko zostało precyzyjnie opisane. Mieszkanie nazistowskiego dyktatora, pokój Ewy Braun, łazienka, sala narad, toalety…

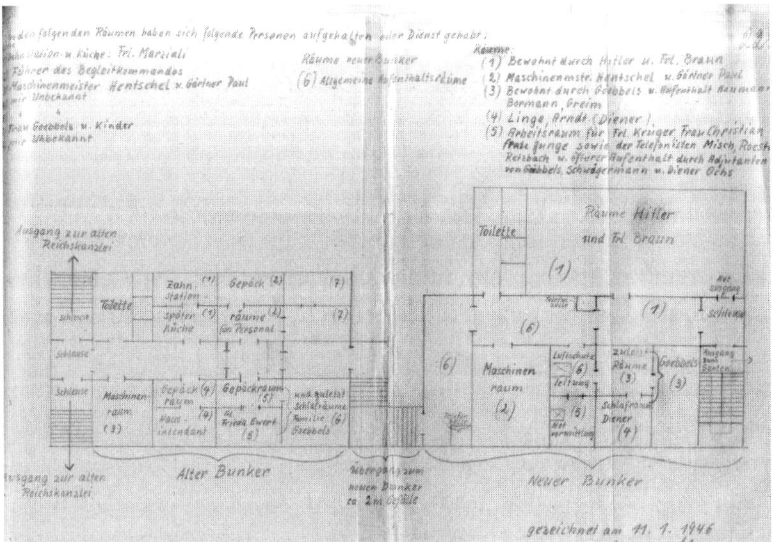

Plan bunkra Führera narysowany przez jeńca, esesmana Rochusa Mischa, na polecenie radzieckich śledczych (GARF).

W masie dokumentów, które zgromadziliśmy, pracując w GARF-ie, było też kilkadziesiąt stron w języku niemieckim. Przesłuchania niektórych nazistowskich jeńców protokołowano odręcznie, w ich języku. Armia Czerwona dysponowała maszynami do pisania z czcionką cyrylicką. Na szczęście pismo radzieckich tłumaczy było stosunkowo czytelne. Tylko nieliczne kartki zapisane były robaczkami i pełne przekreśleń. Taki prawie niemożliwy do odszyfrowania raport skatował oczy dwóch moich tłumaczy z niemieckiego na francuski. Pierwszy skapitulował, a drugi uprzedził mnie, żebym nie liczył na niego, gdyby w przyszłości taka sytuacja się powtórzyła. Jednak ich trud nie poszedł na marne, bo dzięki nim mogłem ułożyć swój fragment puzzli historycznych, które tworzą akta dotyczące Hitlera. Tekst spisany „robaczkami" to protokół przesłuchania niejakiego Ericha Ringsa, jednego z radiotelegrafistów z bunkra Hitlera. Rings zrelacjonował między innymi chwilę, gdy przełożeni polecili mu przekazać wiadomość o śmierci Führera: „Ostatni radiotelegram tego rodzaju przesłaliśmy 30 kwietnia po południu, około 17.15. Oficer, który przyniósł wiadomość, powiedział mi, żebyśmy z góry o tym wiedzieli, że pierwsze zdanie radiotelegramu brzmieć będzie następująco: »Führer nie żyje!«".

Jeżeli Rings powiedział prawdę, to z informacji tej wynika, że śmierć niemieckiego dyktatora nastąpiła 30 kwietnia 1945 roku przed 17.15. Ale czy niemiecki radiotelegrafista nie okłamał radzieckich śledczych? Ci przyjęli, że tak. Nieufność jest wpisana w naturę każdego dobrego szpiega. W każdych okolicznościach jest dla nich niczym tlen i pozwala spokojnie piąć się po szczeblach kariery. Nie wierzyć wrogowi, powątpiewać w jego deklaracje, także w te wymuszone torturami. Lecz taka postawa bardzo utrudnia prowadzenie śledztwa i przedłuża je. Utrudniała także moją pracę. Teksty, które miałem przed oczyma, dotyczyły niemal dwunastu miesięcy – do połowy 1946 roku. A zatem niemal rok po upadku Berlina 2 maja 1945 roku oficerowie prowadzący sprawę Hitlera wciąż nie zakończyli śledztwa.

Poprosili ministra spraw wewnętrznych ZSRR o więcej czasu, a także o przeniesienie niektórych niemieckich jeńców z rosyjskich więzień do Berlina. Zamierzali dokonać rekonstrukcji ostatnich godzin Hitlera.

> 10 kwietnia 1946 roku Ściśle tajne
>
> Do Ministra Spraw Wewnętrznych Związku Socjalistycznych Republik Radzieckich towarzysza Kruglowa S.N.
>
> W ramach śledztwa dotyczącego okoliczności zniknięcia Hitlera 30 kwietnia 1945 roku, w więzieniu na Butyrkach [w Moskwie – przyp. aut.] przebywają obecnie: [...]

Tu następowała długa lista nazwisk nazistowskich więźniów, a po niej dalszy ciąg pisma:

> Podczas śledztw prowadzonych wobec tych osób, poza sprzecznościami budzącymi wątpliwości co do prawdziwości wersji o samobójstwie Hitlera, o czym już donosiliśmy, ujawniono dodatkowe fakty, które wymagają uściślenia na miejscu.
>
> Z tego względu sądzimy, iż należy wypełnić następujące warunki:
>
> – Wszystkie osoby zatrzymane w tej sprawie powinny zostać wysłane do Berlina. [...]
>
> Przydzielić grupie operacyjnej zadanie przeprowadzenia w terminie miesiąca śledztwa dotyczącego wszystkich okoliczności zniknięcia Hitlera i złożenia w tej sprawie raportu Ministerstwu Spraw Wewnętrznych ZSRR.
>
> Powierzyć generałowi Boczkowowi zorganizowanie przewozu więźniów pod eskortą i wynajęcia w tym celu specjalnego wagonu dla zatrzymanych do miasta Brześć [obecnie na Białorusi – przyp. aut.]. Przewiezieniem więźniów pod eskortą z Brześcia do Berlina zajmie się berlińska grupa operacyjna.

Do udziału w badaniu materiałów dowodowych i miejsca zdarzenia wysłać do Berlina specjalistę z dziedziny kryminalistyki z Dyrekcji Generalnej Milicji Ministerstwa Spraw Wewnętrznych ZSRR, towarzysza Osipowa.

Pismo podpisali dwaj radzieccy generałowie stacjonujący w Berlinie.

Kwiecień 1946 roku. Dlaczego śledztwo w sprawie Hitlera trwało tak długo? Co wydarzyło się w bunkrze? Rosjanie poświęcili dużo energii na szukanie prawdy, która im się wymykała. A przecież żadna inna armia, amerykańska, angielska ani francuska, nie wzięła do niewoli tylu naocznych świadków upadku Berlina i klęski Führera. Sowieci mieli ich setki. Tym świadkom zgotowali naprawdę ciężki los. W raportach i protokołach przesłuchań odnajdywałem gorliwość w dążeniu do rozwikłania zagadki. Raz po raz powtarzały się te same pytania i te same groźby. Dlaczego po prostu nie pogodzili się z faktami? Dlaczego Stalin i jego ludzie nie chcieli uwierzyć w prawdomówność więźniów? Byłbym fatalnym funkcjonariuszem tajnej policji radzieckiej. A dowodem niech będzie ta konfrontacja dwóch jeńców z SS z bliskiego otoczenia Hitlera.

Pierwszy z nich nazywał się Höfbeck i był sierżantem, drugi to oficer SS Günsche.

Pytanie do Höfbecka: Gdzie się znajdowaliście i co robiliście 30 kwietnia 1945 roku? To znaczy w dniu, kiedy jak twierdzicie, Hitler popełnił samobójstwo?

Odpowiedź Höfbecka: 30 kwietnia 1945 roku pełniłem służbę przy wyjściu ewakuacyjnym z bunkra, zgodnie z rozkazem mojego szefa służby radcy stanu [Regierungsrat] Högla, jako dowódca oddziału złożonego z dziewięciu ludzi.

Pytanie do Höfbecka: Co tam widzieliście?

Odpowiedź Höfbecka: Około czternastej, może trochę później, zbliżając się, zobaczyłem kilka osób [...]. Niosły coś ciężkiego owiniętego w koc. Od razu pomyślałem, że Adolf Hitler odebrał sobie życie, bo z jednej strony spod koca wysuwały się czarna nogawka i czarne pantofle. [...] Potem Günsche krzyknął: „Wszyscy na zewnątrz! Zostają tu!". Nie mogę potwierdzić, że Günsche niósł drugie zwłoki. Trzej inni natychmiast oddalili się biegiem, ja zostałem przy drzwiach. Widziałem dwa ciała w odległości jednego do dwóch metrów od wyjścia ewakuacyjnego. Dostrzegłem czarne spodnie i czarne pantofle, a na drugim ciele (tym po prawej) niebieską sukienkę, skarpetki i brązowe pantofle, ale nie mogę tego powiedzieć z całą pewnością. [...] Günsche polał ciała benzyną, a przez wyjście ewakuacyjne przyniesiono mu ogień. Pożegnanie trwało krótko, najwyżej pięć, dziesięć minut, ponieważ nagle nasilił się ostrzał artyleryjski. [...]

Pytanie do Günschego: Co macie do powiedzenia o zeznaniach Höfbecka?

Odpowiedź Günschego: To nie było około czternastej, ale krótko po szesnastej, wtedy ciała zostały wyniesione z bunkra przez wyjście ewakuacyjne. [...] Nie pomagałem w niesieniu zwłok Adolfa Hitlera, ale wkrótce potem wyszedłem wyjściem ewakuacyjnym z ciałem pani Hitler. Ciało Adolfa Hitlera niosły osoby, które już wymieniłem podczas poprzednich przesłuchań. [...]

Pytanie do Höfbecka: Czy macie jakieś zastrzeżenia do zeznań Günschego, które słyszeliście?

Odpowiedź Höfbecka: Nie mam żadnych zastrzeżeń do zeznań Günschego, które słyszałem. [...] Muszę dodać, że moje wcześniejsze zeznania mogą zawierać pewne nieścisłości, ponieważ te niespodziewane wydarzenia mocno mną wstrząsnęły.

Nieścisłości w zeznaniach rozwścieczały śledczych. Czy więźniowie robili to umyślnie? Wiele wskazuje na to, że tak. Nie zapominajmy, że w oczach nazistów komuniści byli uosobieniem najwyższego zła (zaraz po Żydach, oczywiście wedle doktryny hitlerowskiej). Opierać się, kłamać, zniekształcać prawdę – taka postawa mogła się wydawać normalna ludziom, których wciąż jeszcze przepełniał głęboki nazistowski fanatyzm. Tak czy inaczej, ich sprzeczne odpowiedzi utrudniały precyzyjne ustalenie przebiegu wydarzeń, które poprzedzały upadek bunkra Hitlera.

Lana i ja myśleliśmy, że jesteśmy wystarczająco przygotowani, by zagłębić się w jedną z ostatnich tajemnic drugiej wojny światowej. Bardzo się myliliśmy. Nawet w najczarniejszych scenariuszach nie przewidzieliśmy, jak skomplikowane jest takie śledztwo. Jednak szybko uświadomiliśmy sobie, że zbieranie dokumentów w magazynach GARF-u nie będzie najtrudniejszym etapem pracy. Pewność siebie i optymizm przygasły. To Dina, szefowa działu zbiorów specjalnych GARF-u, wzbudziła w nas obawy.

Wróćmy jednak do spotkania we Wszystkich Świętych 2016 roku w siedzibie rosyjskiego archiwum państwowego. Lana i ja jeszcze raz dziękowaliśmy Dinie i Nikołajowi za cierpliwość. Zdążyli już zapakować do wózka drewniane elementy kanapy i akta Hitlera. Spotkanie kończyło się w serdecznej atmosferze. „Udało nam się, mamy wszystkie dokumenty dotyczące śmierci Führera, to dobry początek!", emocjonowała się Lana, a ja nie próbowałem jej powściągnąć. Dina nie podzielała jej entuzjazmu, a Nikołaj już wyszedł, nie mówiąc ani słowa. Słyszeliśmy, jak ciągnie wózek po korytarzu, robiąc potworny hałas. „Nie macie wszystkiego", powiedziała nagle Dina, której chyba przykro było psuć nam tę chwilę. Jak to? „Czy jeszcze gdzieś w Rosji są szczątki Hitlera?", zapytałem, nie wierząc we własne słowa. „Bardzo możliwe..." Dina z trudem zdobyła się na szczerą odpowiedź. „Tak", przyznała po chwili. „Ale nie będziecie mogli ich zobaczyć". To było tak jakby ziemia usunęła nam się spod nóg. Dina czuła się nieswojo – wciąż zagryzała drobne wargi i unikała naszych spojrzeń. Lana się odezwała – mówiła cicho, bardzo łagodnie, jakby chciała ją uspokoić. Zapewnić, że to nie takie ważne, ale że powinna nam to wyjaśnić.

Plusy i minusy. Od czego wolałem zacząć? Lana pozwoliła mi wybierać. Opuściliśmy siedzibę GARF-u i złapaliśmy taksówkę, żeby wrócić do hotelu. Zacznijmy od minusów. „Nie wszystkie radzieckie raporty w sprawie śmierci Hitlera znajdują się w GARF-ie. Część pozostaje w archiwach FSB". Zapadła cisza. Te trzy litery to Fiederalnaja Służba Biezopasnosti (Federalna Służba Bezpieczeństwa), czyli rosyjskie służby tajne. FSB powstała w 1995 roku i w pewnym sensie jest następczynią KGB rozwiązanego 11 października 1991 roku, po próbie obalenia Michaiła Gorbaczowa w sierpniu tegoż roku. Metody FSB nie uległy zasadniczym zmianom, zostały przejęte po osławionej radzieckiej poprzedniczce. Ich podstawą jest manipulacja, a w razie potrzeby przemoc. Skoro w naszej ocenie dostęp do GARF-u był trudny, to co czekało nas w Centralnym Archiwum FSB*? Lana śmiała się na samą myśl o tym, jak rozpaczliwe rysują się przed nami perspektywy. „Jest jeszcze coś, o czym musisz wiedzieć", podjęła, nerwowo chichocząc. „Dina powiedziała mi również, że na pewno powinniśmy sięgnąć do archiwów wojskowych. Ale uprzedziła mnie, że nie możemy liczyć na pomoc GARF-u. FSB, archiwa wojskowe i oni wzajemnie się nienawidzą. Musimy radzić sobie sami".

Licznik taksówki wskazywał, ile rubli będzie kosztował nas ten kurs. Świat kierowcy wydawał się taki prosty: klienci, adres, dobry GPS i po sprawie. Z naszym śledztwem było zupełnie inaczej. „Nie chcesz poznać plusów? Dobrej wiadomości od Diny..." Lana czuła, że ogarnia mnie zniechęcenie. Ponad rok syzyfowych poszukiwań to dość, by stracić zapał. „Dina zapewniała mnie, że nas lubi i że postara się umożliwić nam przeprowadzenie naukowych badań czaszki". Ale czy Dina miała jakikolwiek wpływ na decyzje w tej sprawie? Lana zastanawiała się przez chwilę, a potem

---

* CA FSB – Centralnyj Archiw FSB.

pokręciła głową. Moskwa ze swoją mżawką śmiała się nam prosto w oczy. Inni już próbowali rozwikłać zagadkę Hitlera. Czy to przypadek, że im się nie udało?

Zaciekła, niemal z góry przegrana walka? Świetnie! Lana się nie poddawała, wręcz przeciwnie. Obiecała mi, że do końca roku zdobędzie wszystkie zezwolenia – te potrzebne, żeby uzyskać dostęp do archiwum FSB, i te, które otwierają drzwi Rosyjskiego Państwowego Archiwum Wojskowego (Rossijskij Gosudarstwiennyj Wojennyj Archiw, RGWA). „Nikt mi się długo nie oprze. Będę ich męczyła do skutku", zapewniła z dziarskim uśmiechem, kiedy żegnaliśmy się w hali odlotów lotniska Szeremietiewo. Było to niespełna miesiąc temu. Od tamtego czasu właściwie codziennie rozmawialiśmy przez telefon i dodawaliśmy sobie otuchy. Do mnie należała praca z dokumentami, ona pracowała nad rosyjskimi władzami „Prawie mi się udało. Jeszcze kilka dni i dostanę odpowiedź. Bądź gotów, musimy trzymać rękę na pulsie". Lana parła do przodu, nie dopuszczała do siebie myśli o drugiej porażce. Czy jej znajomości w rosyjskich kręgach władzy były naprawdę tak dobre? Jak chciała przekonać urzędników, zwykle niechętnych wobec takich prób? „Odkąd zajęłam się Swietłaną Stalin, mogę liczyć na dobre kontakty z kilkoma wpływowymi osobami, a poza tym jestem znana z tego, że zachowuję się jak pitbull. Nigdy nie ustępuję. Możesz mi wierzyć, dyktatorzy to moja specjalność..."

CZĘŚĆ II

OSTATNIE DNI HITLERA

W marcu 1945 roku Hitler zdecydował, że schroni się w bunkrze pod Nową Kancelarią Rzeszy w sercu Berlina. Wielka, ostateczna ofensywa aliantów trwała już od kilku tygodni. Na wschodzie Armia Czerwona, po pierwszej nieudanej próbie z października 1944 roku (operacja gąbińsko-gołdapska), zajęła 20 stycznia pozycje w Prusach Wschodnich; zachodni alianci (jednostki amerykańskiej 1 Armii) 12 września 1944 roku też wkroczyli na terytorium Niemiec, zbliżając się do Akwizgranu. Miasto padło 21 października. Zagrożenie stawało się coraz bardziej realne i Hitler coraz rzadziej opuszczał bunkier. Ostatnie dni życia spędził osiem i pół metra pod ziemią.

Szczegóły ostatnich chwil życia Führera znamy z relacji ocalałych członków jego świty, głównie wojskowych i kilkorga cywilów (głównie sekretarek). Do ich relacji można odnosić się podejrzliwie – nie zapominajmy, że wszyscy byli zdeklarowanymi nazistami i mniej lub bardziej podziwiali Hitlera.

Relacje te pochodzą z dwóch różnych źródeł: przesłuchań prowadzonych po aresztowaniu przez Sowietów albo aliantów oraz pamiętników publikowanych po wyjściu na wolność oraz z wywiadów.

W pierwszym przypadku informacje udzielane były dobrowolnie albo pod przymusem i absolutnie nieprzeznaczone do publicznego ujawniania, w drugim świadkowie tamtych zdarzeń przekazywali je celowo. To pozwalało im usprawiedliwić przed światem własne postępowanie, a na ogół także odciąć się od nazistowskiego reżimu.

W obu przypadkach relacje te nie są obiektywne, jednak konfrontacja obu typów źródeł umożliwia dość wiarygodne odtworzenie dwunastu ostatnich dni życia niemieckiego dyktatora.

Przynajmniej do 30 kwietnia 1945 roku po południu.

19 kwietnia 1945 roku

Gdzie są Rosjanie? Czy front się trzyma? Co robi Führer?
Kiedy opuści Berlin?
(Wysocy rangą funkcjonariusze nazistowscy
obecni w berlińskim bunkrze Hitlera)

W bunkrze Führera ludzie nareszcie znów się uśmiechali. Wkrótce miał paść rozkaz, by uciekać! Uciekać przed bombardowaniem i przed berlińczykami, którzy z dnia na dzień okazywali coraz większą wrogość wobec reżimu nazistowskiego. Wyjazd zaplanowano na następny dzień, 20 kwietnia, czyli urodziny Hitlera. Czy można wyobrazić sobie lepszy prezent niż ta ucieczka do Berchtesgaden w bawarskich górach? Tam wódz mógłby świętować pięćdziesiąte szóste urodziny w łagodnym słońcu niemieckich Alp, które tak lubił. A przede wszystkim opuściłby bunkier, to mauzoleum ze zbrojonego betonu, ukryte pod ogrodami Nowej Kancelarii Rzeszy. Już w połowie marca Hitler przeniósł swoją kwaterę główną do tego schronu przeciwlotniczego w samym sercu stolicy Niemiec.

Całe otoczenie dyktatora marzyło o ucieczce. Wojskowi z Wehrmachtu i wierni esesmani, a nawet najwyżsi rangą urzędnicy aparatu państwowego – wszyscy czekali tylko na znak Hitlera, by spakować manatki i broń. Rzecz jasna, ta chęć oddalenia się od linii frontu oficjalnie wynikała tylko z troski o życie i zdrowie władcy Niemiec, a także z woli kontynuowania walki. Nieliczni przyznawali, że się boją i chcą ratować własną skórę.

Ilu ich zaszyło się w schronie Nowej Kancelarii? Pięćdziesięcioro? Sześćdziesięcioro? Trudno powiedzieć. Co dnia kolejne osobistości przybywały na Wilhelmstrasse 77 i błagały o miejsce, o łóżko w sypialni czy choćby na korytarzu. Z technicznego punktu widzenia cały *Führerbunker* mógł pomieścić dwieście osób. Przy większej liczbie osób groził brak powietrza, mimo że zainstalowano tu potężny system wentylacji. Bunkier Führera obejmował dwa podziemne schrony. Pierwszym był *Vorbunker*, czyli „przedbunkier", usytuowany 6 metrów pod głównym holem Nowej Kancelarii, a wybudowany w roku 1935. Miał powierzchnię niemal 300 metrów kwadratowych i składał się z czternastu pomieszczeń po 10 metrów kwadratowych każde, rozmieszczonych po obu stronach korytarza o długości 12 metrów. Jego strop, mający oprzeć się atakom lotniczym, miał grubość 1,6 metra, a mury 1,2 metra. Czyli dokładnie dwa razy tyle co w schronie pod Ministerstwem Lotnictwa w Berlinie. Ale okazało się, że to za mało.

Po pierwszych brytyjskich nalotach na Berlin w styczniu 1943 roku Hitler podjął decyzję o budowie drugiego bunkra, jeszcze solidniejszego – tak powstał *Hauptbunker*, czyli „bunkier główny", o 2,5 metra głębiej od przedbunkra – 8,5 metra pod ziemią. Oba bunkry połączono schodami oddzielonymi na dole i na górze drzwiami pancernymi, których szczelność miała zapewnić ochronę w razie ataku gazowego. Normy bezpieczeństwa biją wszelkie rekordy. Grubość ścian sięga 4 metrów. Chroni go warstwa betonu grubości 3,5 metra, pokrywająca obszar o długości 20, a szerokości 15,6 metra. Daje to 312 metrów kwadratowych*. Ściany działowe miały wytrzymać potężne bombardowania. Miały po 0,5 metra grubości. Na podłogach nie było parkietu ani dywanów, umeblowanie ograniczono do minimum. Na tej głębokości stale panowała wilgoć i pompy zamontowane po to, by odprowadzać przenikającą wodę, nie były w stanie zapobiec wilgotnemu chłodowi. Ściany pomalowano na szaro lub zostawiono surowe. Ze

* Sven Felix Kellerhoff, *The Führer Bunker. Hitler's Last Refuge*, Berlin 2004, s. 50.

względu na grubość ścian działowych pokoje były jeszcze mniejsze niż w przedbunkrze. Nawet te przeznaczone dla Führera nie przekraczają 10 metrów kwadratowych przy wysokości 3 metrów. Naprzeciwko jego apartamentu znajdowało się sześć maleńkich pokoików dla personelu wojskowego. Jedyny luksus dla Hitlera to osobista łazienka, gabinet i sypialnia. W odróżnieniu od pozostałych pokoi te pomieszczenia zostały starannie umeblowane.

„Hitler miał własny bunkier z zaledwie kilkoma pomieszczeniami dla siebie, lekarza, służącego i absolutnie niezbędnego personelu", wspomina pilot jego osobistego samolotu, Hans Baur*. Wśród ludzi, z którymi Hitler nie chciał się rozstawać, znajdujemy jego osobistego lekarza doktora Morella, jego sekretarza Martina Bormanna, adiutanta Ottona Günschego, a także lokaja Heinza Lingego. Jest też Blondi, suczka Führera. Czasami siedzi zamknięta w pokoju, gdzie zwykle odbywają się codzienne narady strategiczne.

Ewa Braun przybyła do bunkra w Nowej Kancelarii na początku kwietnia. Hitler nie wiedział, czy wpaść we wściekłość, czy cieszyć się, że jego partnerka odważyła się zapuścić w rejon zaciekłych walk. Tak czy inaczej, zgodził się, by została przy nim i polecił dać jej pokój w pobliżu swojego. Sądził, że będzie tam bezpieczna.

Przynajmniej chwilowo. Bo to schronienie, te dwa bunkry, mogło już niedługo zamienić się w śmiertelną pułapkę, jeśli szybko nie wyda rozkazu ucieczki ze stolicy.

Sytuacja militarna była katastrofalna. Od 16 kwietnia wojska radzieckie pod dowództwem marszałków Żukowa i Koniewa przypuściły wielką ofensywę na Berlin. Na razie były jeszcze daleko, toczyły walki 100 kilometrów na wschód od stolicy Rzeszy, nad Odrą. Ale wszyscy niemieccy oficerowie wiedzieli, że miasto jest bardzo trudne do obrony. Rozpościerający się na dużej przestrzeni, z rozległą aglomeracją, Berlin wymagał do obrony wielu

---

* Hans Baur, *I was Hitler's Pilot*, London 1958, s. 180.

ludzi i wiele sprzętu. Hitler z całą pewnością był tego świadom. Mimo to nie ogłosił ewakuacji ludności cywilnej. Kiedy walki toczyły się w centrum miasta, przy Bramie Brandenburskiej, w Berlinie przebywało wciąż dwa i pół miliona ludzi.

Początkowo, używając ostrej retoryki i haseł, nazistowska propaganda usiłowała uczynić z Odry ostatnią naturalną zaporę, która musi powstrzymać odwetową inwazję wojsk radzieckich. Wzburzona woda przeciw naporowi syberyjskiej stali – wizja godna może Wagnerowskiej opery, tej wiosny jednak zapowiadająca raczej zbiorowe samobójstwo.

Samobójstwo – ta myśl nie wzbudzała w Hitlerze odrazy. Nie jego samobójstwo, ale narodu. Samobójstwo jako wyraz najwyższego poświęcenia dla zabójczej ideologii.

Żeby przekonać społeczeństwo do dalszej walki, nazistowski dyktator dał z siebie bardzo dużo. Na początku marca wyruszył na front nad Odrą. To była jego ostatnia oficjalna wizyta w strefie walk. Jej celem było pokazanie Niemcom, że ich Führer kontroluje sytuację. Hasła powtarzane w gazetach i kronikach filmowych brzmiały rzeczowo i bojowo: „Führer udał się osobiście na front nad Odrą!" i „Obrona Berlina dokona się nad Odrą". Tak było miesiąc wcześniej. W innych czasach, zanim zgasła nadzieja.

Choć wojna jest kwestią woli, poświęceń, a czasem geniuszu taktycznego, to najczęściej toczy się zgodnie z banalną, dziecinnie łatwą arytmetyką. Stalin dokładnie to zrozumiał. I żeby zmiażdżyć wroga, nie szczędził niczego. Przeciwko milionowi żołnierzy niemieckich władca z Kremla rzucił ponad dwa razy tyle, bo 2,1 miliona ludzi. Przede wszystkim Rosjanie byli lepiej uzbrojeni: 41 600 dział artyleryjskich, 6250 czołgów i 7500 samolotów bojowych przeciw 10 400 działom, 1500 czołgom i 3300 samolotom bojowym po stronie niemieckiej.

Generałowie Hitlera doskonale znali te dane. Wiedzieli, że jeśli Armia Czerwona przekroczy linię Odry, Berlin zdoła się bronić najwyżej kilka dni. Ale to nie było takie ważne, ponieważ naziści wszystko przewidzieli: walki miały toczyć się nadal, w „alpejskiej fortecy", bliżej Bawarii i Austrii, w górzystym trójkącie między Salzburgiem, Bad Reichenhall a Berchtesgaden. Od połowy marca z kancelarii Führera wychodziły rozkazy, zgodnie z którymi należało przystąpić do przenoszenia w tamten rejon nazistowskiego aparatu państwowego. Zbudowano sieć bunkrów połączonych specjalnymi liniami telefonicznymi. Wysłano tam nawet samochody Kancelarii.

Po wielu latach ten plan ewakuacji ujawnili przebywający w radzieckich więzieniach Heinz Linge i Otto Günsche – lokaj i adiutant Hitlera.

> W pierwszych dniach kwietnia 1945 roku Hitler wezwał do Berlina trzech gauleiterów [naczelników okręgów partyjnych – przyp. aut.] z Austrii: Hofera z Innsbrucku, Uiberreithera z Klagenfurtu i Eigrubera z Linzu. Rozmawiał z nimi w obecności Bormanna [sekretarza i doradcy Hitlera – przyp. aut.]. Chodziło o budowę „fortecy alpejskiej" w wysokich górach austriackich, fortecy, która miała być „ostatnim bastionem" umożliwiającym kontynuację wojny*.

Po upadku Rzeszy brytyjski wywiad przesłuchiwał przebywających w niewoli ludzi z otoczenia Hitlera. Ich zeznania potwierdzają planowaną na 20 kwietnia ucieczkę. Oto fragmenty tajnego raportu złożonego 1 listopada 1945 roku przez brytyjskiego generała Edwarda Johna Foorda, szefa wywiadu wojskowego w Naczelnym Dowództwie Alianckich Sił Ekspedycyjnych (Supreme Headquarters Allied Expeditionary Force, SHAEF). Raport był przeznaczony dla tajnych służb amerykańskich, radzieckich i francuskich działających w Berlinie. „Pierwotnym zamiarem Hitlera było odlecieć do Berchtesgaden 20 kwietnia 1945 roku, w dniu

---

* Heinz Linge i Otto Günsche, *Le Dossier Hitler*, przeł. Danièle Darneau, Paris 2006, s. 281.

jego urodzin, służbie wydano już polecenia, by przygotowała się na jego przyjazd w tym terminie".

Jednak Hitler nieoczekiwanie zmienił plany. Po południu 19 kwietnia generał Krebs, świeżo mianowany szef sztabu wojsk lądowych, poinformował go, że radzieckie czołgi zdołały się przebić i znajdują się o zaledwie 30 kilometrów od Berlina. Sytuacja w terenie stała się dramatyczna. Hitler zwymyślał swoich generałów. Oskarżał ich wszystkich o nieudolność i uznał, że musi przejąć dowodzenie operacją. Z tego powodu musiał pozostać na polu walki i przesunął ewakuację do Berchtesgaden.

Decyzja Führera błyskawicznie rozeszła się po bunkrze. Wiadomość wstrząsnęła jego otoczeniem, które uznało ją za tragiczną. Żaden z mieszkańców bunkrów ani nawet żaden z oficjeli pozostających w stolicy nie mógł pozwolić sobie na ucieczkę, dopóki Hitler przebywał w Berlinie. Czy zmieni zdanie? Heinz Linge mógł obserwować reakcje przerażonych dygnitarzy. „Ley, Funk, minister gospodarki, Rosenberg, Speer, Axmann, Ribbentrop i inni, którzy przebywali jeszcze w Berlinie, wciąż wydzwaniali. Wszyscy zadawali to samo pytanie: Co się dzieje na froncie? Gdzie są Rosjanie? Czy front się utrzymuje? Co robi Führer? Kiedy wyjedzie z Berlina?"*. Otto Günsche za każdym razem udzielał takiej samej odpowiedzi: „Front na Odrze się trzyma. Wykluczone, żeby Rosjanie doszli do Berlina. Führer nie widzi powodu, żeby opuszczać Berlin".

---

* *Ibidem*, s. 299.

20 kwietnia 1945 roku

Urodziny Führera. Szkoda, że nie ma nastroju do zabawy.
(Dziennik Martina Bormanna)

Rozkazy były ścisłe. Hitler nie chciał żadnych uroczystości z okazji urodzin. Byłoby to nie tylko żałosne, ale i niestosowne. Poprzedniego dnia poinformował o tym swojego lokaja Heinza Lingego, dodając z naciskiem, że pragnie, by jego wolę uszanowali wszyscy w bunkrze. Ale to nic nie dało. *Führergeburtstag* (urodziny Führera) to w nazistowskich Niemczech dzień święty, niemal drugi 25 grudnia. Jak zatem powstrzymać najgorętszych zwolenników reżimu od uczczenia ich bohatera? W kręgu najbliższych dyktatora panował zwyczaj składania mu życzeń już od północy. Setki tysięcy radzieckich żołnierzy, którzy szli na Berlin, nie mogły tego zmienić. Wzorem pilnych uczniów, pragnących zaskarbić sobie przychylność nauczyciela, siedmiu nazistów tłoczyło się na kilku metrach kwadratowych przedpokoju dyktatora. Przyszli w starannie uprasowanych mundurach, z orderami i dumnie uniesionymi głowami, aby nic w ich wyglądzie nie zdradzało gorącej chęci ucieczki z Berlina. Linge zapamiętał, że byli tam generał Hermann Fegelein (szwagier Ewy Braun), generał Wilhelm Burgdorf, esesman Otto Günsche (adiutant Hitlera), dyplomata Walter Hewel (agent łącznikowy Ribbentropa, ministra spraw zagranicznych Rzeszy), Werner Lorenz (przedstawiciel szefa prasy Rzeszy), Julius Schaub (osobisty adiutant Hitlera) oraz Albrecht Alwin-Broder (adiutant Hitlera do spraw marynarki wojennej).

Wszyscy kręcili się wokół Lingego, tego operetkowego esesmana, który front widywał tylko z odkrytego auta swego pana, gdy towarzyszył mu podczas inspekcji wojsk. Lingego, który paradował w mundurze podpułkownika, chociaż był tylko lokajem. Ale to nie był odpowiedni moment, by okazywać mu wzgardę. Tylko Linge miał jeszcze stały kontakt z Hitlerem. Wszyscy ci dumni oficerowie, ci partyjni dygnitarze zwracali się teraz do niego, żeby nakłonić wodza do przyjęcia od nich życzeń. „Kiedy powiadomiłem o tym Hitlera", wspomina Linge, „rzucił mi zmęczone, przygnębione spojrzenie. Musiałem powiedzieć oczekującym, że Führer nie ma dla nich czasu"*. Nie docenił jednak determinacji Fegeleina. Młody, trzydziestoośmioletni generał, urodzony intrygant, czuł się niemal nietykalny, odkąd 3 czerwca 1944 roku poślubił Gretl, siostrę Ewy Braun. Hitler nie może odmówić im spotkania, jeśli poprosi o to Ewa, pomyślał Fegelein. I miał rację. Poprosił szwagierkę, żeby namówiła Hitlera do przyjęcia życzeń od wiernych towarzyszy. Führer niechętnie wyszedł do nich i szybko uścisnął wyciągające się do niego dłonie. Ledwie zdążyli wypowiedzieć kilka słów powinszowań, a już odszedł, przygarbiony, do gabinetu. Fegelein był z siebie dumny. Uważał, że zyskał w oczach innych, a to mogło się kiedyś przydać.

20 kwietnia jeszcze inni dostojnicy Rzeszy przybyli do Kancelarii, pod którą znajdowały się bunkry. Hitler wyszedł na zewnątrz, by spotkać się z nimi w salonach swojej siedziby. Dygnitarze kolejno składali mu życzenia niczym feudałowie hołd suzerenowi – bardziej z obowiązku niż z przywiązania. Gestapo obserwowało zachowanie gości – żaden z nich nie uniknąłby kary śmierci, gdyby dopuścił się zdrady. Nawet generał czy minister. Wśród znamienitych gości znaleźli się najbardziej wpływowi naziści: Henrich Himmler, dowódca SS, Hermann Göring,

---

* Heinz Linge, *With Hitler to the End. The Memoirs of Adolf Hitler's Valet*, Barnsley 2013, s. 187 [wyd. polskie: *Byłem kamerdynerem Hitlera*, przeł. Wojciech Łygaś, Warszawa 2010].

wicekanclerz Rzeszy, wielki admirał Dönitz, marszałek Keitel czy wreszcie minister spraw zagranicznych Ribbentrop.

Wyciągając ręce w faszystowskim geście pozdrowienia, udawali. Udawali, że człowiek, który przechodzi przed nimi, jest jeszcze zdolny ocalić kraj, a może nawet Berlin. Hitler miał pięćdziesiąt sześć lat, ale wyglądał jak duch skazany na wieczne potępienie. Zjawa, która czai się w wilgotnych podziemiach stolicy Rzeszy.

Co stało się z człowiekiem, który dwanaście lat wcześniej potrafił porwać za sobą miliony Niemców? Starzec cierpiący na chorobę Parkinsona, ledwie zdolny rządzić w przeciwlotniczym bunkrze ze zbrojonego betonu. Oto co napisał o nim Erwin Giesing, jeden z jego osobistych lekarzy, po badaniu w lutym 1945 roku: „Wydaje się, że postarzał i jeszcze mocniej się przygarbił. Twarz miał bladą, a oczy podkrążone. Jego głos był donośny, ale przygaszony. Zauważyłem, że drżenie jego lewej ręki nasilało się, kiedy jej nie podtrzymywał. Dlatego Hitler opierał rękę o stół albo podłokietnik fotela. [...] Odniosłem wrażenie, że to człowiek kompletnie wyczerpany i nieobecny"*.

Erich Kempka, osobisty kierowca Führera, był obecny w dniu jego pięćdziesiątych szóstych urodzin. „20 kwietnia 1945 roku wspominałem minione lato, kiedy naród niemiecki świętował ten dzień i urządzono wielkie przyjęcia i defilady"**. Nie zostało już nic po tych wspaniałych defiladach! Zniknęły orkiestry wojskowe, na placu przed Technische Hochschule w Berlinie nie rozbrzmiewała już podniosła muzyka, a tłumy wielbicieli nie wiwatowały, stojąc na ulicy i wymachując chorągiewkami z czarną swastyką. Alianckie bomby obróciły plac w ruinę. A gdzie podziały się setki dyplomatów, którzy przybywali z całego świata, by złożyć hołd potężnemu władcy zwycięskich Niemiec?

---

* *Ibidem*, s. 174.

** Erich Kempka, *I was Hitler's Chauffeur. The Memoirs of Erich Kempka*, Bransley 2012, s. 57 [wyd. polskie: *Byłem kierowcą Hitlera*, przeł. Marcin Jojko, Poznań 2012].

Pewien zadziwiający dokument doskonale odzwierciedla ten paradoks systemu nazistowskiego. Znajduje się w Moskwie, w Rosyjskim Państwowym Archiwum Wojskowym. Kiedy 1 maja 1945 roku Armia Czerwona weszła do Kancelarii Rzeszy, przechwyciła interesujący obiekt. Była to duża księga oprawiona w czerwoną skórę, na której wytłoczono orła trzymającego wieniec laurowy z umieszczoną w środku swastyką – „złota księga" Kancelarii. Zagraniczni dyplomaci zapraszani na wielkie uroczystości wpisywali do niej swe nazwiska. Pośród świąt, które uroczyście obchodzono, był Nowy Rok, narodowe święto Niemiec oraz – rzecz jasna – urodziny Führera. Każdy gość wpisywał się do niej, podając swą funkcję, a czasem wyrażając poparcie dla nazistowskiego państwa.

20 kwietnia 1939 roku Hitler obchodził pięćdziesiąte urodziny. Sprawował władzę już od sześciu lat, dokonał aneksji Austrii, Sudetów, a potem Czech i Moraw, jawnie prześladował niemieckich Żydów i wzbudzał coraz większy niepokój europejskich demokracji. Cóż z tego? Sześćdziesięciu dyplomatów nie widziało nic złego w odwiedzeniu go i złożeniu życzeń. Ich starannie wykaligrafowane podpisy zajmują sześć stron złotej księgi. A figurują w niej między innymi nazwiska przedstawicieli Francji i Wielkiej Brytanii. Dla nich była to już ostatnia okazja wzniesienia toastu za jubilata, ponieważ za niespełna pięć miesięcy, 1 września, oba kraje znalazły się w stanie wojny z Niemcami.

Przewróćmy kilka kart. Jest rok 1942. Hitler obchodzi pięćdziesiąte trzecie urodziny. Już nie niepokoi europejskich demokracji, tylko budzi w nich przerażenie albo wręcz je niszczy. Lista ofiar jest długa: Francja, Belgia, Holandia, Dania, Norwegia, Polska... Führer znalazł się u szczytu potęgi i daje się to zauważyć po liczbie dyplomatów fetujących jego urodziny. Na dwunastu stronach widnieje ponad sto podpisów. Oczywiście nie ma już ani Francuzów, ani Anglików, a tym bardziej Amerykanów, ale wciąż są Włosi, Japończycy, Hiszpanie. I stały bywalec nazistowskich uroczystości, nuncjusz apostolski Piusa XII.

20 kwietnia 1945 roku. Ostatnia data w tym zbiorze podpisów.

Tym razem brak wypisanych drukiem ozdobnych liter na pierwszej karcie. Zapewne sekretariat Führera nie miał czasu się tym zająć. Jest tylko data wypisana byle jak na marginesie strony: „20.4.45". I pięć podpisów dyplomatów. Pięć. Kim byli? Ich nazwiska są niemal nieczytelne, pismo zdaje się świadczyć o zdenerwowaniu.

Ci, których udało nam się zidentyfikować, to ambasadorowie Afganistanu, Tajlandii i Chin. A gdzie podziali się inni? Ci, którzy uważali za zaszczyt uczestniczyć w reżimowych uroczystościach? Zniknęli. Nawet przedstawiciel Watykanu nie odważył się już wpisać do tej przeklętej księgi. A przecież nuncjusz apostolski od roku 1939 nie opuścił żadnej ceremonii nazistowskiej. Był obecny jeszcze na przyjęciu noworocznym, 1 stycznia 1945 roku. Jego staranne, kaligraficzne pismo na kartach okrytych hańbą potwierdza relacje dyplomatyczne, teraz tak kłopotliwe.

20 kwietnia 1945 roku wszyscy unikali Hitlera. Wszyscy, którzy mogli i mieli odwagę to uczynić.

Nawet w gronie nazistów, także tych z najściślejszego kręgu władzy, znaleźli się tacy, a najbardziej znany z nich, symbol reżimu, to marszałek Göring.

Hermann Göring oczywiście przyjechał do Berlina. Jak zwykle patetyczny, jeszcze raz zapewnił o swym głębokim przywiązaniu, dozgonnej wierności i wierze w rychłe zwycięstwo. A potem czym prędzej wyjechał w góry Obersalzbergu. Nie z obawy przed walkami w Berlinie, ale – jak twierdził – żeby podjąć w bawarskich Alpach przygotowania do kontrofensywy. Ten pospieszny wyjazd zapalczywego marszałka nie pozostał niezauważony w bunkrze. „Po zadziwiająco krótkim czasie Göring opuścił gabinet Hitlera i *Führerbunker*", napisał kierowca Hitlera, Erich Kempka. „Tego samego dnia uciekł z Berlina i już tu nie wrócił"*.

Ucieczka Göringa zaszokowała innych mieszkańców bunkra, a przede wszystkim wprawiła ich w przerażenie. Czy mają jeszcze czas czekać, aż Hitler zdecyduje opuścić Berlin? Adiutant

---

* Erich Kempka, *I was Hitler's Chauffeur…*, s. 58.

Rochus Misch był telefonistą w schronie. Tak opowiadał o czyhającym niebezpieczeństwie: „20 kwietnia, w dniu pięćdziesiątych szóstych urodzin Hitlera, radzieckie czołgi dotarły na przedmieścia stolicy. Miasto było właściwie okrążone. Poprzedniego albo tego dnia ktoś zszedł do bunkra, żeby powiedzieć, że słychać już strzały artyleryjskie"*.

Także dla wojsk radzieckich 20 kwietnia był dniem bardzo nerwowym. A jeśli pogłoski o specjalnej, nowej broni nazistów, zdolnej odmienić losy wojny, okażą się prawdziwe? Niemiecka propaganda twierdziła, że broń ta zostanie ujawniona w dniu urodzin dyktatora. „Niektórzy widzieli samochody z plandekami, przewożące ową tajną broń", opowiadała Jelena Rżewska, tłumaczka języka niemieckiego w służbie Armii Czerwonej. „Fantazjowano, próbując odgadnąć, jaka jest jej niszczycielska moc. Czekano na komunikat radiowy"**. Ale komunikatu nie nadano. Ta nowa broń to była bomba atomowa. Nazistowscy inżynierowie pracowali nad nią od lat. Alianckie naloty na niemieckie ośrodki przemysłowe trwały jednak już od wielu miesięcy i znacznie spowolniły realizację szaleńczego planu Hitlera. Minister uzbrojenia i amunicji Albert Speer stwierdził w swoich pamiętnikach: „Gdybyśmy mogli skoncentrować i zmobilizować wszystkie siły kraju, Niemcy zdołałyby skonstruować bombę atomową, która być może byłaby gotowa w 1947 roku, ale z pewnością nie w tym momencie, co bomba Amerykanów, czyli w sierpniu 1945"***.

---

* Rochus Misch, *J'étais le garde du corps d'Hitler* (1940–1945), Paris 2006, s. 193 [wyd. polskie: *Byłem z Hitlerem do końca*, przeł. Andrzej Wróblewski, Warszawa 2006].

** Elena Rjevskaïa, *Carnets d'interprète de guerre*, Paris 2011, s. 287 [wyd. polskie: *Berlin, maj 1945*, przeł. Aleksander Bogdański, Warszawa 1975; ta sama autorka napisała też książkę *Śmierć Hitlera bez legend*, przeł. Tadeusz Kaczmarek, Warszawa 1966].

*** Albert Speer, *Au coeur du Troisième Reich*, Paris 2016, s. 79 [wyd. polskie: *Wspomnienia*, przeł. Marek Fijałkowski i in., Warszawa 1990].

21 kwietnia 1945 roku

Oto ostatni akt.
(Erich Kempka, osobisty kierowca Hitlera)

Rosyjskie czołgi były zaledwie kilka kilometrów od Berlina. Stolicy z trzech stron – od północy, wschodu i południa – zagrażali Sowieci, od zachodu na razie panował jeszcze względny spokój. Ofensywa brytyjsko-amerykańska nieco się opóźniła, pierwsze oddziały dzieliło od przedmieść Berlina 500 kilometrów. Hitler wykorzystał to, by przerzucić jednostki z frontu zachodniego i użyć ich do walki z Armią Czerwoną.

Mimo to sytuacja była katastrofalna. Radzieckie pociski sięgały już ogrodów Kancelarii. Od eksplozji bomb wypadały szyby z okien hitlerowskiego pałacu, marmurowe ściany pękały jak karton, a huk i drgania dawały się we znaki ukrytym w bunkrach. Otoczenie Hitlera błagało go, by uciekał. Było jeszcze dość czasu. Można było przedostać się na lotnisko Gatow, na południowy zachód od Berlina. Hans Baur, pilot Hitlera, kwaterował w bunkrze już od tygodni, żeby w każdej chwili móc ewakuować Führera. Specjalnie przygotowano wiele samolotów, które tylko czekały na zielone światło do startu. Bormann, najwierniejszy z wiernych, sekretarz Kancelarii Hitlera, także namawiał do natychmiastowego wyjazdu. Już poprzedniego dnia podjął nawet inicjatywę i przyspieszył przenosiny berlińskiej kwatery głównej do Obersalzbergu.

Ale nadzieje znów się rozwiały, gdy Hitler podjął decyzję o kontrataku. Uznał, że skutecznie przeprowadzić tę operację może generał SS Steiner, żołnierz o silnym charakterze, doświadczony w boju na froncie wschodnim, gdzie spędził dwa lata. To na jego barki spadło trudne zadanie zapobieżenia okrążeniu Berlina. Podejmując tę próbę, Steiner miał kilka atutów. Hitler przegrupował dla niego tysiące dobrze uzbrojonych i zahartowanych w boju ludzi, tworząc nową armię, którą nazwał Armeeabteilung Steiner (Grupa Armii „Steiner"). Hitler uważał za oczywiste, że te doborowe oddziały przełamią napór Armii Czerwonej. Jak w roku 1940, podczas bitwy o Francję, Hitler pokaże tym panom z Wehrmachtu, jak się wygrywa wojnę. Ale przez pięć lat dużo się zmieniło. Jednostki niemieckie, od pewnego czasu dziesiątkowane, istniały już tylko w rojeniach Hitlera. Znikały w ogniu walk albo, okrążone przez wojska radzieckie, nie mogły przebić się do Steinera.

Tego jednak Hitler nie chciał dostrzec. A otoczenie nie miało odwagi wyprowadzić go z błędu. W rezultacie Führer postanowił zostać w sercu walk, czyli w swoim bunkrze. Nie zamierzał opuszczać Berlina, gdy toczyła się bitwa o miasto. Zgodził się jednak, żeby jego rzeczy osobiste oraz archiwa wojskowe przewieziono w bezpieczne miejsce, do „alpejskiej fortecy". Przy tej okazji oświadczył, że ci, którzy pragną wyjechać, mogą to uczynić. Wiadomość lotem błyskawicy obiegła oba bunkry, wywołując panikę. Chętni do wyjazdu wiedzieli, że kilka czterosilnikowych condorów i trójsilnikowych junkersów, jeszcze zdatnych do lotu, nie zdoła zabrać wszystkich. Sporządzono listę szczęśliwych wybrańców. Ludzie prawie się bili, żeby się na niej znaleźć. „Wszyscy chcieli wyjechać. Bez przerwy przychodził ktoś, kto musiał koniecznie dotrzeć do Obersalzbergu, ponieważ jego rodzina przebywa w Bawarii, ponieważ on stamtąd pochodzi, ponieważ pragnie bronić najbliższych na miejscu. W rzeczywistości wszyscy marzyli, by jak najszybciej wydostać się z Berlina"*.

* Heinz Linge i Otto Günsche, *Le Dossier Hitler...*, s. 306.

Wszystkie samoloty szczęśliwie dotarły do celu. Z wyjątkiem jednego. Ten, który przewoził osobiste dokumenty Hitlera, został zestrzelony przez amerykańskie lotnictwo.

Szczęście odwróciło się od nazistowskiego przywódcy.

22 kwietnia 1945 roku

Wojna jest przegrana!
(Adolf Hitler)

Od rana radziecka artyleria prowadziła morderczy ostrzał Kancelarii. Nawet 10 metrów pod ziemią huk bombardowania wypełniał bunkier głuchym dudnieniem i w końcu, około dziesiątej, obudził Hitlera. Führer uskarżał się na ten hałas. Kto śmie tak brutalnie zakłócać jego sen? Przecież w schronie wszyscy wiedzą, że nigdy nie wstaje przed trzynastą.

Już od miesięcy Hitler cierpiał na bezsenność i kładł się dopiero koło czwartej, piątej nad ranem. Otoczenie musiało szybko dostosować się do takiego rytmu dobowego władcy Rzeszy. Skoro nie mógł spać, postanowił wykorzystywać noce. Uznał za zupełnie normalne, że narady odbywają się między drugą a trzecią w nocy. Nie oszczędzał też swoich sekretarek, które zapraszał, by piły z nim herbatę. Rzecz jasna, w środku nocy. To był naprawdę wyczerpujący tryb życia.

Hitler nie pojmował, jak można było obudzić go o dziesiątej rano. Poskarżył się lokajowi Lingemu. „Co to za hałas?", zapytał. „Czy bombardują rejon Kancelarii?"

Linge, chcąc go uspokoić, wyjaśnił, że to tylko niemiecka obrona przeciwlotnicza i kilka radzieckich dział dalekiego zasięgu.

Rzeczywistość wyglądała zupełnie inaczej. Obrona wokół Berlina pękła pod naporem Rosji. Na południu wróg przełamał niemieckie linie i wkraczał na przedmieścia miasta. Na północy i wschodzie czołgi Armii Czerwonej rozjeżdżały wszystko, co znalazło się na ich drodze.

Ale to miało się wkrótce skończyć, ponieważ Steiner z pewnością poprowadził już swoją armię na wroga i zaczął atakować. To tylko kwestia czasu, myślał Hitler. O szesnastej, podczas narady, jego sztab dowodzenia odważył się przedstawić mu straszną prawdę: z powodu braku ludzi i uzbrojenia Steiner nie podjął ofensywy. I już jej nie podejmie.

Według świadków reakcja Hitlera była przerażająca. Świadek, Nicolaus von Below, adiutant Hitlera do spraw Luftwaffe, opowiadał: „Hitler wpadł w szał. Kazał opuścić pokój wszystkim uczestnikom narady z wyjątkiem Keitla, Jodla, Krebsa i Burgdorfa, a potem wygłosił gniewną tyradę wymierzoną w generałów i ich »ciągłe zdrady«. Siedziałem tuż przy drzwiach w sąsiednim pokoju i słyszałem prawie każde słowo. To było straszne pół godziny"*. Gniew dyktatora był tak wielki, że obecni w pokoju generałowie Wehrmachtu i SS reagowali jak bojaźliwi uczniowie. Spuszczali głowy, unikali spojrzenia wodza. Wierny Linge, przebywający z Hitlerem niemal stale, nie uniknął jego złości. „No proszę, cieszysz się, Linge. Nawet esesmani knują za moimi plecami i bardzo mnie rozczarowują. Teraz nie widzę już dla siebie innej drogi, niż pozostać w Berlinie i tu umrzeć"**.

Tu umrzeć! Myśl, że Führer mógłby umrzeć, zmroziła wszystkich. Powiadomiono Goebbelsa, który natychmiast przybył do bunkra. Najpierw próbował przemówić wodzowi do rozsądku. Widząc, że nic z tego nie będzie, zmienił zdanie. I jak zwykle zaczął naśladować swego pana, oznajmiając wszem wobec, że on także bez względu na wszystko zostanie w Berlinie. W końcu uznał nawet, że takie najwyższe poświęcenie to genialny pomysł.

---

* Nicolaus von Below, *At Hitler's Side. The Memoirs of Hitler's Luftwaffe adjutant,* London 2001, s. 236 [wyd. polskie: *Byłem adiutantem Hitlera*, przeł. Zofia Rybicka, Warszawa 1990].

** Heinz Linge, *With Hitler to the End...*, s. 189.

Wśród pozostających w schronie zapanowało zniechęcenie, niektórzy słuchali tego wszystkiego z niesmakiem. I nie rozumieli postawy Goebbelsa, jego akceptacji dla decyzji Hitlera. Samobójstwo oznaczało przecież porzucenie narodu niemieckiego. Taka postawa była nie do przyjęcia! W każdym razie nie wtedy, kiedy wróg stał u bram stolicy. „Jakie są rozkazy?", pytali, niemal błagając Hitlera, generałowie. Przez te wszystkie lata przywykli ślepo słuchać wodza, toteż podejmowanie własnej inicjatywy wydawało im się niemożliwe, wręcz niestosowne.

Tuż po wojnie, w czerwcu 1945 roku, jeden z oficerów obecnych wtedy w sali narad, generał Jodl, którego schwytali potem Anglicy, przekazał szczegóły tego kryzysu z 22 kwietnia. „Nie mam już dla was żadnych rozkazów", odpowiedział Hitler. „Jeżeli potrzebujecie dowódcy, zwróćcie się do Göringa. Teraz to on będzie wam wydawał rozkazy". Göring?! Jodl, podobnie jak inni oficerowie sztabu, nie zamierzał podporządkować się jednemu z najbardziej skorumpowanych i niekompetentnych ludzi w Rzeszy. „Żaden żołnierz nie zechce się dla niego bić!", krzyczeli obecni. „Ale kto mówi o dalszej walce? Teraz nie ma już sensu walczyć", podjął z powagą Hitler. „Trzeba negocjować… a w tej grze Göring jest ode mnie lepszy"*.

Jak przystało na dobrego bawarskiego oficera, Jodl strzelił obcasami i przekazał informację generałowi Kollerowi, przedstawicielowi Göringa w bunkrze. Koller natychmiast wyjechał do Obersalzbergu, żeby powiadomić marszałka Rzeszy o decyzji Hitlera.

Goebbels był świadkiem tej sceny. Nie zamierzał dopuścić, żeby jego śmiertelny wróg przejął władzę. To fakt, że w podpisanym 29 czerwca 1941 roku dekrecie Hitler wyznaczył Göringa na swego oficjalnego następcę. Gdyby Hitler umarł, to właśnie on automatycznie zostałby nowym Führerem… Dla Goebbelsa stało się jasne, że musi nakłonić Führera do kontynuowania wojny.

* Elena Rjevskaïa, *Carnets…*, s. 289.

Musi być jeszcze jakaś nadzieja, jakaś militarna opcja. Goebbels zdał się na Jodla. Zapytał go, czy istnieje jeszcze szansa, by nie dopuścić do upadku Berlina. „Odpowiedziałem, że będzie to możliwe, tylko jeśli wycofamy wojska znad Łaby i skierujemy je do obrony Berlina"*. Goebbels natychmiast powiedział o tym Hitlerowi. Jest jeszcze nadzieja, oświadczył. To nie armia Steinera, ale innego generała, Walthera Wencka, ocali Rzeszę. Wenck dowodził 12 Armią, w której skład wchodziło piętnaście dywizji, niemal 70 tysięcy ludzi – w większości elewów i kadetów, słabo wyszkolonych i równie słabo uzbrojonych.

Hitler zgodził się uwierzyć w te mrzonki.

Goebbels wygrał z Göringiem.

---

* *Ibidem.*

23 kwietnia 1945 roku

Wiem, że Göring jest zepsuty
(Adolf Hitler)

Wybuch Hitlera zrobił wrażenie na mieszkańcach obu bunkrów. Część generałów i partyjnych dygnitarzy opuściła schron, jakby szalała w nim śmiertelna zaraza. Krąg bliskich jeszcze bardziej się zawęził. Pozostali tylko ci najbardziej niezawodni, najbardziej oddani Rzeszy, w tym Goebbels, który poprzedniego dnia przeniósł się do bunkra wraz z żoną i dziećmi, wierna Ewa Braun i służalczy Bormann.

Odkąd Hitler zdecydował się zostać w Berlinie do końca, wydawał się spokojniejszy. Jakby ciężar spadł mu z serca. Oczywiście, jego zdrowie szwankowało – lewa ręka drżała coraz mocniej, stale uskarżał się na ból prawego oka. Linge musiał codziennie aplikować mu maść okulistyczną, która zawierała 1 procent kokainy. Mimo to mieszkańcy bunkra twierdzili, że umysł Führera pracował bardzo sprawnie.

Jednak pewna depesza zburzyła tę kruchą równowagę psychiczną i spokój wodza. Wiadomość dotarła wieczorem z Obersalzbergu, a podpisał ją Göring. Głównodowodzący Luftwaffe został poinformowany o decyzji Hitlera, który dawał mu możliwość negocjowania w swoim imieniu. Kiedyś było to nie do pomyślenia, Hitler zwykł bowiem o wszystkim decydować sam. Delfin reżimu wywnioskował z tego, że wódz nie ma już ani swobody przemieszczania się, ani nawet działania. Czy wpadł w ręce Rosjan?

A może nie miał technicznych możliwości przekazywania rozkazów do różnych sztabów armii? Tak czy inaczej, obserwując sytuację z odległego stanowiska dowodzenia w bawarskich Alpach, Göring uznał, że Hitler nie jest już w stanie rządzić Rzeszą i że on musi zająć jego miejsce. Ale był ostrożny, więc poinformował o tym zamiarze wodza, dając mu tym samym możliwość udzielenia odpowiedzi, a gdyby ta okazała się niepomyślna – nie przejąłby władzy. Radiogram brzmiał: „[...] poczułem się zobowiązany uznać – jeśli przed dwudziestą drugą nie otrzymam żadnej odpowiedzi – że utracił pan swobodę działania. Wówczas zmuszony będę wypełnić warunki pańskiego dekretu i podjąć nieodzowne decyzje, kierując się dobrem naszego Narodu i Partii".

Ledwie wiadomość dotarła do bunkra, a już przechwycił ją Bormann. Sekretarz Kancelarii Führera był uszczęśliwiony – nareszcie miał okazję pozbyć się Göringa, człowieka, którego od dawna uważał i za nieudolnego, i za skorumpowanego. Stanął przed Hitlerem z radiogramem w ręce i zaczął krzyczeć z oburzenia, mówiąc o zamachu stanu, o ultimatum, o zdradzie. Zasugerował także, by niezwłocznie wyjechać do Obersalzbergu, przywrócić porządek w Rzeszy, a Göringa uwięzić.

Bormann zdążył zorientować się w sytuacji – 23 kwietnia południowo-zachodni Berlin był jeszcze wolny, dałoby się znaleźć drogę ucieczki. Albert Speer, minister uzbrojenia i architekt Rzeszy, był świadkiem tej sceny. W pierwszej chwili sensacje Bormanna nie zrobiły na Hitlerze żadnego wrażenia. Ale później przyszedł drugi radiogram od Göringa.

> Sprawa wielkiej wagi! Przekazać wyłącznie przez oficera!
>
> Radiogram nr 1899. Robinson do Księcia Elektora, 23.04, 17.59. Do ministra Rzeszy von Ribbentropa.
>
> Prosiłem Führera o wydanie mi instrukcji 23.04 do godziny 22. O ile ich nie otrzymam, tego dnia i o tej godzinie będę wiedział, że Führer utracił swobodę kierowania sprawami Rzeszy i jego dekret z 29.06.1941 wejdzie w życie. Od tej

chwili, zgodnie z dekretem, przejmę wszystkie sprawowane przez niego funkcje. Jeżeli do północy 23.04.45 nie otrzyma pan nic od Führera – bezpośrednio lub za moim pośrednictwem – proszę niezwłocznie dołączyć do mnie drogą powietrzną.

Podpis: Göring, marszałek Rzeszy

Bormann był w siódmym niebie – miał nowy dowód dwulicowości Göringa. „To zdrada", przekonywał zaszokowanego Hitlera. „Wysłał już telegramy do członków rządu, komunikując im, że tej nocy o dwudziestej czwartej przejmie pańskie funkcje". Speer wspomina reakcję Hitlera: „Czerwony na twarzy, tocząc błędnymi oczyma, zdawał się nie pamiętać o reszcie świata. »Wiem, że Göring jest zepsuty. Wiem o tym od dawna«, powtarzał. »Zdemoralizował Luftwaffe. Był zdeprawowany. Jego przykład spowodował, że zepsucie szerzyło się w państwie. W dodatku już od lat narkotyzował się morfiną. Wiem o tym od dawna«"*. Göring nie miał szansy się obronić. Bormann wziął na siebie napisanie radiogramu do przeciwnika:

Do Hermanna Göringa, Obersalzberg.

Pańskie działania czynią pana winnym zdrady Führera oraz narodowego socjalizmu. Zdrada karana jest śmiercią. Jednakże, przez wzgląd na pańskie zasługi dla Partii, Führer nie wymierzy panu najwyższej kary, pod warunkiem że zrzeknie się pan wszystkich funkcji z przyczyn zdrowotnych. Proszę odpowiedzieć tak lub nie.

Dowódca jednostki SS w Obersalzbergu równocześnie otrzymał inną wiadomość od Bormanna. Napisano w niej, że Göring zdradził, że należy go natychmiast aresztować i że gdyby Berlin padł w najbliższych dniach, ma zostać stracony.

---

* Albert Speer. *Au Coeur du Troisième Reich...*, s. 667–668.

Pół godziny potem odpowiedź Göringa dotarła do bunkra Kancelarii. Oficjalnie podawał się w niej do dymisji ze względu na poważną chorobę serca.

24 kwietnia 1945 roku

Żołnierze, ranni, berlińczycy, wszyscy do broni!
(Apel Goebbelsa opublikowany w berlińskiej prasie)

Berlin był właściwie okrążony. Padło lotnisko Schönefeld na południowo-wschodnich przedmieściach. Żukow i Koniew nacierali coraz szybciej. Obaj marszałkowie walczyli w tej bitwie o swoją karierę. Zwycięzcą miał zostać ten, który pierwszy zdobędzie Berlin i schwyta Hitlera.

W każdej godzinie od radzieckich bomb ginęły tysiące Niemców: głównie cywile, kobiety i dzieci, dla których stolica stała się pułapką. Niemiecka armia sięgała po coraz młodsze i coraz starsze roczniki. Nastolatkowie i emeryci byli mobilizowani i natychmiast rzucani na pole tych apokaliptycznych zmagań.

Odmowa walki, wola poddania się Rosjanom i zakończenia tej z góry przegranej wojny, oznaczała równie tragiczny finał.

Grupy fanatycznych nazistów dniem i nocą przemierzały ulice Berlina, poszukując „zdrajców", których rozstrzeliwano albo publicznie wieszano.

Bezpieczny w małym pokoiku w bunkrze Führera Goebbels tryskał energią. Stolica Rzeszy broniła się resztkami sił, a jednak minister propagandy mnożył szaleńcze, pełne pogróżek komunikaty. Wzywał wszystkich berlińczyków – sprawnych, ale i rannych, by dołączyli do walczących oddziałów. Ci, którzy się wahają, są zwykłymi „skurwysynami". Niemieckie radio w tym czasie nieustannie powtarzało takie oto apele: „Führer za was myśli, musicie tylko wypełniać rozkazy!" lub „Führer to Niemcy".

Nazistowska gazeta „Panzerbär" (Pancerny niedźwiedź, tytuł nawiązujący do historycznego herbu Berlina) opublikowała na pierwszej stronie wydania z 24 kwietnia 1945 roku ostatnią, jak się okazało, publiczną wypowiedź Hitlera:

> Zapamiętajcie:
>
> Każdy, kto popiera lub po prostu akceptuje instrukcje osłabiające naszą skuteczność, jest zdrajcą! Należy natychmiast skazać go na rozstrzelanie lub szubienicę.

Zamknięci niemal 10 metrów pod ziemią, Hitler i ci, którzy wciąż pozostawali mu wierni, nie mogli wyobrazić sobie piekła, jakie przeżywali berlińczycy. I nie bez powodu nie odważyli się wyjść na zewnątrz. Tylko odpowiedzialni za bezpieczeństwo schronu przeciwlotniczego i jego mieszkańców wychodzili na powierzchnię, ale nikt nie pytał ich, co sądzą o sytuacji, a im nawet nie przychodziło do głowy, żeby poinformować Führera o tym, co widzieli. Nawet ci zaprawieni w boju żołnierze drżeli na myśl o znalezieniu się na zewnątrz. Od 20 kwietnia w całym Berlinie obowiązywało prawo wojenne. Rochus Misch, telefonista z bunkra, również czuł lęk: „Bałem się też, że zatrzyma mnie Gestapo, jeśli schwyta mnie w ruinach miasta. [...] Obaj z Hentschelem [kolegą z centrali telefonicznej bunkra – przyp. aut.] uważaliśmy, że tajna policja zabiłaby nas, gdyby przypadkiem nas złapała"*.

Führerbunker z każdą godziną coraz bardziej przypominał grób swoich mieszkańców.

Mimo to życie w tych grubych, betonowych murach stopniowo się organizowało. Dzień w dzień, bez ustanku napływały coraz gorsze wiadomości. Ostatni akt hitlerowskiej tragedii napisano wedle prawideł sztuki. Aktorów zostało zaledwie kilkudziesięciu,

---

* Rochus Misch, *J'étais garde du corps d'Hitler (1940–1945)...*, s. 201.

ale grali swe role z absurdalną perfekcją. W tym mikrokosmosie Trzeciej Rzeszy pożałowania godna zwierzyna usiłowała przetrwać czas agonii. Byli tam żołnierze przekonani, że ślepe posłuszeństwo wobec wodza zwalnia ich z wszelkiej odpowiedzialności, politycy, których łączyła nienawiść, jaką do siebie pałali, a także młode pokolenie Niemców poddanych nazistowskiej indoktrynacji już w szkole i gotowych na największe poświęcenie. Tylko Hitler był jeszcze w stanie zjednoczyć tych mężczyzn i te kobiety u kresu wytrzymałości nerwowej. I nie pozwolić, żeby się wzajemnie pozabijali.

Choć niektórzy zaczynali wątpić, to większość wciąż otaczała Führera kultem i darzyła go bezgranicznym uwielbieniem. On wszystko przewidział, zaplanował, zorganizował, przemyślał. Ta seria klęsk to na pewno tylko zasadzka, w którą chce wciągnąć Rosjan. Na pewno. Najlepszy dowód, że Hitler wygląda na tak odprężonego. Bawi się ze swoim owczarkiem niemieckim, sławną suczką Blondi. A ona właśnie się oszczeniła. Psiaki biegają i bawią się w korytarzach zastawionych butami i hełmami. Zresztą cały bunkier zamienił się w przedszkole, odkąd Goebbels poprosił żonę, dumną jasnowłosą Magdę, żeby przeniosła się tu wraz z sześciorgiem dzieci. Znaleziono dla nich miejsce w przedbunkrze. Tylko dla nich i ich matki zabrano cztery pokoje, Sam Joseph Goebbels pozostał w świątyni: w głównym bunkrze. Tylko kilka metrów dzieliło go od ukochanych dzieci: dwunastoletniej Helgi, jedenastoletniej Hildegardy, dziewięcioletniego Helmuta, ośmioletniej Holdine, siedmioletniej Hedwig i zaledwie czteroletniej Heidrun. Wszystkie nosiły imiona na H, H jak Hitler. To drobny hołd państwa Goebbelsów wobec Führera.

Jak dzieci w wieku od czterech do dwunastu lat mogą przebywać w bombardowanym dniem i nocą bunkrze? Bawią się, droczą między sobą. Biegają po pokojach, krzycząc. Czasami żołnierze muszą je karcić i przepędzać z sal przeznaczonych do celów wojskowych. Inni znajdują chwilę czasu, żeby nauczyć je piosenki, oczywiście ku czci tego, którego nazywają poufale „wujkiem

Führerem". Dzieci nie wyglądają na wystraszone. Huk bomb, drżenie betonowych ścian – szybko się z tym oswoiły. I znosiły to znacznie lepiej niż dorośli, zwłaszcza osobisty lekarz Hitlera, doktor Morell. Ten gruby szarlatan, który nic sobie nie robił z higieny, dosłownie umierał ze strachu. Nie mógł tego dłużej wytrzymać, więc wybłagał zezwolenie na wyjazd – twierdził, że jego serce nie może znieść ciągłych eksplozji. Małych Goebbelsów bawiły za to srogie, pełne niepokoju twarze otaczających ich esesmanów. Naiwne dzieci nie mogły uwierzyć, że „wujek Führer" byłby zdolny kłamać. Przecież im powiedział, że już niedługo przyjdą dobrzy żołnierze i odprawią tych podłych Rosjan do domu. I że zaraz potem będą mogły bawić się w ogrodzie, na powietrzu.

Magda Goebbels także starała się czymś zająć. Ta iście wagnerowska postać żony nazisty robiła, co w jej mocy, żeby się nie załamać. Miała czterdzieści trzy lata i już od dawna nie wierzyła w te obłąkańcze bajki, którymi karmił ją mąż. Pewne zwycięstwo, intuicja Führera – nawet nie udawała, że to do niej przemawia. Doskonale zdawała sobie sprawę, że bunkier stanie się grobem jej i jej dzieci. Szybko znalazła sobie pracę, żeby nie oszaleć: zajęła się porządkami i, co w tej sytuacji mogło wydawać się absurdem, dbała o czystość ubrań dzieci. I o ład w szafkach i pokojach. Niczym tak drogie nazistowskiej symbolice Walkirie, pogodziła się z tragicznym końcem, który czekał jej rodzinę. Przekonała też samą siebie, że jeżeli Trzecia Rzesza musi zniknąć, to lepiej zniknąć wraz z nią i uchronić dzieci przed życiem w świecie bez nazizmu. Paraliżował ją tylko strach, że zostanie zabita zbyt szybko: zanim sama zdąży odebrać życie ukochanym dzieciom. Albo że – co gorsza – w ostatniej chwili zabraknie jej odwagi i nie zdobędzie się na sześciokrotne dzieciobójstwo, którego musiała dokonać. Dlatego raz po raz, niemal z obłędem w oczach, szukała wokół siebie w tym bunkrze pomocy, wsparcia. Niech ktoś jej pomoże zabić dzieci, kiedy przyjdzie ta chwila.

25 kwietnia 1945 roku

Biedny, biedny Adolf, porzucony przez wszystkich, zdradzony przez wszystkich!
(Ewa Braun)

Ofensywa armii Wencka nic nie dała. Odważny generał został powstrzymany w rejonie Poczdamu, pół godziny na południowy zachód od stolicy. Centrum Berlina stało otworem przed radzieckimi jednostkami szturmowymi. Nowa Kancelaria, ten potężny gmach zaprojektowany i wybudowany przed sześciu laty przez architekta reżimu Alberta Speera, zadziwiająco dobrze znosił rosyjski ostrzał. A przecież artyleria Armii Czerwonej zaciekle atakowała właśnie ten szaniec Hitlera. Tymczasem Amerykanie przeprowadzili potężny atak lotniczy na Obersalzberg. Podstawowy plan ewakuacji nazistowskich przywódców został unicestwiony.

W korytarzach bunkra Führera, gdzie zwykle panowała surowa dyscyplina, teraz górę wzięła atmosfera schyłku panowania. Ludzie pozwalali sobie palić i pić alkohol – rzecz nie do pomyślenia, gdy ascetyczny Führer budził lęk. Sekretarki Hitlera, Gerda Christian i Traudl Junge, nie miały już nic do roboty (dwie pozostałe, Christa Schroeder i Johanna Wolf, opuściły bunkier 22 kwietnia), więc rozmawiały z osobistą dietetyczką wodza, Constanze Manziarly, a Ewa Braun często dołączała do nich, żeby wspólnie usiąść przy herbacie. Frau Goebbels trzymała się na uboczu, zresztą wszyscy jej unikali, bo zdawała się bliska obłędu i niemal zalewała się łzami na każdą wzmiankę o dzieciach.

Natomiast Ewa Braun całkiem dobrze czuła się w bunkrze. Młoda, zaledwie trzydziestotrzyletnia, promieniała jak nigdy. Te historyczne chwile wydawały jej się wspaniałe i napawała się nimi. Kochanka Hitlera mogła nareszcie w pełni zaistnieć. Führer był zbyt słaby, żeby jej nie potrzebować. Zawsze elegancka, zachowała uśmiech na twarzy i z przyjemnością podejmowała w bunkrze znamienitych gości. Rzecz jasna, warunki były dość skromne i z góry za to przepraszała. Kiedy Speer przyszedł pożegnać się z Führerem, Ewa Braun postanowiła go ugościć. Na tę okazję udało jej się nawet zdobyć schłodzonego szampana Moët et Chandon. Imponujące, przestronne salony Kancelarii musiał zastąpić pokoik bez okna, trzeba było pogodzić się też z wonią betonu, na szczęście jednak Ewa cudownie udekorowała to wnętrze. „Urządziła je ze smakiem, wykorzystując piękne meble, które zaprojektowałem kilka lat wcześniej do jej dwupokojowego apartamentu w Kancelarii", opowiadał Albert Speer. „Ewa Braun była w tym bunkrze, wśród osobistości skazanych na śmierć, jedyną, która okazywała wyniosły, godny podziwu spokój. Podczas gdy wszyscy inni albo wpadali w heroiczne uniesienie jak Goebbels, albo martwili się o swe przeżycie jak Bormann, albo pogrążyli się w apatii jak Hitler czy też załamali się jak pani Goebbels, ona zachowała pogodę ducha i wydawała się niemal wesoła"*. I nie bez powodu, bo młoda kobieta była bliska uzyskania tego, czego kochanek – Hitler – odmawiał jej od tak dawna: mieli wziąć ślub! W oczekiwaniu na noc poślubną spędzała wiele czasu, strojąc się, dobierając kreacje, częstując herbatą towarzyszki niedoli i ubolewając, że wojna okazała się tak krwawa dla Niemców. Własnej śmierci nie uważała za problem, była na nią gotowa. Ale jak umrzeć czysto? „Chcę być pięknym trupem", wyznała w rozmowie z Traudl Junge. Odrzuciła możliwość strzelenia sobie w usta i roztrzaskania ładnej buzi jak przejrzałego arbuza. To byłoby potwornie brzydkie, a w dodatku, jak zdołano by ją rozpoznać?

---

* Albert Speer, *Au coeur du Troisième Reich...*, s. 670.

tłumaczyła. Bo przecież wiedziała, że jej zwłoki będą fotografowane przez zwycięzców, że te zdjęcia obiegną cały świat, a potem trafią do podręczników historii. Jedyna możliwość, stwierdziła, to trucizna. Cyjanek. Podobno mieli go wszyscy oficerowie w bunkrze. W fiolkach. Hitler też.

26 kwietnia 1945 roku

Musi pan żyć, **mein Führer,**
taka jest wola wszystkich Niemców!
(Hanna Reitsch, as niemieckiego lotnictwa)

Opuścili go wszyscy generałowie. Hitler obudził się w złym humorze. Oficerowie Wehrmachtu, ci z SS, robiło mu się niedobrze na myśl o nich. Uważał, że w najlepszym razie to nieudacznicy, w najgorszym zdrajcy i tchórze. Bunkier był otoczony. Teraz lotnisko Tempelhof wpadnie w ręce Rosjan. Pozostało już tylko lądowisko w Gatow, na południowy wschód od miasta. Jak długo da się je bronić? Sowieci nasilili ataki. Mały samolot, dwumiejscowy fieseler-storch, zdołał jednak wylądować. Pilotował go generał lotnictwa Ritter von Greim. Podróżował ze swoją o dwadzieścia lat młodszą partnerką Hanną Reitsch, która pełniła funkcję nawigatora. Niedawno obchodziła trzydzieste trzecie urodziny, a teraz za nic na świecie nie chciała stracić okazji, by zobaczyć Hitlera. Zresztą była uważana za asa niemieckiego lotnictwa cywilnego i nie bała się slalomu pod radzieckim ostrzałem artyleryjskim. Greim i Reitsch przebywali w Rechlinie, nazistowskiej bazie o 150 kilometrów na północ od Berlina, kiedy dwa dni wcześniej otrzymali rozkaz ze sztabu generalnego Rzeszy: „Natychmiast jedźcie do Berlina! Führer chce was widzieć".

Po wylądowaniu na Gatow von Greim pytał nazistowskich oficerów, po co naraża życie, przylatując do Berlina. Tajemnica wojskowa, usłyszał w odpowiedzi. „Ale czy rozkaz jest jeszcze aktualny?", irytował się generał lotnictwa. „Bardziej niż kiedykolwiek. Musicie za wszelką cenę dostać się do bunkra".

Z lotniska Gatow do schronu Führera jest tylko 30 kilometrów, ale w kwietniu 1945 roku wróg w każdej chwili mógł przejąć kontrolę nad drogami. Pozostawała więc jedynie droga powietrzna. Mały samolot musiał wystartować. Para pilotów z ogromnym trudem przemykała między radzieckimi pociskami, które rozdzierały niebo nad Berlinem. Po kilku minutach lecący bardzo nisko samolot został trafiony z broni maszynowej. „Jestem ranny", wrzasnął von Greim i zemdlał. Kula przebiła kabinę i ugodziła go w stopę. Siedząca za nim Hanna Reitsch przecisnęła się nad jego ramieniem i chwyciła stery. Znała Berlin jak własną kieszeń, wielokrotnie przelatywała nad miastem, ale nigdy nie pilotowała pod ostrzałem najpotężniejszej artylerii świata. W Gatow jeden z oficerów zapewniał ją, że przygotowano prowizoryczne lądowisko, żeby mogli posadzić maszynę przy bunkrze, obok Bramy Brandenburskiej. Hans Baur wszystko zorganizował. Na odcinku wielu metrów usunięto latarnie, żeby samolot nie uszkodził sobie skrzydeł przy lądowaniu. Doskonały pomysł. Reitsch nie bez problemów wylądowała na środku ulicy, ale trochę dalej, niż przewidział Baur. Śmigło jeszcze się obracało, kiedy zobaczyła zbliżających się żołnierzy radzieckich. Na szczęście pędem podjechał samochód, by zabrać pilotkę i rannego.

Dotarli do bunkra koło osiemnastej, zdrowi i prawie ocaleni. Pierwsza powitała ich Magda Goebbels. Wpadła w histerię i na ich widok wybuchnęła płaczem. Czy myślała, że przylecieli, żeby ich ewakuować? Von Greim nie zwrócił na nią uwagi – wprawdzie odzyskał przytomność, ale mocno krwawił. Natychmiast zabrano go do małej sali operacyjnej. Wkrótce przyszedł do niego Hitler. Nareszcie ktoś odważny, wychwalał pilota. Resztę rozmowy von Greima z Hitlerem relacjonowała Hanna Reitsch, przesłuchiwana przez amerykańskie tajne służby w październiku 1945 roku, po tym, jak trafiła do niewoli.

Hitler: Czy pan wie, dlaczego pana wezwałem?

Von Greim: Nie, *mein Führer*.

Hitler: Ponieważ Hermann Göring zdradził i opuścił mnie i Matkę Partię. Za moimi plecami nawiązał kontakt z wrogiem. Jego działanie to oznaka tchórzostwa. I wbrew moim rozkazom uciekł do Berchtesgaden. Stamtąd przysłał mi telegram świadczący o braku szacunku. Twierdził, że kiedyś wyznaczyłem go na mojego następcę i że teraz, ponieważ nie jestem w stanie dłużej rządzić Rzeszą z Berlina, gotów jest robić to za mnie z Berchtesgaden. Kończąc telegram, zaznaczył, że jeżeli nie otrzyma ode mnie odpowiedzi do 21.30 [w tekście Göringa jest to 22.00 – przyp. aut.] w dniu nadania telegramu, uzna, że wyrażam na to zgodę.

Hanna Reitsch, która wielbiła Führera, choć nigdy nie wstąpiła do partii nazistowskiej, opisała tę scenę jako „dramatycznie przejmującą". Jej zdaniem Hitler miał łzy w oczach, kiedy mówił o zdradzie Göringa. Wydawał się głęboko dotknięty, niemal rozżalony jak dziecko. Potem, jak to się często zdarzało, nagle zmienił mu się humor. W jednej chwili, radykalnie. Jego oczy ożywiły się, brwi się zmarszczyły, usta nerwowo ściągnęły. „Ultimatum!", zaczął wrzeszczeć jak szaleniec. „Ultimatum!! Niczego mi nie oszczędzono. Nikt już nie przestrzega hierarchii, nie oddaje honorów, nie omija mnie żadne rozczarowanie, żadna zdrada, jakiej dotąd bym sobie nie wyobraził, a teraz ta, najgorsza ze wszystkich. Nic już nie zostało. Zabrali mi wszystko!"

Von Greim i Reitsch nie śmieli mu przerwać. Osłupieli, widząc tę niepohamowaną nienawiść człowieka, dla którego narażali własne życie.

Nie wiedzieli nic o „zdradzie". Von Greim był generałem Luftwaffe, a zatem podlegał bezpośrednio „zdrajcy" Göringowi, wszechwładnemu ministrowi lotnictwa. Do 23 kwietnia 1944 roku.

Natychmiast kazałem aresztować Göringa za zdradę Rzeszy, podjął spokojnie Hitler. Pozbawiłem go wszystkich funkcji i wykluczyłem ze wszystkich struktur. Właśnie dlatego wezwałem tu pana.

Von Greim z trudem uniósł się na prowizorycznym łóżku, bo noga potwornie mu dokuczała. Starał się ukryć grymas bólu.

Mianuję pana na następcę Göringa na stanowisku Oberbefehlshabera (głównodowodzącego) Luftwaffe.

A zatem to dlatego Hitler polecił von Greimowi przybyć do bunkra! Takiej nominacji można było dokonać na odległość. Ale Hitler nie zdawał sobie sprawy z sytuacji na zewnątrz i nadal nie troszczył się o życie rodaków, nawet ostatnich generałów, którzy pozostali mu jeszcze wierni.

Po oficjalnym mianowaniu von Greimowi pozostało już tylko wracać do Rechlina. Führer dał mu do zrozumienia, że nie można tracić ani chwili. Rana stopy? To przykre, ale w czasie wojny takie wpadki są drobnostką! „Niech pan wraca i rozpoczyna ofensywę powietrzną!", rozkazał Hitler. Tyle że niebo nad Berlinem mówiło już po rosyjsku... Brawurowe lądowanie na bombardowanej ulicy to jedno, ale start w takich warunkach to już zupełnie inna sprawa. Dla Hitlera to błahostka. Jego rozkazy były ważniejsze od rzeczywistej sytuacji w terenie. Toteż baza lotnicza w Rechlinie wysłała swoich najlepszych pilotów – z tych ostatnich – żeby zabrali z Berlina nowego dowódcę Luftwaffe. Kolejne samoloty padały ofiarą ostrzału, a von Greim i Reitsch musieli przedłużyć pobyt w bunkrze. Byli zresztą zachwyceni tą sytuacją, bo perspektywa śmierci u boku Führera wydawała im się wielkim przywilejem.

Późnym wieczorem Hitler wezwał młodą lotniczkę. Była rówieśnicą Ewy Braun, ale miała zupełnie inny charakter. Hanna Reitsch nade wszystko kochała przygody, ryzyko i dreszcz, jaki wywołują. W Luftwaffe była oblatywaczką, a reżimowa propaganda wykorzystywała ją jako symbol waleczności i odwagi Trzeciej Rzeszy. Była też w nazistowskich Niemczech jedyną kobietą, którą odznaczono Krzyżem Żelaznym, najwyższym odznaczeniem wojskowym. Otrzymała je z rąk Hitlera. Było to w innych czasach, kiedy nazistowskie Niemcy siały strach w całej Europie i rozgramiały armie, które przeciw nim rzucano. Hitler podbijał wtedy rodaków mściwymi mowami. Mówiło się, że jego spojrzenie przenikało ludzi niczym ostrze z najszlachetniejszej stali. Czy 26 kwietnia Hanna Reitsch rozpoznawała w nim wodza, którego tak wielbiła? Czy człowiek, a raczej zjawa, którą przed sobą miała, to naprawdę był Hitler? Oto co mówiła amerykańskim służbom specjalnym na temat tego spotkania: „Słabym głosem powiedział: »Hanno, należy pani do tych, którzy umrą wraz ze mną. Każdy z nas ma taką ampułkę z trucizną. A potem dał mi fiolkę«". Dla nieustraszonej Reitsch był to cios w samo serce. Osunęła się na krzesło i zalała łzami. Dopiero w tej chwili uświadomiła sobie, że sytuacja jest rozpaczliwa. „*Mein Führer*, dlaczego pan tu został?", zapytała. „Dlaczego pozbawia pan Niemcy swego życia? Kiedy gazety oznajmiły, że zamierza pan zostać do końca w Berlinie, ludzie zamarli z przerażenia. »Führer musi żyć, żeby Niemcy mogły żyć« oto co mówi lud. Musi pan żyć, *mein Führer*, taka jest wola wszystkich Niemców!"

Jak Hitler zareagował na to wyznanie miłości, na taki dowód uwielbienia? Scena rozegrała się bez świadków, więc tylko Hanna Reitsch mogła ją opisać. Czy chciała przedstawić Hitlera jako człowieka rozsądnego, przywódcę państwa, który troszczy się o przyszłość swego narodu, jako humanistę? Z pewnością. Włożyła mu w usta słowa pełne empatii, zdania, jakich nigdy, w żadnych okolicznościach, nie przytaczał nikt z kręgu jego bliskich współpracowników. Ale przeżyjmy te chwile tak, jak opisała je Hanna Reitsch. Ze spokojem i powagą nazistowski dyktator wyjaśnił młodej kobiecie, że nie może uciec przed przeznaczeniem, że zdecydował zostać w Berlinie, żeby lepiej bronić 3 milionów mieszkańców stolicy, schwytanych w pułapkę radzieckich ataków. „Zostając tu, myślałem, że wszystkie oddziały z całego kraju wezmą ze mnie przykład i pospieszą bronić miasta. Miałem nadzieję, że dokonają nadludzkiego wysiłku, żeby ocalić mnie, a wraz ze mną trzy miliony rodaków". Hitler poświęcał się dla dobra narodu? Dotąd nigdy nie troszczył się o berlińczyków. Wręcz przeciwnie. Gdy doradcy błagali, żeby opuścił bunkier i schronił się w bawarskich Alpach, oszczędzając Berlinowi długiego i niszczycielskiego oblężenia, zawsze odmawiał.

Traudl Junge, jedna z jego dwóch osobistych sekretarek, które przebywały jeszcze w bunkrze, wspomina Hannę Reitsch zafascynowaną Hitlerem. „Była prawdopodobnie jedną z tych kobiet wielbiących Hitlera bezwarunkowo i bezgranicznie. [...] Z zapałem mówiła o swej fanatycznej gotowości, by oddać życie za Führera i jego ideały"*.

Hanna Reitsch niezdolna obiektywnie ocenić Hitlera? Z pewnością wiadomo tylko, że kiedy wyszła od Führera z fiolką trucizny w ręce i wróciła do von Greima, który leżał na łóżku z bolącą nogą, oznajmiła mu, że wojna jest już przegrana.

---

* Traudl Junge, *Dans la tanière du loup. Les confessions de la secrétaire d'Hitler*, Paris 2005, s. 240 [wyd. polskie: *Z Hitlerem do końca. Wyznania osobistej sekretarki wodza III Rzeszy*, przeł. Barbara i Daniel Lulińscy, Warszawa 2003].

27 kwietnia 1945 roku

Ewo, musisz opuścić Führera…
(Hermann Fegelein, generał SS i szwagier Ewy Braun)

Nie dawało się zasnąć. Choć stropy i ściany były bardzo grube, *Führerbunker* drżał. Przez całą noc radziecka artyleria prowadziła piekielny ostrzał. Hitler zrozumiał, że kontratak Wencka został zatrzymany i że jego generał potrzebuje posiłków. Ale skąd wziąć nowe oddziały?

Inni mieszkańcy bunkra tracili nadzieję i załamywali się jeden po drugim. Ci, którzy nie sięgnęli po alkohol, głośno zastanawiali się nad najlepszym sposobem skończenia ze sobą. Niektórzy zamykali się w pokojach, żeby nie płakać na oczach innych. Hitler czuł, że traci kontrolę. Zamiast zwołać kolejną naradę wojskową, postanowił zorganizować spotkanie o nieco innym charakterze. Nazwał je brutalnie „samobójczym zebraniem". Spokojnie patrząc na osłupiałych ludzi, przedstawił im swoje plany, aby nikt nie przeoczył pory samobójstwa, kiedy wybije właściwa godzina. Innymi słowy, gdy radzieccy żołnierze wtargną do ogrodów Kancelarii, każdy powinien zadać sobie śmierć. Było wykluczone, żeby ktoś z jego najbliższego otoczenia dał się schwytać żywcem. Żeby uchronić się przed taką tragedią, ci, którzy mogliby się zawahać, powinni zwrócić się do wiernych esesmanów i gestapowców, by im pomogli. Spotkanie zakończyło się wielokrotnie ponawianymi pozdrowieniami nazistowskimi i głośnymi zapewnieniami, że wszyscy dotrzymają słowa.

Po załatwieniu tej sprawy Hitler wpadł w rozdrażnienie. Bunkier wypełniał nieznośny hałas. To nie były bomby, ale coś innego. Linge, lokaj wodza, poinformował go, że wentylacja bunkra nie działa sprawnie. To zaniepokoiło Führera. Bez tego systemu nie dałoby się oddychać. Na powierzchni, tuż nad bunkrem, rozpętał się potężny pożar. Płomienie uniemożliwiały przepływ powietrza. Hitler spokojnie, ale z pewnym niedowierzaniem słuchał wyjaśnień lokaja. Pożar w ogrodach Kancelarii? Czy to możliwe? Po raz pierwszy od 20 kwietnia i małej ceremonii zorganizowanej w holu głównym Nowej Kancelarii Führer postanowił wyjść ze schronu. Chciał osobiście zobaczyć, co się dzieje. Powolnym krokiem ruszył w stronę schodów na powierzchnię i wspinał się stopień po stopniu, trzymając się metalowej poręczy. Linge szedł tuż za nim, żeby chronić go przed upadkiem. Ciężkie pancerne drzwi do ogrodu były zamknięte. Linge właśnie zamierzał je otworzyć, kiedy dosłownie kilka metrów dalej spadł pocisk. Eksplozja o mało nie rozerwała mu bębenków. Kiedy lokaj się odwrócił, żeby sprawdzić, czy z Führerem wszystko w porządku, jego już nie było – wrócił do swojej kryjówki. I nigdy z niej nie wyszedł.

Natomiast generał SS Fegelein wyszedł z bunkra i nie zamierzał wracać. Nieobecność oficjalnego przedstawiciela Himmlera przy Hitlerze zauważono dopiero wieczorem, podczas narady sztabu. Führer wpadł w szał. Wiedział, że Fegelein nie popierał zbiorowego samobójstwa. Ten hazardzista i kobieciarz miał dopiero trzydzieści osiem lat i kochał życie, toteż aby je ratować, dopuścił się czynu niewybaczalnego: uciekł. Hitler uznał to za osobistą obrazę, zażądał, aby natychmiast odnaleziono Fegeleina. Erich Kempka, osobisty kierowca Führera, odpowiedzialny także za park samochodowy bunkra, wiedział, gdzie ukrył się generał. Poinformował, że około siedemnastej Fegelein poprosił o oddanie do jego dyspozycji dwóch ostatnich sprawnych aut. „Do celów wojskowych", wyjaśnił. Po trzydziestu minutach pojazdy powróciły do bunkra, ale już bez generała SS. Szybkie śledztwo wykazało, że Fegelein udał się do swojego prywatnego mieszkania w Berlinie. Hitler i Bormann zaczęli krzyczeć, oskarżając go o zdradę. Natychmiast wysłano żołnierzy do domu Fegeleina. Okazało się, że leżał we własnym łóżku, z kobietą, ale nie z żoną Gretl, siostrą Ewy Braun. W sypialni żołnierze znaleźli walizki przygotowane do dalekiej podróży, a także torby pełne złota, pieniędzy i biżuterii. Fegelein nie stawiał oporu. Był pijany jak świnia i ledwie się poruszał.

Ale co z tego? Jako szwagier Ewy Braun prawie należał do rodziny Führera! Ożenił się z Gretl Braun w czerwcu 1944 roku tylko po to, żeby zyskać ochronę przed najściślejszym kręgiem współpracowników Führera – Goebbelsem, Bormannem i spółką – którzy go nienawidzili. Bardzo szybko zorientowali się, że nigdy nie wierzył w nazizm ani w nadczłowieka, aryjskiego Niemca tak drogiego Hitlerowi. Fegelein za bardzo kochał kobiety, życie i pieniądze, żeby przyjąć tak surową i śmiercionośną ideologię.

Czyż nie był jednym z ulubieńców Hitlera? Czy to nie on jako pierwszy złożył mu życzenia z okazji urodzin 20 kwietnia tego roku? Wszystko zostanie mu wybaczone! Ale bardzo się mylił. Choć początkowo mówiło się tylko o ukaraniu Fegeleina przez skierowanie go do jednostki walczącej w sercu Berlina, to potem Hitler zmienił zdanie: Fegelein miał stanąć przed sądem wojennym i odpowiadać za dezercję. Groziła mu kara śmierci.

Ewa Braun nie chciała kiwnąć palcem, żeby pomóc szwagrowi. Co więcej, powiedziała Hitlerowi, że poprzedniego dnia zadzwonił do niej. Chciał ją nakłonić, żeby uciekła z nim z Berlina. Oto co miał powiedzieć: „Ewo, musisz opuścić Führera, jeżeli nie możesz nakłonić go do wyjazdu z Berlina. Nie bądź głupia, teraz to sprawa życia i śmierci!"*.

To zupełnie wystarczyło, żeby przypieczętować los generała SS. Nie można było jednak postawić przed sądem pijanego człowieka. Fegeleina zamknięto w celi, pod strażą. Z rozprawą trzeba było poczekać, aż wytrzeźwieje.

---

* Traudl Junge, *Dans la tanière du loup...*, s. 245.

28 kwietnia 1945 roku

Podjęcie negocjacji z Himmlerem,
aby położyć kres wojnie w Europie
(Agencja Reutera)

Dzień zaczął się źle. Około dziewiątej rano oficer SS z jednostki bojowej przyszedł złożyć Hitlerowi raport. Poinformowano go, że pierwsze radzieckie oddziały zbliżają się do Wilhelmstrasse, nieco ponad kilometr od Kancelarii. A Wenck wciąż się nie pojawił. Pytanie nie brzmiało już, czy bunkier padnie, ale kiedy to nastąpi. Gdy wiadomość się rozeszła, każdy w bunkrze poprosił o swoją fiolkę cyjanku. Ale nie wystarczyło ich, toteż jedynie wybrańców uhonorowano w ten sposób. Żołnierze przydzieleni do ostatniej, najbliższej ochrony osobistej Führera, mieli odebrać sobie życie strzałem z broni. Wzywanie pomocy z zewnątrz nie miało już sensu, ostatnie linie telefoniczne zostały odcięte. Żeby uzyskać informacje o ruchach wrogich wojsk, operatorzy z bunkra słuchali radia, przede wszystkim BBC. Za pośrednictwem tej brytyjskiej stacji Führer dowiedział się o kolejnej zdradzie, która ugodziła go jeszcze boleśniej niż cios wymierzony przez Göringa. Mimo zakłóceń ledwie słyszalny głos powtarzał raz po raz tę informację, rozwiewając wszelkie wątpliwości: Himmler złożył aliantom ofertę kapitulacji Trzeciej Rzeszy. BBC przytaczała depeszę brytyjskiej agencji Reutera, zgodnie z którą Reichsführer SS Heinrich Himmler zaproponował Brytyjczykom i Amerykanom zawarcie pokoju z Niemcami. W artykule Reutera zatytułowanym

Podjęcie negocjacji z Himmlerem ma położyć kres wojnie w Europie czytamy: „Propozycja Himmlera poddania się wyłącznie Brytyjczykom i Amerykanom, ale nie Rosjanom, stała się sensacją weekendu i jest postrzegana jako początek manewrów, które szybko doprowadzą do zakończenia wojny w Europie". Układ przewidywał, że Hitler zostanie pozbawiony władzy, Himmler zajmie jego miejsce, Trzecia Rzesza przetrwa, a niemiecka armia dołączy do aliantów, by pokonać bolszewików. W bunkrze zawrzało. O ile postępowanie Göringa nikogo właściwie nie dziwiło, o tyle zachowanie Himmlera, autora „rozwiązania ostatecznego kwestii żydowskiej", najwierniejszego z wiernych, zniszczyło resztki wiary i nadziei na przetrwanie nazistowskiego reżimu.

Hitler wpadł w szał. Hanna Reitsch wspominała: „Z różowej jego twarz stała się pąsowa i zmieniła się nie do poznania. [...] Po długim ataku Hitler popadł w końcu w swoiste odrętwienie, a w bunkrze zapanowała głucha cisza". Podobnie jak w przypadku Göringa, Hitler natychmiast pozbawił Himmlera wszystkich funkcji i wykluczył go z partii.

Fegelein też zapłacił za zdradę szefa SS. Ponieważ był oficjalnym przedstawicielem Himmlera przy Führerze, niezwłocznie podpisano wydany na niego wyrok śmierci. Według Hitlera szwagier Ewy Braun musiał wiedzieć o planowanym przez Himmlera przejęciu władzy i negocjacjach z wrogiem. Dowodziła tego próba ucieczki. „Garstka policjantów z RSD (Reichssicherheitsdienst, Służba Bezpieczeństwa Rzeszy) poszła po Fegeleina. Ledwie przeszli kilka metrów korytarzem, jeden z nich chwycił pistolet maszynowy i strzelił mu serią w plecy"*.

Te liczne zdrady sprawiły, że mieszkańcy bunkra pogrążyli się w swoistej paranoi. Kto będzie następny? Obserwowali się wzajemnie, analizowali byle wzmiankę o ucieczce, każdą krytyczną uwagę o wodzu. Nad nimi, na zewnątrz, centrum Berlina leżało w gruzach. Gniew Rosjan spadł na stolicę Rzeszy. Potężne

---

* Rochus Misch, *J'étais garde du corps d'Hitler (1940–1945)...*, s. 206.

radzieckie czołgi rozpruwały kamienice na placu Poczdamskim, w bezpośrednim sąsiedztwie bunkra. Niemiecka obrona – garstka żołnierzy i pospolite ruszenie, Deutscher Volkssturm (Niemiecki szturm ludowy) – zdołała tylko o kilka dni opóźnić nieuniknioną klęskę.

Volkssturm został powołany jesienią 1944 roku, a idea jego utworzenia wyszła od Himmlera. Cały naród musiał wziąć udział w wojnie. Początkowo ten masowy zryw dotyczył wszystkich sprawnych mężczyzn od szesnastego do sześćdziesiątego roku życia. Potem, zwłaszcza w Berlinie, nawet ranni, nawet dzieci i starcy byli powoływani i pomnażali tę ludzką rzeszę rzuconą na żer. Słabo wyposażeni, marnie uzbrojeni i umundurowani, milicjanci z Volkssturmu byli przez Rosjan traktowani jako pospolite ruszenie, a w związku z tym nie mogli liczyć na ochronę, jaką zapewniały w czasie wojny międzynarodowe konwencje. Jednym słowem, nawet jeśli się poddali, byli rozstrzeliwani.

Mieszkańcy bunkra jeszcze raz – ostatni – błagali Hitlera, by zdecydował się na ucieczkę. Artur Axmann, dowódca Hitlerjugend, chciał wziąć na siebie rolę wybawcy. Zapewniał, że wyprowadzi Führera z Berlina. Dzięki oddziałowi złożonemu ze starannie dobranych ludzi, gotowych oddać życie za Hitlera, ucieczka była jeszcze możliwa. Na lotnisku Gatow został sprawny samolot, a prowizoryczne lądowisko tuż przy Kancelarii było nadal kontrolowane przez Niemców. Hans Baur potwierdził – to niebezpieczne, bardzo ryzykowne, ale możliwe. Jedno słowo, jeden gest Führera, a próba zostanie podjęta.

Hitler się wahał, słuchał, ale był już bardzo zmęczony. Schorowane ciało, stargane nerwy... Czy zdołałby to przetrwać? Według Hanny Reitsch ten pięćdziesięciosześciolatek to starzec stojący nad grobem. „Nawet gdyby istniało zabezpieczone wyjście, którym mógłby wydostać się z bunkra, nie znalazłby siły, by z niego skorzystać", powiedziała. Hitler doskonale zdawał sobie sprawę ze swego stanu. Nadzieję na to, że wyjdzie z bunkra żywy, pokładał już tylko w zwycięskiej bitwie o Berlin.

29 kwietnia 1945 roku

W obecności świadków zwracam się do pana,
mein Führer *Adolf Hitler, z pytaniem, czy pragnie pan pojąć za żonę panią Ewę Braun?*
(Walter Wagner, nazistowski urzędnik stanu cywilnego)

Była północ.

Hitler sprawiał wrażenie podekscytowanego. Sądził, że znalazł sposób, by wymknąć się ze szponów Sowietów. Nie zaakceptował propozycji Axmanna, żeby uciekać pod bombami. Pewnym krokiem udał się do pokoju, w którym odpoczywali nowy zwierzchnik Luftwaffe von Greim oraz Hanna Reitsch. Zeznania Reitsch dotyczące tego epizodu Amerykanie opatrzyli klauzulą „poufne".

„Von Greim osłupiał, kiedy Hitler wydał mu rozkaz opuszczenia bunkra jeszcze tego wieczoru", powiedziała Reitsch. Mimo że nowy marszałek lotnictwa (Hitler nadał mu tę godność) był ranny i uwięziony w Berlinie, Führer powierzył mu absurdalną misję odwrócenia biegu historii i powstrzymania, a przynajmniej spowolnienia radzieckiej ofensywy. Aby tego dokonać, musiał najpierw udać się do bazy lotniczej w Rechlinie, 150 kilometrów na północ od stolicy, a następnie stamtąd kierować niemieckimi atakami lotniczymi na radzieckie wojska wokół Berlina. Hitler był tak przekonany o powodzeniu tego przedsięwzięcia, że przy okazji wyznaczył von Greimowi jeszcze inne zadanie. Bardziej osobiste, nawet bardzo osobiste. „Drugi powód pańskiego wyjazdu do Rechlina to konieczność powstrzymania Himmlera". Kiedy wymawiał nazwisko Reichsführera SS, jego głos drżał, podobnie jak usta i dłonie. Mimo to nalegał. Von Greim miał powiadomić wielkiego admirała Dönitza w jego kwaterze głównej w Plön, przy granicy z Danią, że trzeba aresztować Himmlera. „Zdrajca nigdy nie zastąpi mnie w roli Führera. Musi się pan stąd wydostać, żeby tego dopilnować!"

Armia Czerwona zalała Berlin. Na powierzchni ponad 2 miliony żołnierzy obracały stolicę nazistów w ruiny i zgliszcza, po niebie latało około tysiąca myśliwców z czerwoną gwiazdą. Von Greim i Hanna Reitsch próbowali przywołać Hitlera do rozsądku. Zmuszając ich do wyjazdu, wydaje na nich wyrok śmierci. „Jako żołnierze Rzeszy", rozgniewał się Hitler, „macie święty obowiązek wykorzystać każdą szansę. A to jest nasza ostatnia szansa. Waszym i moim obowiązkiem jest ją wykorzystać". Zakończył dyskusję. On rozkazuje, żołnierze wykonują. Ale Hanna Reitsch nie była żołnierzem, ta młoda kobieta, cywil, miała silny charakter. „Nie! Nie!", krzyczała. Jej zdaniem to wszystko było czystym szaleństwem. „Wszystko przepadło, to obłęd próbować to teraz zmienić". Wbrew wszelkim oczekiwaniom von Greim jej przerwał. Nowy marszałek nie chciał zapisać się w historii jako człowiek, który bał się ratować Führera. „Choćby szanse powodzenia wynosiły jeden procent, trzeba spróbować", stwierdził, patrząc prosto w oczy swojej młodej partnerce.

Przygotowania do wyjazdu zajęły kilka minut. Below, przedstawiciel Luftwaffe w bunkrze, dodawał nowemu zwierzchnikowi otuchy. „Musi się panu udać. Od pana zależy, czy nasz naród pozna prawdę i czy uda się ocalić honor Luftwaffe i Niemiec w oczach świata". Mieszkańcy bunkra zostali powiadomieni o planie Hitlera. Wszyscy zazdrościli wyjeżdżającym. Niektórzy dawali im napisane w pośpiechu listy i testamenty dla najbliższych. Hanna Reitsch oświadczyła później przesłuchującym ją alianckim żołnierzom, że wszystkie je zniszczyła, w tym list Ewy Braun do siostry Gretl, ponieważ nie chciała, żeby wpadły w ręce wroga. Wszystkie, oprócz dwóch. Dwa listy od Goebbelsów do Haralda Quandta, najstarszego syna Magdy z pierwszego małżeństwa. Dwudziestoczteroletni wówczas Harald jako jedyny z rodziny nie przeniósł się do bunkra. I nie bez powodu – w 1944 roku we Włoszech trafił do niewoli. Magda Goebbels dała Hannie Reitsch nie tylko listy, podarowała jej też na pamiątkę wysadzany brylantami pierścionek.

W zaledwie pół godziny od wydania rozkazu przez Hitlera Greim i Reitsch byli gotowi do drogi. Wyszli na zewnątrz i wsiedli do lekkiego pojazdu opancerzonego, który oddano do ich dyspozycji. Od Bramy Brandenburskiej dzielił ich niespełna kilometr. Tam czekał mały samolot, Arado 96. Stał osłonięty siatką maskującą. Na ulicach rozbrzmiewał w piekielnym rytmie odgłos radzieckich moździerzy, niebo płonęło od blasku ognia trawiącego setki budynków. W powietrzu unosił się gryzący dym, popiół osadzał się na twarzach, drażnił gardło. W pojeździe przeciskającym się uliczkami, które zaściełały trupy, Hanna Reitsch odbijała się od drzwi. Ledwie krzywiła się z bólu, skupiona na drodze. Wiedziała, że to najłatwiejszy odcinek, jaki muszą pokonać.

Za kilka sekund miała zasiąść za sterami samolotu, który już widziała w dali. Czekał na środku alei, ustawiony na linii wschód–zachód, tuż obok najsłynniejszej berlińskiej budowli – Bramy Brandenburskiej.

Arado 96 nie był samolotem bojowym, Luftwaffe używała go głównie do szkolenia pilotów-elewów. Nie był też zbyt szybki – zaledwie 330 km/h, podczas gdy myśliwiec Messerschmitt 109 przekraczał 650 km/h. Zasłynął jednak jako maszyna bardzo zwrotna. Hanna Reitsch doskonale znała ten model i czuła się zdolna dokonywać na nim cudów. Ale najpierw musiała wystartować z brukowanej, zasypanej gruzem ulicy. Pocieszające było, że ten zaimprowizowany pas startowy nie zmienił się jeszcze w ser szwajcarski. Martwiło natomiast, że miał zaledwie 440 metrów długości. Hanna Reitsch usiadła za sterami i ledwie dała von Greimowi czas na zajęcie miejsca z tyłu. Musiało jej się udać za pierwszym razem – kiedy Rosjanie usłyszeli warkot 465 koni mechanicznych arado, błyskawicznie zorientowali się w sytuacji. Pomyśleli, że może to sam Hitler próbuje uciekać! Dziesiątkami, jak demony, pędzili po ruinach, nie zważając na ogień, który gdzieniegdzie płonął. Chcieli zatrzymać samolot. Ale było już za późno – maszyna oderwała się od ziemi i niemal pionowo wzniosła w górę, żeby nie dosięgły jej kule z karabinów maszynowych. Kiedy wzbiła się nad budynki, pojawiło się inne zagrożenie. Potężne reflektory radzieckiej obrony przeciwlotniczej nerwowo omiatały niebo. A potem zmasowany ostrzał, istna fala metalu, miała położyć kres ucieczce. Chyba cudem samolot został trafiony tylko kilka razy, niegroźnie. Na pułapie 6 tysięcy metrów nic mu już nie groziło. To był niesłychany wyczyn. A przede wszystkim bezsensowny. Po pięćdziesięciu minutach lotu, około drugiej nad ranem, von Greim i Reitsch dotarli do bazy lotniczej w Rechlinie. Zgodnie z rozkazem Führera nowy głównodowodzący Luftwaffe rzucił wszystkie zdolne do walki samoloty na Berlin. Oczywiście było ich za mało, żeby odmienić losy wojny.

Von Greim nie został w Rechlinie, żeby się o tym przekonać. Myślał tylko o jednym: wypełnić drugie powierzone zadanie, aresztując Himmlera. W tym celu on i Reitsch polecieli do kwatery głównej wielkiego admirała Dönitza w Plön, 300 kilometrów na północny zachód od Rechlina. Dönitz, jeden z ostatnich wiernych Hitlerowi, nie został poinformowany o zdradzie Himmlera, przede wszystkim zaś miał na głowie ważniejsze sprawy niż aresztowanie szefa SS. Tak powiedział von Greimowi, dla którego oznaczało to porażkę.

W końcu jednak, 2 maja, Himmler spotkał się z wysłannikami Hitlera w Plön, dokąd przybył, żeby wziąć udział w naradzie wojskowej z Dönitzem. Reitsch zagadnęła go, zanim wszedł na spotkanie.

– Przepraszam, *Herr Reichsführer*, mam do pana sprawę najwyższej wagi.

– Bardzo proszę – odparł niemal jowialnym tonem.

– *Herr Reichsführer*, czy to prawda, że kontaktował się pan z aliantami, by złożyć im propozycję zawarcia pokoju, mimo że nie otrzymał pan takiego rozkazu od Hitlera?

– Oczywiście.

– Zdradził pan swego Führera i naród w tak dramatycznych chwilach? Ten czyn to zdrada stanu, *Herr Reichsführer*. Podjął pan te działania, kiedy pańskie miejsce było w bunkrze, u boku Hitlera?

– Zdrada stanu? Ależ nie! Przekona się pani, że historia oceni to inaczej. Hitler chciał kontynuować walkę. Jego obsesją była duma i jego „honor". Chciał przelać jeszcze więcej niemieckiej krwi, choć prawie jej już nie ma. Hitler był szaleńcem. Już dawno należało położyć temu kres.

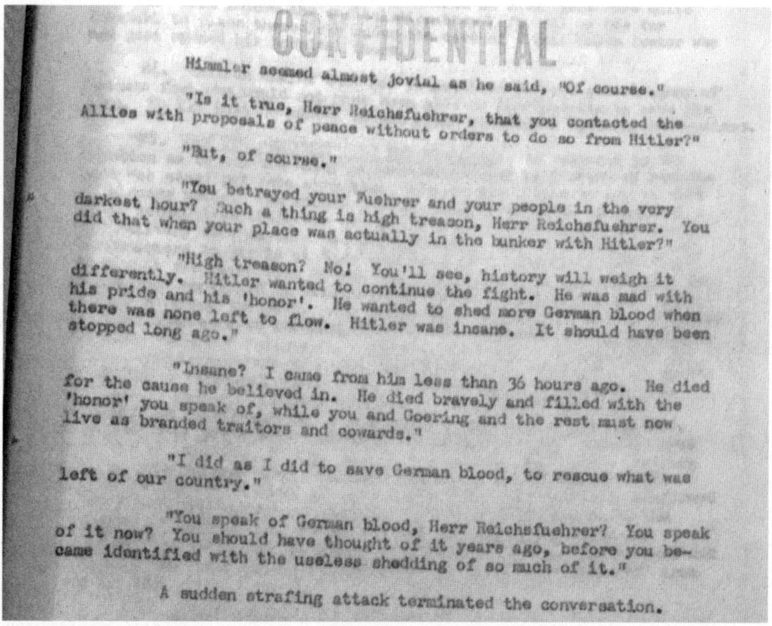

CONFIDENTIAL

Himmler seemed almost jovial as he said, "Of course."

"Is it true, Herr Reichsfuehrer, that you contacted the Allies with proposals of peace without orders to do so from Hitler?"

"But, of course."

"You betrayed your Fuehrer and your people in the very darkest hour? Such a thing is high treason, Herr Reichsfuehrer. You did that when your place was actually in the bunker with Hitler?"

"High treason? No! You'll see, history will weigh it differently. Hitler wanted to continue the fight. He was mad with his pride and his 'honor'. He wanted to shed more German blood when there was none left to flow. Hitler was insane. It should have been stopped long ago."

"Insane? I came from him less than 36 hours ago. He died for the cause he believed in. He died bravely and filled with the 'honor' you speak of, while you and Goering and the rest must now live as branded traitors and cowards."

"I did as I did to save German blood, to rescue what was left of our country."

"You speak of German blood, Herr Reichsfuehrer? You speak of it now? You should have thought of it years ago, before you became identified with the useless shedding of so much of it."

A sudden strafing attack terminated the conversation.

Zeznania Hanny Reitsch przed funkcjonariuszami tajnych służb amerykańskich, kopia ze zbiorów GARF-u.

Reitsch zapewniała amerykańskie tajne służby, że nie ugięła się w rozmowie ze zwierzchnikiem SS, a przerwał im dopiero aliancki atak na kwaterę główną Dönitza.

Czy Himmler wygłosił takie słowa? Możliwe. To samo mówił wielokrotnie nazistowskim dygnitarzom. Jednak to nagłe uświadomienie sobie, że Hitler był owładnięty niszczycielskim szaleństwem, nie pomogło Himmlerowi w ratowaniu własnej skóry. Ścigany przez aliantów, został schwytany 22 maja 1945 roku, kiedy próbował uciec do Bawarii. Następnego dnia odebrał sobie życie, rozgryzając fiolkę cyjanku. Taką samą, jaką dał Hitlerowi.

Powróćmy do Berlina. Był 29 kwietnia. Hitler nie domyślał się, że jego rozkaz zabicia Himmlera nie zostanie wypełniony. Właśnie poinformowano go o powodzeniu szaleńczej ucieczki nowego głównodowodzącego Luftwaffe i Hanny Reitsch. Uznał to za znak, że sytuacja się zmienia i że nie wszystko jeszcze stracone.

Teraz mógł spokojnie zająć się ceremonią, do której przygotowania już trwały.

Od kilku minut żołnierze gorączkowo kręcili się po małej sali, w której zwykle odbywały się narady sztabowe. Pod okiem Lingego wynosili krzesła, przestawiali meble, a wszystko to w pośpiechu. Czyżby szykował się wyjazd?

W korytarzu pojawił się nieznajomy człowiek w mundurze. Nazywał się Walter Wagner i przybył właśnie z miasta. Eskortowali go dwaj żołnierze o marsowych minach. Mieszkańcy bunkra zastanawiali się, kto to taki, czy ma coś wspólnego ze zdradą Himmlera. Adiutant Rochus Misch zapytał jednego z towarzyszy niedoli. „Odparł mi krótko, że to urzędnik stanu cywilnego. Wytrzeszczyłem oczy. »Tak, to urzędnik stanu cywilnego! Hitler się żeni!«”*.

Ewa Braun promieniała. Już od dawna prosiła kochanka, żeby wziął z nią ślub. Nie potrafiła pogodzić się z myślą, że

* Rochus Misch, *J'étais garde du corps d'Hitler (1940–1945)*..., s. 207.

umrze, nie nosząc nazwiska tego, którego kocha. Mężczyzny, którego poznała w Monachium w 1929 roku. Miała wtedy zaledwie siedemnaście lat i pracowała u oficjalnego fotografa Hitlera, Heinricha Hoffmanna. Bardzo szybko zostali parą. Ona mówiła o małżeństwie, on odpowiadał, że nie należy do siebie, że ma już małżonkę, która nazywa się Niemcy. Dziś Niemcy nie dawały mu już satysfakcji. I jak uczyniłby wobec niegodnej jego miłości kochanki, postanowił uwolnić się od przysięgi, był więc wolny i mógł pojąć za żonę Ewę Braun.

Wybór świadków ślubu był w tej sytuacji ograniczony – zostali nimi Joseph Goebbels i Martin Bormann. Żadnej druhny. Ewa Braun miała niewiele do powiedzenia – musiała pogodzić się z obecnością Bormanna, którego nienawidziła z całego serca. Od lat Bormann i ona walczyli o uczucia Hitlera. Zazdrościli sobie wpływu, jaki każde z nich mogło mieć na wodza. Bormann, jak wielu ludzi z otoczenia Hitlera, surowo osądzał tę młodą kobietę. Była płytka, zbyt wiele uwagi poświęcała błahostkom, bardziej troszcząc się o kolor lakieru do paznokci niż o politykę. Hanna Reitsch – może dlatego, że skrycie kochała się w Führerze – przedstawiła ją jako półidiotkę, egoistkę i infantylną gęś.

Około pierwszej w nocy przyszli małżonkowie weszli do sali. Hitler miał woskową cerę człowieka, który od dawna nie widział światła słonecznego. Był ubrany jak zwykle – w marynarkę pomiętą po godzinach przeleżanych w łóżku. Jedyne odświętne szczegóły to złota odznaka partyjna, Krzyż Żelazny pierwszej klasy i Odznaka za Rany z pierwszej wojny światowej. Ewa Braun uśmiechała się, ubrana w piękną sukienkę z ciemnoniebieskiego jedwabiu. Narzuciła na nią szarą pelerynę z puszystego futra. Narzeczeni trzymali się za ręce, podchodząc do Waltera Wagnera, który trząsł się ze strachu. Wciąż nie mógł uwierzyć, że stoi twarzą w twarz z władcą Niemiec. Niepewnym głosem wystraszony urzędnik zaczął czytać dwustronicowy tekst o obowiązkach małżeńskich w Trzeciej Rzeszy. Im dłużej wymieniał te obowiązki, tym dokładniej uświadamiał sobie, że nie będą mogły zostać wypełnione. Kształcony i tresowany tak, by literalnie przestrzegać zasad ustanowionych przez nazistowski reżim, nie wiedział, co robić. Brakowało wielu dokumentów urzędowych, jak choćby tego o niekaralności (a kartoteka Hitlera nie była czysta, ponieważ w 1923 roku, po nieudanym puczu, skazano go na pięć lat więzienia), zaświadczenia z policji potwierdzającego obyczajność, a także potwierdzenia politycznej lojalności narzeczonych wobec Rzeszy. Skrupulatny urzędnik zmagał się ze sobą, rozumiał jednak, że Führer nie może czekać. Ostatecznie postanowił uczynić wyjątek i odnotował w akcie ślubu, że małżonkowie powołali się na nadzwyczajną sytuację wojenną, aby pominąć normalne wymogi i terminy. Z tego względu urzędnik uznał za złożone w dobrej wierze oświadczenia narzeczonych i na tej podstawie potwierdził ich czysto aryjskie pochodzenie oraz to, że nie są obciążeni chorobami dziedzicznymi.

Wreszcie nadszedł czas na najważniejsze. Wagner odchrząknął i oświadczył: „W obecności świadków pytam pana, *mein Führer* Adolf Hitler, czy pragnie pan pojąć za żonę panią Ewę Braun. Jeśli taka jest pańska wola, proszę powiedzieć »tak«".

Cała ceremonia trwała zaledwie dziesięć minut. Tyle, ile było trzeba, żeby narzeczeni potwierdzili swą wolę, podpisali dokumenty i złożyli sobie życzenia. Ewa nie nazywała się już Braun, ale Hitler. Młoda małżonka była tak wzruszona, że pomyliła się, składając podpis pod aktem ślubu. Zaczęła od dużego B jak Braun, zaraz potem zauważyła swój błąd. Niezbyt ładnie przekreśliła B i napisała H jak Hitler.

Także przyjęcie po ślubie trwało zaledwie kilka minut. Kilku znamienitych gości, tych nielicznych pozostających jeszcze w bunkrze, zaproszono do pokoju Hitlera. Zmęczeni generałowie, przygnębieni nazistowscy dygnitarze i trzy bliskie histerii kobiety: Magda Goebbels i dwie osobiste sekretarki Hitlera. Poczęstowano ich herbatą, a nawet szampanem. Tylko Traudl Junge, najmłodsza z sekretarek (zaledwie dwudziestopięcioletnia), nie skorzystała z tej rzadkiej okazji, by się nieco odprężyć.

Ledwie powinszowała młodym małżonkom i wymknęła się, wystraszona.

„Führer niecierpliwie czekał na to, co przepisywałam", wspominała w pamiętnikach. „Wchodził do mojego pokoju, patrzył, dokąd doszłam, nic nie mówił, ale zerkał z niepokojem na moje stenogramy". Traudl Junge przepisywała na czysto to, co Hitler podyktował jej tuż przed ceremonią. Testament. A właściwie: testamenty. Pierwszy był osobisty, drugi, dłuższy, polityczny. W testamencie osobistym Hitler najpierw uzasadniał nagły ślub z Ewą Braun, jakby uważał za konieczne wytłumaczenie odruchu zupełnie normalnego u mężczyzny, który od tylu lat pozostaje w związku z kobietą. „Postanowiłem, zanim moja ziemska kariera dobiegnie końca, pojąć za żonę młodą kobietę, która po wielu latach wiernej przyjaźni z własnej woli przybyła do praktycznie oblężonego miasta, aby dzielić mój los". To szlachetny gest, którego ceną jest śmierć! W następnym akapicie podkreślił, że małżonka pójdzie za nim aż do grobu. Przy tej okazji uczynił wzmiankę o samobójstwie, choć nie nazwał go po imieniu. „Moja małżonka i ja, chcąc uniknąć haniebnego obalenia lub kapitulacji, wybraliśmy śmierć. Naszym życzeniem jest spocząć tu, gdzie od dwunastu lat wypełniałem większość codziennych obowiązków w służbie narodu".

Ewa Braun, choć te słowa bezpośrednio jej dotyczyły, nie brała udziału w redagowaniu testamentu. Czy była świadoma, jaki „prezent ślubny" szykuje dla niej mąż?

Traudl Junge jeszcze raz przeczytała notatki i uświadomiła sobie historyczną wagę zadania. Nie wolno jej było popełnić żadnego błędu. Pół godziny wcześniej, kiedy Hitler poprosił, żeby poszła z nim do pokoju zwanego konferencyjnym, spodziewała się, że będzie pisała nowe rozkazy. Jak zwykle usiadła przy maszynie do pisania, tej specjalnej, z dużą czcionką, którą Hitler mógł czytać bez wysiłku. „Proszę stenografować w notesie", powiedział, zrywając ze zwyczajem. Po krótkim namyśle zaczął: „Oto mój testament polityczny...".

Po wojnie Traudl Junge wciąż rozwodziła się w prasie, pamiętnikach, a także podczas przesłuchań prowadzonych przez aliantów nad rozczarowaniem, jakie wzbudził w niej ten tekst. Wiele się po nim spodziewała, liczyła, że będzie epilogiem, który nada sens wszystkim cierpieniom spowodowanym przez nazizm. Że sprawi, iż krwawy obłęd klęski wpisanej już w tekst *Mein Kampf* w roku 1924 stanie się intelektualnie akceptowalny. Tymczasem usłyszała tylko nazistowski słowotok, tak dobrze jej znany. Język pełen specyficznych formuł, mowę Trzeciej Rzeszy. Niemiecki Żyd, filozof Victor Klemperer, nadał temu nazistowskiemu językowi nazwę i dokonał jego analizy. To LTI – *Lingua Tertii Imperii*. Victor Klemperer przez dwanaście długich lat istnienia Trzeciej Rzeszy obserwował ekspansję i rozpowszechnianie się nowomowy. Pozostał w Niemczech, musiał się ukrywać i o mało nie trafił do obozu zagłady. Dopiero po upadku Trzeciej Rzeszy, w roku 1947, mógł opublikować pracę poświęconą LTI. Twierdził, że ta mowa przestrzegała ściśle określonych reguł. Jej celem było dostosować się do nowego człowieka, którego reżim kształtował na długie wieki. LTI została skonstruowana tak, żeby przerażać wroga i elektryzować naród. Słownictwo podkreślało zalety działania, woli, siły. Jak brzmienie bębnów, słowa były powtarzane, skandowane z emfazą i agresją. Te słowa pozwalały banalizować najstraszliwsze okrucieństwo. Toteż już się nie zabijało, ale „oczyszczało". W obozach koncentracyjnych nie eliminowało się istot żywych, ale „jednostki". A ludobójstwo popełniane na Żydach było tylko „ostatecznym rozwiązaniem".

Testament polityczny Hitlera to jeden z najlepszych przykładów tego języka. Führer zaczął od postawienia się w roli ofiary, zaraz potem zwrócił się przeciwko odwiecznym wrogom, czyli Żydom.

Kłamstwem byłoby twierdzić, że ja czy ktokolwiek inny w Niemczech w 1939 roku chciał wojny. Chcieli jej i sprowokowali ją wyłącznie międzynarodowi politycy, czy to pochodzenia żydowskiego, czy to pracujący w interesie Żydów. [...] Miną wieki, ale z ruin naszych miast i naszych pomników nieustannie odradzać się będzie nienawiść do tych winowajców, którym winniśmy za to wszystko podziękować: do międzynarodowego żydostwa i jego służalców.

Na podstawie swoich notatek Traudl Junge starała się jak najwierniej odtworzyć styl Führera. Pod rozgorączkowanym wzrokiem wodza pisała na maszynie tak szybko, jak potrafiła. Kolejny akapit przedstawiał, niczego nie mówiąc wprost, los, jaki reżim zgotował milionom Żydów.

Nigdy nie pozostawiałem cienia wątpliwości co do tego, że skoro narody Europy po raz kolejny potraktowano jak zwyczajne pakiety akcji w rękach spiskowców z kręgów międzynarodowej finansjery, to wyłączną odpowiedzialność za rzeź muszą ponieść ci prawdziwi winowajcy: Żydzi. Nie pozwoliłem też, by ktokolwiek wątpił, że jeśli tym razem miliony europejskich dzieci pochodzenia aryjskiego będą umierały z głodu, miliony mężczyzn polegną na polu walki, a setki tysięcy kobiet i dzieci spłoną i zginą od bomb w naszych miastach, to prawdziwy winowajca musi zapłacić za swe czyny, choć w sposób bardziej humanitarny.

Mimo tragicznego końca konfliktu, który wywołał i podsycał swą agresywną polityką, Hitler niczego nie żałował.

Po sześciu latach wojny, która – mimo wszystkich porażek – kiedyś zapisze się w historii jako przykład najchwalebniejszej i heroicznej walki o byt narodu, nie mogę opuścić tego miasta, które jest stolicą Rzeszy. Ponieważ nasze siły są zbyt skromne, żeby oprzeć się atakom wroga, i ponieważ nasz opór osłabiły kreatury tak ślepe, tak pozbawione charakteru, chcę podzielić los milionów innych, którzy także odważyli się pozostać w tym mieście. Zdecydowałem, że nie wpadnę w ręce wroga, który potrzebuje nowego spektaklu prezentowanego przez Żydów ku uciesze rozhisteryzowanych mas.

Postanowiłem zatem pozostać w Berlinie i wybiorę chwilę śmierci, kiedy uznam, że nie da się dłużej utrzymać pozycji Führera i samej Kancelarii.

W drugiej części testamentu oficjalnie potwierdził decyzje dotyczące Himmlera i Göringa, obrzucając ich obelgami. „Göring i Himmler okryli hańbą, której nie da się zmyć, cały naród, pertraktując potajemnie z moim wrogiem, bez mojej wiedzy i wbrew mojej woli, a także próbując nielegalnie przejąć kontrolę nad państwem, że nie wspomnę już o ich perfidii wobec mnie".

Potem wyznaczył swego następcę – wielkiego admirała Dönitza. Nie przyznał mu jednak tytułu Führera, ale uczynił go prezydentem Rzeszy. Co do Goebbelsa, to miałby on być kanclerzem. Łącznie dwanaście ministerstw przypadło ostatnim wiernym, obsadzone zostały też sztaby główne wojsk lądowych, sił powietrznych i marynarki wojennej. To wszystko papierowe stanowiska, bo państwo i nazistowska machina wojenna po prostu przestały istnieć.

Na zakończenie Hitler udzielił ostatniej rady: „Nade wszystko zalecam przywódcom narodu i ich podwładnym, by starannie przestrzegali praw rasowych i bezlitośnie odpierali truciciela wszystkich narodów: międzynarodowe żydostwo".

Traudl Junge już prawie kończyła, kiedy przerwał jej wyraźnie wstrząśnięty Goebbels. Chwilę wcześniej dowiedział się o swej nominacji na urząd kanclerza. Kategorycznie ją odrzucił, oznaczała bowiem, że ma przeżyć swego wodza. A to było wykluczone. Jeszcze bardziej utrudniając sekretarce pracę, czołowy niemiecki propagandzista postanowił natychmiast podyktować jej własny testament. „Moje życie nie ma najmniejszego sensu, jeżeli Führer umrze", lamentował ze łzami w oczach. „Niech pani pisze, Frau Junge, niech pani pisze, co podyktuję". On także używał typowo nazistowskiego stylu. Mówił o lojalności wobec Hitlera i o jego postanowieniu, by nie dożyć upadku narodowego socjalizmu w Niemczech. Życzeniem śmierci objął całą swą rodzinę. „Bormann, Goebbels, a także Führer wpadali co chwilę, żeby sprawdzić, czy skończyłam", opowiadała Traudl Junge. „W końcu niemal wyrwali mi ostatnią kartkę z maszyny, wrócili do sali konferencyjnej, podpisali trzy egzemplarze..."*.

Była czwarta nad ranem kiedy Goebbels, Bormann oraz generałowie Burgdorf i Krebs podpisali jako świadkowie polityczny testament Hitlera. Trzy egzemplarze trafiły do rąk trzech posłańców. Każdemu z nich powierzono trudne i niebezpieczne zadanie wyniesienia cennego dokumentu z Berlina. Jeden miał się udać do wielkiego admirała Dönitza, na północ Niemiec, drugi do marszałka Schörnera, dowódcy Grupy Armii „Środek", broniącej wówczas Czech, a trzeci – do kwatery głównej partii nazistowskiej w Monachium.

Wyczerpany Führer położył się spać. Miał przed sobą krótki odpoczynek.

Kolejny radziecki atak na bunkier obudził go o szóstej rano. Wokół rozlegały się krzyki, niektórzy byli pewni, że Kancelaria została już otoczona. Podobno ostrzeliwano z broni maszynowej drzwi bunkra. Jak długo wytrzymają? Hitler zerkał na fiolki z cyjankiem, które zawsze nosił w kieszeni. Ogarnęła go obawa – przecież dostał je od Himmlera... A jeśli to zasadzka? Wystarczyłoby zastąpić truciznę silnym środkiem nasennym, a wrogowie schwytaliby go żywego. Żeby rozwiać wątpliwości, chciał przetestować na kimś ten cyjanek. Ale na kim?

Wybór padł na Blondi, jego wierną suczkę. Na owczarka niemieckiego, którego tak kochał. Żeby połknęła truciznę, trzeba było wezwać tresera psów zatrudnionego w Kancelarii. Blondi się broniła. Dopiero w kilkoro zdołali otworzyć jej pysk i zmiażdżyć fiolkę szczękami. Po chwili Blondi dostała konwulsji i po

---

* Traudl Junge, *Dans la tanière du loup...*, s. 253–254.

kilku minutach potwornych cierpień zdechła na oczach swego pana. Hitler w milczeniu obserwował zwierzę – uspokoił się. To naprawdę był cyjanek.

Ale inni mieszkańcy bunkra nie byli jednak w stanie czekać na pewną śmierć, nie podejmując próby ucieczki. Do tego jednak potrzebowali zgody Hitlera, w przeciwnym razie skończyliby z kulką w głowie, bo Gestapo czuwało. Wielu młodych oficerów uzyskało zezwolenie Führera. „Jeżeli spotkacie gdzieś Wencka, powiedzcie mu, żeby się pospieszył, prosił, bez niego jesteśmy zgubieni". Wśród tych, którzy zdecydowali się spróbować szczęścia, był także pułkownik Luftwaffe Nicolaus von Below. Wyszedł z bunkra nocą z 29 na 30 kwietnia i ruszył na zachód. Powierzono mu dwa listy – jeden od Hitlera do marszałka Keitla, drugi od generała Krebsa do generała Jodla. Von Below postąpił tak samo jak Hanna Reitsch: tuż po opuszczeniu Kancelarii spalił oba listy. Jak twierdził, uczynił to z obawy, że mogłyby wpaść w ręce wroga. Bardziej prawdopodobne wydaje się, że zrobił to, żeby w razie zatrzymania przez Rosjan łatwiej ukryć swoją tożsamość. Ostatecznie wpadł w ręce Anglików, i to dopiero po kilku miesiącach, 7 stycznia 1946 roku. Wojna i tak była już przegrana, wyjaśniał przesłuchującym go wojskowym. Jakie znaczenie mogły mieć w tej sytuacji te listy? Mimo to przed ich zniszczeniem von Below nie omieszkał ich przeczytać. I opierając się na swej pamięci, przedstawił brytyjskiemu wywiadowi wojskowemu w Berlinie, w roku 1946, ich treść. Oto co, według von Belowa, Hitler napisał do Keitla: „Walki o Berlin dobiegają końca. Na innych frontach wkrótce też ustaną. Wolę odebrać sobie życie, niż się poddać. Wyznaczyłem wielkiego admirała Dönitza na mego następcę jako prezydenta Rzeszy i głównodowodzącego Wehrmachtu. Oczekuję od pana, że pozostanie pan na stanowisku i udzieli memu następcy wsparcia, jakiego z takim oddaniem udzielał pan mnie. [...] Wysiłek i poświęcenie narodu niemieckiego były podczas tej wojny tak wielkie, że trudno mi sobie wyobrazić, by okazały się daremne. Ostatecznym celem pozostaje zdobycie dla narodu niemieckiego ziemi na Wschodzie". Hitler otwarcie wyraził wolę popełnienia samobójstwa. Jak trafnie zauważył brytyjski oficer, który podpisał raport w sprawie von Belowa, nic nie dowodzi, że Hitler naprawdę napisał te słowa. Ale „są one zgodne z innymi dowodami uzyskanymi z innych źródeł".

O ile dla von Belowa noc z 29 na 30 kwietnia oznaczała koniec kilkutygodniowej udręki psychicznej w bunkrze Führera, o tyle koszmar Hitlera trwał nadal. W środku nocy dotarła do niego przytłaczająca wiadomość, zapowiedź losu, jaki i jemu szykowała historia. Przekazano mu, że jego wierny sojusznik, człowiek, który w początkowym okresie był dla niego inspiracją – Benito Mussolini – nie żyje. Duce został stracony przez włoskich partyzantów, którzy schwytali go, gdy próbował w niemieckim mundurze uciec z północnych Włoch. Ale to nie wieść o śmierci sprzymierzeńca zmroziła mu krew w żyłach, tylko podobieństwo losów ich obu. Włoski dyktator został zabity jak pies, a wraz z nim umarła Clara Petacci, jego kochanka. Po parodii procesu... Potem ich ciała wystawiono na widok publiczny w Mediolanie, na piazza Loretto, powieszone za nogi. Rozszalały tłum po bestialsku okaleczył zwłoki. Dopiero interwencja alianckich żołnierzy, którzy wyzwolili kraj, położyła kres zbiorowej histerii. Mussolini został pochowany tego samego wieczoru, w tajemnicy, na którymś z mediolańskich cmentarzy.

Hitler był tym przerażony. Nie dopuszczał do siebie myśli, że mogłoby go spotkać takie poniżenie. Zwierzył się Hansowi Baurowi, swojemu pilotowi: „Rosjanie zrobią wszystko, żeby schwytać mnie żywego. Są zdolni użyć gazu usypiającego, żeby nie dopuścić do mojego samobójstwa. Ich celem jest pokazywać mnie jak zwierzę na jarmarku, jak trofeum wojenne. A potem skończyłbym jak Mussolini".

30 kwietnia 1945 roku

Gdzie są wasze samoloty?
(Hitler do swojego pilota Hansa Baura)

„Wenck? Gdzie on jest?" Była pierwsza w nocy, a w obu bunkrach wciąż rozbrzmiewało to samo pytanie. Hitler się niecierpliwił. Kiedy wreszcie atak Wencka go oswobodzi? Führer nie mógł dłużej tego znieść. Od tygodni całymi nocami snuł się po korytarzach swojej kryjówki, czekając na sen, który nie nadchodził. Zresztą wszystkie te pojęcia: dzień, noc, stały się abstrakcyjne dla ludzi żyjących pod ziemią, z dala od naturalnego światła. Wilgotne powietrze drażniło skórę i drogi oddechowe. Czy to powietrze oddziaływało także na psychikę, czyniąc twardych ludzi tak słabymi? A może tych rozbitków Trzeciej Rzeszy przytłaczała świadomość, że otwierają się przed nimi bramy piekieł? Coraz rzadsze kontakty ze światem zewnętrznym powodowały, że gwałtownie malały szanse na ocalenie. Przysypani pyłem żołnierze, z których oczu wyzierała obawa o własne życie, regularnie składali raporty. Bitwa jest przegrana, mówili. Rosjanie miażdżą wszystko, co staje im na drodze. Zbliżają się do gmachu Reichstagu (parlamentu Rzeszy), są w odległości zaledwie 300 metrów od Nowej Kancelarii. Słowem – w zasięgu strzału.

Około drugiej oczekiwana przez wszystkich odpowiedź nadeszła drogą radiową – armia Wencka dzielnie walczy, ale nie zdoła dotrzeć do Berlina, a tym bardziej ocalić Hitlera.

A zatem to koniec.

„Jak długo możemy wytrzymać?" Pytanie Führera nie dotyczyło już ani całych Niemiec, ani nawet Berlina, tylko bunkra. Ile dni, a może zaledwie godzin, dzieli ich od ostatecznego szturmu? Stojący przed nim oficer wyprężył się i odrzekł bez wahania: „Najwyżej dwa dni".

Było już wpół do trzeciej. Wszystkie pozostające jeszcze w Nowej Kancelarii kobiety, głównie służące, zebrały się w jadalni. Było ich około dziesięciu. Stały, dumnie wyprostowane. Żadna nie wiedziała, dlaczego obudzono je w środku nocy. Nagle do pokoju wszedł Hitler, tuż za nim podążał Bormann. Scenę szczegółowo opisano w raporcie brytyjskich tajnych służb, sporządzonym 1 listopada 1945 roku na podstawie relacji naocznych świadków. Dyktator sprawiał wrażenie nieobecnego duchem, a oczy miał szkliste, jak człowiek będący pod wpływem leków, narkotyków. Podchodził do nich kolejno, by uścisnąć każdej dłoń, i niewyraźnie mówił coś o zdrajcy Himmlerze, o powadze sytuacji, a przede wszystkim o swojej decyzji ewakuacji strefy. Zwolnił je z przysięgi wierności wobec siebie. I udzielił jednej rady – żeby uciekały raczej na zachód, bo wschód jest pod pełną kontrolą Sowietów. „Wpaść w ich ręce", przypomniał, „to skazać się na gwałt i skończyć jako dziwka dla żołnierzy". Ledwie dokończył zdanie, szybko wraz z Bormannem opuścił pokój. Kobiety zostały same. Przez kilka sekund stały jak skamieniałe – ich Führer zostawił je na pastwę losu.

Potem przyszła kolej na najwyższych oficerów i krąg najbliższych – wszyscy otrzymali takie same zalecenia. Tymczasem Ewa Braun układała swoje rzeczy w małym pokoiku. Poprosiła Traudl Junge. Sekretarka wzięła ze sobą notes, gdyż sądziła, że będzie pisała testament. Ale Ewa Braun stała przy szafie pełnej sukienek i futer. Skinęła na młodą sekretarkę, zachęcając, by podeszła. „Frau Junge, chciałabym podarować pani na pożegnanie to futro", powiedziała. „Zawsze bardzo lubiłam, kiedy otaczały mnie dobrze ubrane kobiety, chcę, żeby teraz to pani je miała i mogła się nim cieszyć"*. I dała jej etolę ze srebrnych lisów, tę, w której brała ślub.

O ósmej rano padł oficjalny rozkaz ewakuacji kwatery rządu. Hitler wydał go Bormannowi. Natychmiast utworzyły się małe grupki. Każdy chciał wykorzystać szansę. Jedni zdecydowali iść na południowy zachód, inni na północ. Co prawda Rosjanie patrolowali Berlin, nie znali jednak miasta, a tym bardziej sieci kanałów i tuneli metra. Ucieczka wciąż była możliwa. Pilot Hans Baur tryskał energią. W końcu na coś się tu przyda. Pobiegł do Führera i oznajmił mu, że jest w stanie wyprowadzić go z Berlina. Wie, gdzie w stolicy można zdobyć samoloty. Baur wszystko przemyślał. Potem ukryje Hitlera w bezpiecznym miejscu, daleko stąd. Zostało jeszcze kilka przyjaznych państw, na przykład Japonia, Argentyna, Hiszpania... „A jeżeli nie, to u któregoś z arabskich szejków, którzy zawsze byli do pana przyjaźnie nastawieni ze względu na stosunek do Żydów"**.

Żeby podziękować energicznemu pilotowi, Hitler dał mu duży obraz znad swego biurka. Był to portret Fryderyka Wielkiego, sławnego króla Prus, uosobienia oświeconego despoty. Dla Führera ten monarcha był wzorem polityka i dowódcy. Baur szalał z radości. Wiele osób w bunkrze myślało, że to Rembrandt i że jego wartość jest ogromna. Jednak według Heinza Lingego był to obraz Adolpha von Menzla, niemieckiego malarza zmarłego w roku 1905 i bardzo popularnego w kraju. „W 1934 roku zapłaciłem za niego 34 tysiące marek", dodał Führer niczym buchalter. (To równowartość 400 tysięcy dzisiejszych euro). „Jest pański". A potem, szeptem, dodał: „Gdzie są te pańskie samoloty?".

Heinz Linge, osobisty służący Führera, uwijał się jak w ukropie. Już o świcie pan powiedział mu, że wybiła „godzina prawdy". Radził uciekać na zachód, a nawet oddać się w ręce Brytyjczyków albo Amerykanów. Potwierdził, że postanowił ofiarować

---

* Traudl Junge, *Dans la tanière du loup...*, s. 255.
** Hans Baur, *I was Hitler's Pilot...*, s. 188.

pilotowi portret Fryderyka Wielkiego. Bardzo zależało mu, nawet w chwilach skrajnego chaosu, by szanowano jego wolę. Ten obraz stał się wręcz obsesją Führera. Chciał go uchronić przed grabieżą, która nastąpi po zdobyciu bunkra. Linge obiecał zająć się tym osobiście.

Nieco pogodniejszy, Hitler poszedł do swojej sypialni, żeby odpocząć kilka godzin. Położył się w ubraniu i polecił wartownikom z SS stanąć przed drzwiami.

Około trzynastej wyszedł, żeby zjeść obiad w towarzystwie żony, dwóch sekretarek i dietetyczki. Już od kilku dni nie chciał siadać do stołu z mężczyznami. Przy małym stoliku wszyscy starali się zachować godną postawę, jednak rozmowa się nie kleiła. Nikt nie miał już ochoty na pogawędki, jakie prowadzono wczoraj.

Po posiłku Ewa Hitler wyszła jako pierwsza. Sekretarki również się wymknęły, żeby zapalić papierosa. Przyłączył się do nich Günsche, surowy adiutant Führera. Poinformował je, że wódz chce się z nimi pożegnać. Obie zgasiły papierosy i podążyły za wysokim – miał 1,93 metra wzrostu – oficerem. Zatrzymali się przy kilku innych osobach. To wierni do końca czekali w korytarzu: Martin Bormann, Goebbelsowie, generałowie Burgdorf i Krebs oraz Linge. Była już prawie piętnasta, kiedy otworzyły się drzwi. Hitler wyszedł powoli i skierował się w ich stronę. Powtórzyła się nocna ceremonia: jego wiotka, ciepła ręka ujmowała wyciągnięte dłonie. Wyszeptał kilka słów i zaraz odszedł. Natomiast Ewa Hitler była bardziej ożywiona niż zwykle. Pojawiła się starannie uczesana, jej włosy lśniły. Zmieniła sukienkę – teraz nosiła tę, którą jej mąż najbardziej lubił – czarną z lamówką w róże pod szyją. Po raz ostatni ucałowała sekretarki, prosząc, by jak najszybciej uciekły z bunkra, i wróciła do Hitlera. Linge zamknął drzwi i stanął przed apartamentem Führera. Teraz każdy mógł skupić się na sobie i swoim dalszym losie.

1 maja 1945 roku

Hitler nie żyje. Do ostatniego tchu walczył z bolszewikami o Niemcy
(Mowa wielkiego admirała Dönitza w rozgłośni hamburskiej)

Gdzie jest Hitler? W środku nocy na berlińskich ulicach słowa rozbrzmiewały jak serie z karabinów maszynowych. Radzieccy żołnierze nauczyli się na pamięć tego zdania po niemiecku: *Wo ist Hitler?* Gdzie jest Hitler? Dla sztabu dowodzenia Armii Czerwonej ta kwestia była kluczowa. Marszałkowie Żukow i Koniew, którzy dowodzili szturmem na niemiecką stolicę, otrzymali od Stalina dwa zadania: zdobyć miasto, zanim dotrą do niego Brytyjczycy i Amerykanie, i pojmać Hitlera. Ani Żukow, ani Koniew nie wyobrażali sobie, że mogliby zawieść władcę z Kremla.

Szybko zorientowali się, że Hitler ukrywa się w pobliżu Nowej Kancelarii. Zaciekłość, z jaką naziści bronili tego rejonu, była istotną wskazówką; poza tym mieli przecież zeznania jeńców – cywilów i wojskowych. „Hitler oświadczył, że zostanie w mieście do końca", mówili. „Miał się zamknąć w bunkrze".

Schwytanie go wydawało się więc kwestią czasu. Symbole niemieckiej władzy padały jeden po drugim. Poprzedniego wieczoru, około dwudziestej drugiej, zdobyto Reichstag. Teraz nad ruinami jego kopuły powiewała radziecka flaga. W terenie toczyły się zaciekłe, bezwzględne walki. W ciągu dwóch tygodni bitwa o Berlin pochłonęła już co najmniej 20 tysięcy ofiar cywilnych i 200 tysięcy żołnierzy po obu stronach. Była pierwsza w nocy, gdy każdy metr przed gmachami rządowymi wydzierano obrońcom za cenę krwi setek żołnierzy. Ostatnie oddziały SS z fanatyzmem broniły dymiących ruin Nowej Kancelarii.

Nagle, jak za dotknięciem czarodziejskiej różdżki, ucichły wszelkie odgłosy. Ani jednego strzału, żadnego krzyku. Cała dzielnica pogrążyła się w niewiarygodnej ciszy. Dwaj mężczyźni w mundurach Wehrmachtu szli po omacku pomiędzy osmalonymi kamieniami po rumowisku, które kiedyś było jedną z najpiękniejszych ulic Berlina. Generał piechoty Hans Krebs dość dobrze mówił po rosyjsku. Ze względu na znajomość tego języka, a także jako głównodowodzący wojsk lądowych, musiał ryzykować życie w strefie najcięższych walk w Berlinie. Rozkazy, które otrzymał w bunkrze Führera, były jasne – musiał podjąć próbę negocjacji z Rosjanami. U jego boku szedł oficer, pułkownik von Dufving, który miał mu asystować, a w razie potrzeby chronić. Oczywiście kilka godzin wcześniej strony konfliktu ustaliły, że emisariusze zostaną przepuszczeni, czy jednak Rosjanie dochowają warunków umowy?

Dwóch niemieckich oficerów szybko zaprowadzono na najbliższe radzieckie stanowisko dowodzenia – należące akurat do 8 Armii, którą dowodził generał Czujkow. Pochodził z prostej rodziny, był niezmordowany i nieprzejednany wobec wrogów. To rosyjski chłop, olbrzym o prostackich manierach. Hans Krebs był natomiast uosobieniem niemieckiego arystokraty i wojskowego. Starannie ogolony, ubrał się w najlepszy mundur, pamiętał też o Krzyżu Żelaznym, a na wierzch narzucił długą kurtkę z doskonałej skóry. Jak przystało na eleganta, nosił też monokl w lewym oku. Obaj mężczyźni byli w zbliżonym wieku – Rosjanin miał czterdzieści pięć, a Niemiec czterdzieści siedem lat. Ale poza tym dzieliło ich wszystko. Czujkow miał czarne, kędzierzawe włosy, czoło pocięte głębokimi bruzdami i naznaczone bliznami, brwi krzaczaste i srogie, nos spłaszczony, skórę zwiotczałą i zaczerwienioną od alkoholu, którego sporo pił, a przede wszystkim – niesamowite zęby: wszystkie sztuczne, ze srebrnego metalu. Przez te zęby jego uśmiech, a raczej grymas, który miał być uśmiechem, wyglądał jak pogróżka. Zwierzęca siła, bijąca od wroga, paraliżowała Krebsa. Na zrobionych przez Rosjan zdjęciach lęk niemieckiego generała jest wyczuwalny. Krebs popełnił pierwszy błąd: stanął na baczność i oddał gospodarzowi honory wojskowe. Był przekonany, że ma przed sobą marszałka Żukowa. Rozbawiony tą gafą Czujkow odwrócił się do swoich oficerów, a Krebs zdołał uchwycić kilka słów z krótkiej rozmowy, którą odbyli przy nim Rosjanie, zwłaszcza te rzucone gromkim głosem przez Czujkowa: „Trzeba będzie ich wszystkich wyrżnąć!". Nie wróżyło to niczego dobrego.

W końcu radziecki generał zadzwonił do Żukowa i powiedział: „Osobiście bym się z nimi nie cackał. Bezwarunkowa kapitulacja, i kropka". Podczas tej rozmowy telefonicznej zachowanie kilku obecnych oficerów radzieckich mocno zaniepokoiło obu Niemców. Ich nienawiść była namacalna. W pewnej chwili jakiś pułkownik dopadł Krebsa i chciał mu zabrać pistolet z kabury przy pasie. Inni musieli interweniować, żeby go uspokoić. Tymczasem Żukow potwierdził, że nie może być mowy o żadnych negocjacjach pod nieobecność aliantów.

Krebs rzucił więc na stół ostatnią kartę, jaka mu została. Wyjął z teczki von Dufvinga dokument i podał go generałowi. Był to list Goebbelsa skierowany do „przywódców narodu radzieckiego". Marszałek informował, że Hitler wczoraj położył kres swemu życiu i że przekazał władzę Dönitzowi, Bormannowi oraz Goebbelsowi.

Hitler nie żyje! Tego Rosjanie się nie spodziewali. Natychmiast powiadomili o tym Żukowa. Wiadomość była tak ważna, że marszałek postanowił niezwłocznie zadzwonić do Stalina. W Moskwie była czwarta nad ranem, radziecki dyktator spał. „Proszę go obudzić", wrzasnął Żukow do oficera dyżurnego. „To bardzo pilne, nie może czekać do jutra*". Wiadomość

---

* Elena Rjevskaïa, *Carnets...*, s. 227.

o samobójstwie Hitlera rozdrażniła władcę z Kremla: „Ma, czego chciał, łajdak. Szkoda, że nie dopadliśmy go żywego. Gdzie jest ciało?"*.

Tymczasem o 15.18 do sztabu wielkiego admirała Dönitza w Plön dotarł pilny radiogram. Podpisali go Goebbels i Bormann:

> Wielki admirał Dönitz (osobiste i tajne)
> Do przekazania wyłącznie przez oficera.
>
> Führer zmarł wczoraj o 15.30. W testamencie z 29 kwietnia powierza Panu urząd prezydenta Rzeszy, ministra Rzeszy Goebbelsa wyznacza na kanclerza Rzeszy, reichsleitera Bormanna mianuje ministrem partii, a ministra Rzeszy Seyss-Inquarta ministrem spraw zagranicznych. Zgodnie z rozkazem Führera jeden egzemplarz testamentu został wysłany do Pana, drugi dostarczono feldmarszałkowi Schörnerowi, a trzeci złożono w bezpiecznym miejscu poza Berlinem. Reichsleiter Bormann spróbuje do Pana dotrzeć jeszcze dziś, żeby poinformować Pana o sytuacji. Sposób i czas podania informacji do wiadomości wojska oraz opinii publicznej uzależniamy od Pańskiej decyzji.
>
> Potwierdzić odbiór wiadomości.
>
> Podpisano: Goebbels, Bormann**.

Kilka godzin później, około dziewiętnastej, rozgłośnia hamburska przerwała program. Po fragmencie *Zmierzchu bogów* Wagnera kilkakrotnie odczytano komunikat. Informowano w nim, że Hitler przebywa w Berlinie, wspierany przez swoje oddziały. Po dwóch godzinach poważny głos uprzedził słuchaczy, że przekazana zostanie wiadomość wielkiej wagi. W tle rozbrzmiewała

---

* Gueorgui Joukov, *Mémoires,* t. 2: *De Stalingrad à Berlin (1942–1946)*, Paris 1970, s. 323.

** Karl Dönitz, *Memoirs. Ten Years ant Twenty Days*, Barnsley 2012, s. 452 [wyd. polskie: *10 lat i 20 dni. Wspomnienia 1935–1945*, przeł. Sława Lisiecka, Tomasz Waszak, Gdańsk 2001].

żałobna muzyka, rozległ się głos Dönitza. „Niemcy i Niemki, żołnierze Wehrmachtu: Nasz Führer Adolf Hitler padł. Naród niemiecki łączy się w żałobie i uwielbieniu".

W bunkrze w Berlinie dzień dobiegał końca. Generał Krebs wrócił. Rosjanie kategorycznie odrzucili propozycję zawieszenia broni. Żądali bezwarunkowej kapitulacji. A przede wszystkim chcieli zobaczyć ciało Hitlera jako dowód, że naprawdę umarł, a nie uciekł.

2 maja 1945 roku

Hitler uciekł!
(Radziecka agencja prasowa TASS)

„Prawda" z 2 maja na podstawie depeszy agencji prasowej TASS:

> Wczoraj późnym wieczorem niemieckie radio podało komunikat tak zwanej kwatery głównej Führera, zgodnie z którym Hitler zmarł po południu 1 maja. [...] Te informacje niemieckiego radia to zapewne tylko kolejna sztuczka faszystów: rozpowszechniając wiadomość o śmierci Hitlera, niemieccy faszyści mają nadzieję umożliwić mu zejście ze sceny i działanie w ukryciu.

CZĘŚĆ III

ŚLEDZTWO (II)

Moskwa, grudzień 2016 roku

Wyczuwało się bliskość placu Czerwonego. Bożonarodzeniowe dekoracje – cała ta obfitość girland – otaczały las kwadratowych chatek prezentujących rosyjską sztukę ludową. Nieprzerwany strumień moskwiczan w ciepłych, kolorowych kurtkach krążył między straganami. Śmiejąc się, spieszyli na długi deptak Nikolski, wiodący ku karminowym murom otaczającym Kreml. Ci, którzy najgorzej znosili mróz albo za lekko się ubrali, kryli się w oazie ciepła, gdy mijali jedno z okazałych wejść do GUM-u, domu towarowego z długimi tradycjami. Nie sposób nie zauważyć tej budowli z kamienia i szkła, wznoszącej się na wprost Mauzoleum Lenina. Świątynia rozbuchanego burżuazyjnego konsumpcjonizmu nie zważała na ponury sarkofag z ciemnego marmuru, w którym spoczywa symbol rewolucji radzieckiej. GUM, jakby chciał okrutnie zadrwić ze starego Włodzimierza Iljicza, rozbłysnął z okazji świąt tysiącami światełek i bezwstydnie prezentował fantastycznie udekorowane wystawy, pełne luksusowych towarów z Zachodu. Nieliczni zagraniczni turyści, ciesząc się, że mogą przetestować walory grzewcze swoich czapek, odważnie zmagali się z polarnym wiatrem. Zdumiewała ich chyba własna odporność na mróz i raz po raz fotografowali się, wyciągając telefony komórkowe na delikatnych drążkach teleskopowych. Zbliżało się Boże Narodzenie.

Nasz prezent czekał na drugim końcu dzielnicy turystycznej.

Tak, wróciłem na rosyjską ziemię. Zdecydowałem się przyjechać po telefonie Lany w zeszłym tygodniu. „Jest okej", oznajmiła.

„Dostałam zielone światło, wsiadaj do pierwszego samolotu do Moskwy”. I oto byłem wraz z Laną w samym centrum, tuż przy Kremlu.

Przeciskając się przez zmierzający w przeciwną stronę tłum na ulicy Nikolskiej, nie wiedzieliśmy jeszcze, jaki czekał na nas prezent.

Szare dni rosyjskich zim czynią mróz jeszcze dotkliwszym, chociaż przy zaledwie -15°C pogoda jest całkiem znośna dla moskwiczan. Widok szarawych świateł samochodów oznaczał koniec zamkniętej dla ruchu kołowego części ulicy. Przed nami rozpościera się już monumentalny plac, taki, jakie potrafią tworzyć tylko Rosjanie. Jego środek był zaśnieżony. Dalej wznosił się budynek w pastelowych barwach, inspirowany stylem włoskim. Surowa architektura pozbawiona ornamentów doskonale oddawała jego charakter i czyniła rozpoznawalnym na pierwszy rzut oka. To plac Łubiański, a ten gmach to okryta straszliwą sławą Łubianka.

Łubianka to KGB, a KGB to terror. Jeżeli w historii Związku Radzieckiego są strefy mroku, to Łubianka jest w tej historii czarnym słońcem. Przez dziesiątki lat przy ulicy Bolszaja Łubianka nr 2 mieściła się siedziba tajnych służb komunistycznego reżimu, KGB. Nie tylko służby administracyjne, które jedną pieczątką decydowały o zesłaniu do obozu na Syberii. Nie, bo Łubianka to także pokoje przesłuchań i więzienie. Dla pokoleń Rosjan przekroczenie bram tego budynku równało się wyrokowi śmierci albo przynajmniej zniknięciu na długie lata. Część najważniejszych nazistów, uwięzionych po upadku Rzeszy za tymi grubymi murami, poddawano najpotworniejszym torturom. Od 11 października roku 1991 KGB już nie istnieje, a jego funkcje częściowo przejęła FSB z siedzibą przy Bolszoj Łubiance. Właśnie tam byliśmy umówieni na spotkanie. Chcieliśmy uzyskać zgodę na wgląd do tajnych raportów na temat śmierci Hitlera, tych, których jeszcze nie odtajniono. Szczególnie interesowało nas odnalezienie domniemanych zwłok Führera. Ponad siedemdziesiąt lat po upadku Trzeciej Rzeszy część akt Hitlera nadal była poufna i pozostawała w archiwum tajnych służb.

Rozmowy przeprowadzone w GARF-ie pozwoliły nam szybko zrozumieć, że jeden z kluczy tajemnicy Hitlera znajduje się w FSB. Jak ogromne puzzle rozrzucone przez niesforne dziecko, elementy „sprawy H" zostały rozproszone po różnych rosyjskich instytucjach państwowych. Czy zrobiono to celowo, aby nie powierzać takiej tajemnicy jednej instytucji? A może to tylko skutek wojen podjazdowych pomiędzy biurokratami zazdrośnie strzegącymi swoich materiałów archiwalnych? Zarówno ZSRR, jak i dzisiejsza Rosja osiągnęły mistrzostwo w wywoływaniu i podsycaniu takich walk w ramach administracji, stanowiących wierne odzwierciedlenie paranoidalnego systemu. Tak czy inaczej, dotarcie do tych materiałów przypomina grę, której reguły zmieniają się zależnie od partnera. Stalin nie zganiłby takich metod. GARF-owi przypadł kawałek czaszki uznawanej za czaszkę Hitlera, Rosyjskiemu Państwowemu Archiwum Wojskowemu policyjne protokoły przesłuchań świadków ostatnich dni Führera, a Centralnemu Archiwum FSB akta dotyczące odnalezienia i identyfikacji zwłok. Każdy, kto chce we w miarę prosty sposób dotrzeć do dokumentacji i zapoznać się z nią, musi przyznać, że taki podział jest niezrozumiały i chaotyczny. Utrudnia zadanie historykom i dziennikarzom. Skoro trzeba pokonać tyle przeszkód, odnaleźć tyle miejsc i przełamać opór tylu urzędników, to najbanalniejsza praca na temat zniknięcia niemieckiego dyktatora szybko staje się drogą przez piekło, a przede wszystkim pochłania mnóstwo czasu i sporo pieniędzy.

Już trzy miesiące temu złożyliśmy wniosek do FSB. Był październik ubiegłego roku. Trzy miesiące czekania. Głuchej ciszy. A potem odpowiedź: „Nie. Zapomnijcie o tym. To niemożliwe". Lana dobrze zna rosyjską mentalność, więc wiedziała, że nie rezygnuje się po pierwszej odmowie. I dlatego znów zabrała się do pisania e-maili. A potem chodziła na spotkania. Ma talent, potrafi przekonywać! Żeby zwiększyć nasze szanse, zwróciła się do służb prasowych Ministerstwa Spraw Zagranicznych. Sprawami dziennikarzy zagranicznych pracujących na terytorium Rosji zajmuje się tam Aleksander Orłow. To on uzyskał dla mnie tymczasową kartę prasową, bez której nie mógłbym prowadzić tego śledztwa. Orłow zna francuski i wie o naszych poszukiwaniach archiwalnych dotyczących Hitlera. Ma oczywiście kontakty z FSB. Lana była tego pewna, toteż poprosiła go o pomoc. Na rezultaty trzeba było poczekać, jednak Aleksander Orłow w końcu zadzwonił. „W przyszłym tygodniu, we środę!"

W przeddzień, zaraz po moim przyjeździe do moskiewskiego hotelu, Lana poinformowała mnie, że spotkanie nie odbędzie się we środę. Odwołano je. Właściwie tylko je przesunięto. Ale na kiedy? Może na czwartek. Lana negocjowała przez telefon, używała różnych argumentów. „Przyjechał specjalnie z Paryża", tłumaczyła Orłowowi. „Kiedy francuski dziennikarz wraca do siebie?", spytał Orłow. „A, w piątek! O której ma samolot? 13.30! W takim razie spotkanie odbędzie się w piątek o 10.00. Człowiek, który będzie na was czekał, nazywa się Dmitrij. Bądźcie punktualnie!"

Pozytywna odpowiedź nie tylko nas zaskoczyła i ucieszyła, ale też wzbudziła podejrzliwość. Dlaczego? Dlaczego rosyjskie władze tak nagle zmieniły zdanie? Dlaczego FSB miałaby dopuścić nas do tajemnic tak pilnie strzeżonych od siedemdziesięciu lat? Dlaczego właśnie nas? Bądźmy szczerzy – Lana i ja szybko zwątpiliśmy w to, że w ich oczach cokolwiek znaczymy. Nie mieliśmy wątpliwości co do powagi naszej pracy ani co do reputacji zawodowej, którą się cieszyliśmy, ale to było zbyt mało.

Lana jednak cierpliwie i z uporem mnożyła starania, zmagając się ze zbiurokratyzowaną administracją rosyjską; nie należało też lekceważyć poparcia, jakiego udzielali jej przyjaciele, wysoko postawieni w putinowskich kręgach władzy. Wydawało się, że to idealne połączenie, gdy chce się pokonać przeszkody i dotrzeć do archiwów państwowych, czyli GARF-u. Dzięki jej kontaktom stosunkowo łatwo uzyskaliśmy wymagane zezwolenia, a co za tym idzie, możliwość zapoznania się z dokumentami, które niewielu badaczy, zwłaszcza zagranicznych, mogło wziąć do ręki. Ale archiwa FSB to jest inny świat, świat zamknięty, zwłaszcza odkąd krajem rządzi Putin. Za czasów Jelcyna, w latach dziewięćdziesiątych, można było załatwić wszystko, jeżeli tylko dysponowało się odpowiednimi środkami finansowymi. Dziś to już niemożliwe. Zresztą wszyscy, z którymi rozmawialiśmy podczas tego śledztwa, powtarzali nam to samo: o aktach Hitlera decyduje bezpośrednio Kreml. Bez zgody najwyżej postawionych osób, a przynajmniej bez poinformowania ich o każdym planowanym przedsięwzięciu, nie można podjąć żadnej decyzji.

Najbardziej prawdopodobna hipoteza, jaka przyszła nam na myśl, nie wróżyła nic dobrego. Można streścić ją jednym słowem: manipulacja. A jeżeli udostępnienie nam dokumentacji w sprawie śmierci Hitlera miało służyć rosyjskiej propagandzie rządowej? Dzisiejsza Moskwa, tak samo jak za czasów Stalina, tuż po wojnie – nie ufa Zachodowi, czyli Europie, a zwłaszcza Stanom Zjednoczonymi. Od dekady coraz częściej dochodzi do spięć dyplomatycznych między Białym Domem a Kremlem i nie trzeba być znawcą tematu, żeby odczuć ochłodzenie relacji między państwami zachodnimi a Rosją. Nasze śledztwo w sprawie Hitlera przypadło właśnie na okres stosunkowo silnego napięcia i dało Moskwie okazję, by przypomnieć światu, że to Armia Czerwona pokonała nazistów i obaliła Hitlera. A dowodziło tego największe trofeum drugiej wojny światowej – szczątki ciała Führera, czyli fragment jego czaszki. Pokazanie tej zdobyczy przypominało, że Rosja to wielki naród, potęga, z którą znowu trzeba się liczyć.

A cóż mogłoby lepiej posłużyć temu celowi niż podanie wiadomości o pracach międzynarodowego zespołu dziennikarzy – Lana jest pół Rosjanką, pół Amerykanką, ja Francuzem.

To nasze przypuszczenia. Nie mieliśmy pewności, wiedzieliśmy jednak, że musimy zachować czujność.

Mogłoby się wydawać, że rany, które pozostawiła druga wojna światowa, zabliźniają się, w miarę jak ostatni aktorzy tego dramatu umierają ze starości albo na skutek chorób. Od kilkudziesięciu lat wiemy, jak wyglądały ostatnie dni życia w bunkrze Führera i kto w nim przebywał do końca. Nie brakuje zeznań i szczegółów, podobnie jak opracowań historycznych. Wiemy, kto spośród mieszkańców bunkra został aresztowany przez Rosjan, Anglików czy wreszcie Amerykanów. I kto tam umarł. Dysponujemy dowodami śmierci wszystkich poza Hitlerem i Ewą Braun.

Przygotowując się do spotkania w FSB, Lana i ja zrobiliśmy zestawienie niepodważalnych faktów historycznych, które nastąpiły tuż przed upadkiem Berlina.

2 maja 1945 roku pierwsze jednostki radzieckie wzięły szturmem bunkier Führera. W apartamentach Hitlera znaleziono kilku rannych, zbyt słabych, żeby uciekać, oraz zwłoki trzech mężczyzn. Byli to generałowie Krebs i Burgdorf, a także dowódca oddziału chroniącego Hitlera, Franz Schädle. Wszyscy trzej popełnili samobójstwo. Ani śladu Hitlera. Poprzedniego dnia do sztabu głównego Armii Czerwonej dostarczono oficjalną wiadomość, sygnowaną przez Goebbelsa i Bormanna. Informowali oni o samobójstwie Führera. Niezwłocznie przekazano ją Stalinowi, a on wydał rozkaz odnalezienia zwłok wroga. Wszystkie tajne służby Związku Radzieckiego, a także doborowe jednostki wojskowe miały skoncentrować się na tym zadaniu.

W rezultacie kilka godzin po zdobyciu schronu Hitlera odnaleziono zwłoki Goebbelsów. Sfotografowano je i sfilmowano. Tyle, jeśli chodzi o pewne fakty.

Zatrzymajmy się na chwilę na przypadku Goebbelsa. Jego śmierci nie otacza nimb tajemnicy. Samobójstwo potwierdza wiele dokumentów, a przede wszystkim zdjęcia i filmy. Fanatyczny mistrz nazistowskiej propagandy odebrał sobie życie, a w swe szaleństwo wciągnął żonę i szóstkę dzieci. Stało się to 1 maja 1945 roku. Ostatni esesmani z bunkra spalili zwłoki jego i jego żony Magdy, jakby Goebbels osobiście rozkazał im to uczynić. A potem wzięli nogi za pas, licząc, że uda im się wymknąć czerwonoarmistom. W pośpiechu zapomnieli o ciałach sześciorga dzieci;

a może po prostu nie chcieli marnować więcej czasu. Te zwłoki – wbrew zaleceniom – nie zostały spalone.

Rosjanie znaleźli ciała Goebbelsów tuż po zdobyciu bunkra. Oto co czytamy w opatrzonym klauzulą „ściśle tajne" raporcie NKWD, Ludowego Komisariatu (odpowiednik ministerstwa) Spraw Wewnętrznych. Opatrzony jest on datą 27 maja 1945 roku. Wysłano go bezpośrednio do jednego z najpotężniejszych i wzbudzających strach ludzi w ZSRR, szefa NKWD Ławrentija Berii.

> Dnia 2 maja 1945 roku w Berlinie, w odległości kilku metrów od schronu przeciwlotniczego na terenie Kancelarii Rzeszy, gdzie ostatnimi czasy mieściła się kwatera główna Hitlera, odkryto zwęglone zwłoki mężczyzny i kobiety; należy zaznaczyć, że mężczyzna był niskiego wzrostu, jego prawa stopa ustawiona była w położeniu póługiętym w zwęglonym bucie ortopedycznym, na zwłokach znaleziono szczątki partyjnego munduru NSDAP oraz uszkodzone przez ogień odznaki partyjne. Przy zwłokach kobiety znaleziono złotą papierośnicę, uszkodzoną przez ogień, złotą odznakę partyjną i zniszczoną przez ogień broszkę.
>
> Przy głowach obu ciał leżały dwa pistolety Walther nr 1.

Dzieci Goebbelsów znaleziono dopiero później. Oficer, który podpisał raport, generał Aleksandr Wadis, był zahartowany, przywykł do potworności ludobójczej wojny, którą naziści prowadzili w jego ojczyźnie. Wadis to ważna osobistość: w Berlinie dowodził jednostką ściśle tajnego i bardzo okrutnego „Smierszu", radzieckiej służby kontrwywiadu wojskowego, który działał od kwietnia 1943 do 1946 roku. Mimo to w raporcie z trudem ukrywa przerażenie.

> Dnia 3 maja bieżącego roku w oddzielnym pokoju w bunkrze Kancelarii Rzeszy odkryto sześć ciał dzieci ułożonych na

łóżkach – pięciu dziewczynek i chłopca – ubranych w cienkie koszule nocne; stwierdzono oznaki otrucia.

[...]

Fakt, że znalezione zwłoki mężczyzny, kobiety i sześciorga dzieci to ciała ministra Rzeszy do spraw propagandy dr. Goebbelsa, jego żony i dzieci, potwierdzają zeznania wielu więźniów. Należy zaznaczyć, że zeznanie najważniejsze i najbardziej przekonujące złożył dentysta Kancelarii Rzeszy Sturmbannführer SS Kunz Helmut, bezpośrednio zamieszany w morderstwo dzieci Goebbelsów.

Przesłuchiwany w tej kwestii, Kunz oświadczył, że jeszcze 27 kwietnia żona Goebbelsa poprosiła go o pomoc w zabiciu dzieci i dodała: „Sytuacja jest trudna i nie ma wątpliwości, że musimy umrzeć". Kunz wyraził zgodę na [udział w tym czynie].

1 maja 1945 roku o dwunastej Kunz został wezwany do ambulatorium bunkra Goebbelsów, usytuowanego na terenie Kancelarii Rzeszy, gdzie żona Goebbelsa, a potem także sam Goebbels, zaproponowali mu, żeby zabił dzieci, mówiąc: „Decyzja już zapadła, ponieważ Führer nie żyje, więc my musimy umrzeć. Nie ma innego wyjścia".

Następnie żona Goebbelsa podała Kunzowi strzykawkę z morfiną, a on zrobił dzieciom iniekcje, wstrzykując po 0,5 ml morfiny każdemu z nich. Po 10–15 minutach, kiedy dzieci były w półśnie, żona Goebbelsa włożyła każdemu z nich do ust zmiażdżoną fiolkę cyjanku.

Tak zostało zabitych sześcioro dzieci Goebbelsów w wieku od 4 do 14 lat [w rzeczywistości Helga, najstarsza, miała 12 lat – przyp. aut.].

Po zamordowaniu dzieci żona Goebbelsa weszła w towarzystwie Kunza do gabinetu Goebbelsa i poinformowała go, że z dziećmi wszystko jest już zakończone, a Goebbels podziękował Kunzowi za pomoc w zabiciu dzieci i pozwolił mu odejść.

Jak zeznał Kunz, po zabiciu dzieci Goebbels i jego żona także mieli odebrać sobie życie.

Rosjanie zgodzili się przekazać poufne informacje Brytyjczykom i Amerykanom. Goebbels był dla Kremla ważnym trofeum. Tą zdobyczą należało się pochwalić przed całym światem. Brak odpowiedniej ilości benzyny, a także czasu na doprowadzenie kremacji do końca sprawił, że małżonków Goebbels można było z łatwością zidentyfikować. Armia Czerwona publikowała zdjęcia i pokazywała filmy z miejsca odnalezienia zwłok. Ciała dzieci wyniesiono z pokoju, w którym leżały, do ogrodów Kancelarii, żeby umieścić je przy szczątkach rodziców. Dwa poczerniałe od ognia, przerażające trupy leżały obok ciałek dzieci w białych koszulach nocnych. Te małe istoty zdawały się po prostu spać. Makabryczna scenografia wywołała niesamowity skutek. Sowieci chcieli wstrząsnąć ludźmi. Przesłanie dla świata było jasne: zobaczcie, do czego są zdolni nazistowscy przywódcy! Zobaczcie, jak potworny był reżim, który pokonaliśmy!

Fotografie, filmy – nie brakuje niczego, żeby potwierdzić śmierć Goebbelsa. Co prawda minister niemieckiej propagandy uosabiał totalitarny obłęd reżimu nazistowskiego, a jego trup symbolizował upadek Rzeszy; co prawda po śmierci Hitlera był przez kilka godzin kanclerzem Trzeciej Rzeszy, ale w takim razie nasuwa się pytanie, dlaczego Sowieci nie pokazali takich samych filmów, nie opublikowali analogicznych dokumentów dotyczących najważniejszego człowieka w Rzeszy – Führera. Do dziś nie ma żadnego zdjęcia ani filmu, na którym można by było zobaczyć zwęglone zwłoki Hitlera i jego małżonki.

Jak uwierzyć, że odpowiednie służby Armii Czerwonej nie znalazły czasu, żeby sfotografować albo sfilmować szczątki swego największego wroga? Jeżeli nawet nie dla prasy, to dla Stalina? Tym bardziej że od upadku Berlina 2 maja 1945 roku, jeśli istniał choć cień szansy, że odnaleziono zwłoki Hitlera, filmowano je i fotografowano. Na niektórych zdjęciach widzimy radzieckich żołnierzy z dumą wskazujących martwego człowieka z wąsikiem, nieco podobnego do dyktatora. Takich „pseudo-Hitlerów" radziecki sztab starał się zidentyfikować, wykorzystując do tego przebywających w niewoli oficerów niemieckich. Radziecki dyplomata, który podczas wojny widział Führera, został wysłany do Berlina, by uczestniczyć w oględzinach. Ale wyniki identyfikacji za każdym razem okazywały się negatywne. Oficjalnie żadne z odnalezionych ciał nie było ciałem Hitlera.

Wkrótce zaczęły krążyć najbardziej nieprawdopodobne pogłoski. Czy dyktator naprawdę zmarł, czy może uciekł? Uporczywe milczenie Rosjan tylko podsycało plotki, aż w końcu zaczęło się mówić o tajemnicy Hitlera.

Tę tajemnicę mieliśmy nadzieję rozwikłać siedemdziesiąt lat po upadku Berlina, sięgając do archiwum FSB. O ile pozwolą nam sprawdzić autentyczność dokumentów, które zostaną nam udostępnione. Dobrze, jeśli współpraca opiera się na zaufaniu, jednak w Rosji nie jest to regułą.

Toteż szliśmy do siedziby CA FSB świadomi, że musimy zachować ostrożność. W odróżnieniu od innych chodników otaczających plac Łubiański, ten biegnący wzdłuż budynku Łubianki był uderzająco pusty. Ani jednego przechodnia, tylko dwaj umundurowani policjanci z pałkami w rękach. Od razu nas zauważyli. Obserwowali nas kątem oka. Oczywiście żadne oznakowania nie wskazywały wejścia do budynku. Zadzierając głowy, szliśmy niepewnie, trochę jak zagubieni turyści. Jeden z wartowników podszedł do nas, z góry źle nastawiony. „Na tej ulicy nie wolno robić zdjęć", ostrzegł nas na początek. „Nie trzeba tu stać, to strefa chroniona, wszędzie są kamery", ciągnął, wskazując czubkiem pałki liczne kamery na gzymsach. Zdziwił się, kiedy odpowiedzieliśmy, że znaleźliśmy się tu, bo chcemy wejść do budynku, a nie robić zdjęcia. Po prostu wejść. „Jesteście tego pewni?", zapytał, jakby zrobiło mu się nas żal. Potem odszedł, stawiając kołnierz grubej, ciepłej kurtki i mówiąc: „A wchodzi się przez te drzwi, o tam". Znajdowały się w połowie długości gmachu, osadzone w masywnym bloku ciemnego, szarego, smutnego granitu, w którym wykuto herb dawnego Związku Radzieckiego. Jeżeli to wejście miało onieśmielać przekraczających progi Łubianki, to cel z pewnością został osiągnięty.

Dmitrij już na nas czekał. Żołnierz w galowym mundurze stał między nim a nami. Miał chyba dwa metry wzrostu. Bez słowa wyciągnął do nas rękę. „Paszporty!", wyjaśnił z przyklejonym do ust uśmiechem Dmitrij. W tym momencie Lana nie miała jeszcze pewności, czy pozwolą mi przekroczyć bramki kontrolne. Obcokrajowiec w siedzibie FSB, w dodatku dziennikarz – wiele wymagamy od Rosji w okresie głębokiego kryzysu międzynarodowego. Czy rosyjskiemu dziennikarzowi pozwolono by wejść do siedziby DGSE* w Paryżu? Nie jestem pewien. Mnożąc maile i telefony, Lana zdołała przekonać FSB, ale decyzja mogła ulec zmianie do ostatniej chwili. Kilka dni wcześniej ambasador Rosji w Turcji zginął podczas transmitowanego spotkania z rąk tureckiego dżihadysty. Za Syrię. Wtedy Dmitrij miał już wszystko odwołać. Kto wie, czy tego ranka Kreml nie zmienił zdania? Wówczas nasze śledztwo w sprawie śmierci Hitlera zakończyłoby się w progu siedziby FSB, zaledwie kilka kroków od poufnych materiałów.

---

* DGSE – Dyrekcja Generalna Bezpieczeństwa Zewnętrznego, francuska służba wywiadu zagranicznego (przyp. tłum.).

Łubianka, Moskwa, grudzień 2016 roku

Zasady były jasne. Niczego nie dotykać. Niczego nie filmować bez zezwolenia i czekać. Lana słuchała, kiwała głową, potem przekazała mi instrukcje, których Dmitrij udzielił jej w windzie. Nasz rozmówca starał się być miły. Widać było, jak się wysila, w przeciwieństwie do ludzi, którzy przywitali nas na trzecim piętrze. Byli ubrani podobnie jak Dmitrij – w czarne garnitury, białe koszule, czarne krawaty. W odróżnieniu od niego zachowywali pełną obojętność. Ich twarze nie zdradzały ani agresji, ani podejrzliwości, a już na pewno nie były życzliwe. To twarze złych, rodem z filmów szpiegowskich z lat pięćdziesiątych. Dmitrij ruszył pierwszy w kierunku korytarza wyścielonego wyblakłym chodnikiem, który zdawał się okryty patyną czasu i potęgował atmosferę „sierpa i młota", wciąż panującą w tym gmachu. Teraz otaczało nas już trzech pracowników FSB. Nikt się nie odzywał. Korytarz ciągnął się w nieskończoność, oświetlony za słabo, by widać było, co jest w oddali. Z miejsca, w którym się znajdowaliśmy, w ogóle nie widać jego końca. W ścianach, w równych odstępach, rozmieszczono drzwi z jasnego drewna. Wszystkie zamknięte. Nie było tabliczek z nazwiskami, tylko numery. Wyłącznie na tym piętrze, w tym skrzydle, mieściło się co najmniej po dwadzieścia pokoi po każdej stronie korytarza. Ale czy ktokolwiek tam był? Wszędzie panowała niezmącona cisza. Zbliżając się do kolejnych drzwi, zwolniłem i nasłuchiwałem. Żadnego szmeru. Tylko nasze kroki rozbrzmiewały w ciszy, mimo że szliśmy po przyjemnie grubym chodniku. Hotel z filmu *Lśnienie* wydawał się niemal gościnny i przytulny w porównaniu z tym piętrem Łubianki.

„To tu! Proszę wejść. Usiądźcie wygodnie". Do naszej małej grupy dołączyło dwóch kolejnych panów w czarnych garniturach, białych koszulach i czarnych krawatach. Czekali w milczeniu przy drewnianych drzwiach. Te, wyjątkowo, były otwarte. Nie odmawia się, gdy ktoś prosi, by wejść i czuć się swobodnie. Zresztą tu nigdy się nie odmawia. I nie zadaje się żadnych pytań, których się przedtem dobrze nie przemyśli. Pokój, do którego nas zaproszono, miał około 10 metrów kwadratowych i wyglądał zwyczajnie. Okno starannie zasłonięto zasłonami. Okrągły stół, przeszklona biblioteka i kiepskiej jakości półki, rosyjskie flagi, telewizor, kanapa obita sztuczną skórą, a nawet nerwowo migająca lampkami sztuczna choinka – wnętrza rosyjskich urzędów są do siebie uderzająco podobne. Tu jednak na ścianie dumnie wyeksponowano herb FSB – miecz, a na nim tarcza z rosyjskim dwugłowym orłem – przypominający nam, że nie znajdujemy się w byle jakim urzędzie Federacji. Dmitrij zniknął. Czas płynął powoli, ale nieubłaganie. Do pokoju wszedł mężczyzna, dość niski i barczysty. Nie odzywał się, nie odpowiadał na pytania Lany. Patrzył na nas, pilnował, nawet nie próbując się z tym kryć. Za drzwiami, w korytarzu, grupa, którą spotkaliśmy nieco wcześniej, prowadziła rozmowę. Wybijało się kilka głosów, zwłaszcza jeden kobiecy. Ta pani najwyraźniej nie cieszyła się z naszej wizyty. Co zgodzą się nam tu pokazać? Jakie otrzymali rozkazy? Postanowiłem na nich zerknąć, żeby zorientować się w sytuacji, ale próbę podejścia do drzwi uniemożliwił mi nasz cerber. Próbowałem: „Toaleta?". Moja niewinna mina nie zrobiła na nim wrażenia. Ponowiłem pytanie. „Toaleta? WC?" Wiedziałem, że mnie rozumiał. Zawahał się, dał mi znak, żebym zaczekał, i wyszedł. Po chwili pojawił się Dmitrij. Miałem z nim iść. Znów znalazłem w korytarzu. Minąłem grupę, której ożywioną rozmowę słyszeliśmy. To co najmniej siedmiu mężczyzn i kobieta. Na mój widok wszyscy zamilkli. Kobieta była ubrana w skromną, ciemną sukienkę. Jej krótkie, ścięte niemal po męsku blond włosy wnosiły trochę koloru do tego monochromatycznego świata. Wyższa od większości kolegów, szeroka w ramionach, wyraźnie pokazała mi, że nasza obecność w tym gmachu godzi w jej zasady. Czułem na plecach jej spojrzenie, byłem pewien, że nie odrywa ode mnie oczu. W końcu Dmitrij otworzył jedne z drzwi, bez żadnego oznakowania. To toaleta.

„Lada chwila przyniosą dokumenty". Kiedy wróciłem do pokoju, Lana powitała mnie tym triumfalnym zdaniem. Pod moją nieobecność zapewniono ją, że zobaczymy tajne dokumenty. To dobrze, bo zostało mi już tylko półtorej godziny, potem muszę pędzić na lotnisko. Nagle cała grupa z korytarza weszła do pokoju. Kobieta jako pierwsza. To ona niosła przed sobą, niczym relikwie, stos dokumentów. A także duże pudło na buty. Potem dwaj mężczyźni delikatnie ustawili manekina krawieckiego w pokrowcu.

Odtąd wszystko działo się bardzo szybko. Kobieta ułożyła na stole dokumenty, obok postawiła pudło, dwaj mężczyźni skończyli ustawianie manekina na lewo od nas. Inni tylko się przypatrywali. Niektórzy usiedli, inni woleli stać. Było ich tak wielu, że nie wszyscy zmieścili się w pokoju. Obserwowaliśmy tę scenę, nie ośmielając się pisnąć słowa z obawy, że ktoś zmieni decyzję.

„Zasady są następujące…" Spokojnym głosem, który nie dopuszczał sprzeciwu, blondynka podała nam warunki dostępu do dokumentów. Lana słuchała w skupieniu, trzymając ręce za plecami, niczym uczennica przed nauczycielką. Co pewien czas szeptem tłumaczyła mi, co zostało powiedziane. „Można fotografować, ale wyłącznie dokumenty. Robienie zdjęć obecnym tu funkcjonariuszom jest surowo zakazane…" Funkcjonariuszka wypowiedziała słowo „zakazane" tak dobitnie, że zrozumiałem je już po rosyjsku. „Zresztą będziemy kontrolowali robienie zdjęć. Tylko dokumenty wybrane przez nasze służby będą dla was dostępne. Rozpoznacie je łatwo po wsuniętych w akta znacznikach". Szybkim rzutem oka oszacowałem liczbę tych znaczników, czyli – liczbę dokumentów, z którymi wolno nam będzie się zapoznać. Było ich ponad dziesięć. To już coś, jak na początek, dodawałem sobie otuchy.

„Przynieśliśmy też fizyczne dowody przejęcia zwłok Hitlera przez nasze wojsko". Lana ledwie zdążyła przetłumaczyć mi to ostatnie zdanie, gdy dwaj stojący przy manekinie mężczyźni zdjęli pokrowiec. Efekt zaskoczenia musiał zadziałać. Ujrzeliśmy musztardową marynarkę. Wyglądała na starą, ale dobrze zachowaną. Na jednej z zewnętrznych kieszeni, po lewej stronie, na piersi, przypięte były trzy odznaki: medalion z czerwoną i białą obwódką, a swastyką pośrodku, odznaczenie wojskowe i ostatnia, ciemna odznaka – hełm na skrzyżowanych mieczach. „To bluza Hitlera", zapewniła funkcjonariuszka FSB. Trzy odznaki dało się rozpoznać bez trudu: ta okrągła to oficjalna odznaka partii nazistowskiej, odznaczenie wojskowe to Krzyż Żelazny pierwszej klasy, a ostatnia to Odznaka za Rany z pierwszej wojny światowej. Dokładnie takie, jakie zwykle nosił Hitler. „Gdzie znaleziono tę marynarkę?" Nasze pytanie zdenerwowało kobietę. Czyżbyśmy ważyli się wątpić w autentyzm bluzy? To równałoby się oskarżeniu o kłamstwo. Do rozmowy włączył się Dmitrij. „Wojsko radzieckie znalazło ją w kwaterze, w Kancelarii Rzeszy". Czy naprawdę należała do Hitlera? A może to tylko inscenizacja, co prawda bardzo wiarygodna, ale nie do sprawdzenia? W sumie to bez znaczenia. Nie przyszliśmy tu, żeby oglądać jakieś ubrania, ale żeby uzyskać niepodważalne dowody śmierci Hitlera 30 kwietnia 1945 roku, a przede wszystkim poznać szczegóły dotyczące odnalezienia jego zwłok przez Rosjan. Ani Lana, ani ja nie fascynowaliśmy się nazistowskimi mundurami. Wręcz przeciwnie. Nasz brak entuzjazmu na widok ubrania i odznaczeń skłonił Dmitrija do przyspieszenia pokazu. Dał koleżance znak, by przeszła do następnego punktu programu. Wymownie wzdychając, poprosiła, żebyśmy podeszli do okrągłego stołu. Dokumenty leżały tuż przed nami. Małą skrzynkę, łudząco podobną do starego pudła po butach i trochę przypominająca tę z GARF-u, w której trzymano pudełko z kośćmi czaszki, odsunięto nieco dalej, poza zasięg naszych rąk. „To zobaczymy później!" Moje wymowne spojrzenie na pudełko zwróciło ich uwagę. „Proszę, to akta. Są tu poufne dokumenty dotyczące zwłok Hitlera". Otworzyć, przejrzeć, sfotografować – szybko, jak najszybciej. Zostało mi tylko kilka minut, potem muszę wyjść. Czy wolno mi usiąść, żeby przejrzeć te dokumenty? Spytałem o to, ale Lana nie może tłumaczyć, zajęta rozmową z Dmitrijem. Zwróciłem się po angielsku do funkcjonariuszki. Oczywiście zrozumiała. *Da, da*, odpowiedziała tylko. Otworzyłem pierwsze akta, przestrzegając reguł FSB – tylko te oznaczone. Lepiej nie popełnić błędu.

To pisany na maszynie raport. Papier złej jakości, chropowaty. Wyraźne załamania świadczą, że był złożony na cztery. Obrzeża są sfatygowane, lekko postrzępione, jak to się zdarza, kiedy nosi się papier w za małej kieszeni. Niektóre litery słabo się odbiły, prawdopodobnie taśma do maszyny była już zużyta. Tych kilka szczegółów wskazywało, że tekstu nie pisano w biurze, w normalnych warunkach. Czy powstał pośród ruin zniszczonego przez bomby Berlina?

Szybko sprawdziłem datę. Chociaż nie znam rosyjskiego, potrafię przecież czytać. „Rok 1945, miesiąc maj, 5 dzień". Ten raport wyjaśnia, kto odnalazł zwłoki małżonków. Informacja jest zwięzła, precyzyjna, nie pozostawia pola do interpretacji. Także co do tożsamości zwłok.

> Ja, porucznik gwardii PANASOW Aleksiej Aleksandrowicz, oraz szeregowcy CZURAKOW Iwan Dmitriewicz, OLEJNIK Jewgienij Stiepanowicz i SIEROUCH Ilja Jefremowicz, w mieście BERLIN, w pobliżu Kancelarii Rzeszy HITLERA, blisko miejsca odkrycia ciał GOEBBELSA i jego żony, obok osobistego schronu przeciwlotniczego HITLERA, znaleźliśmy i przejęliśmy spalone ciała – jedno kobiety, drugie mężczyzny.
>
> Odnalezione ciała były mocno uszkodzone przez ogień i niemożliwe do rozpoznania lub identyfikacji bez szczegółowych analiz.
>
> Ciała znajdowały się w leju po bombie, około 3 metrów od wejścia do bunkra Hitlera, i były przysypane ziemią.
>
> Zwłoki złożono w zarządzie kontrwywiadu „Smiersz" 79 Korpusu armii.

Pod tekstem widnieją cztery odręczne podpisy żołnierzy, którzy dokonali odkrycia.

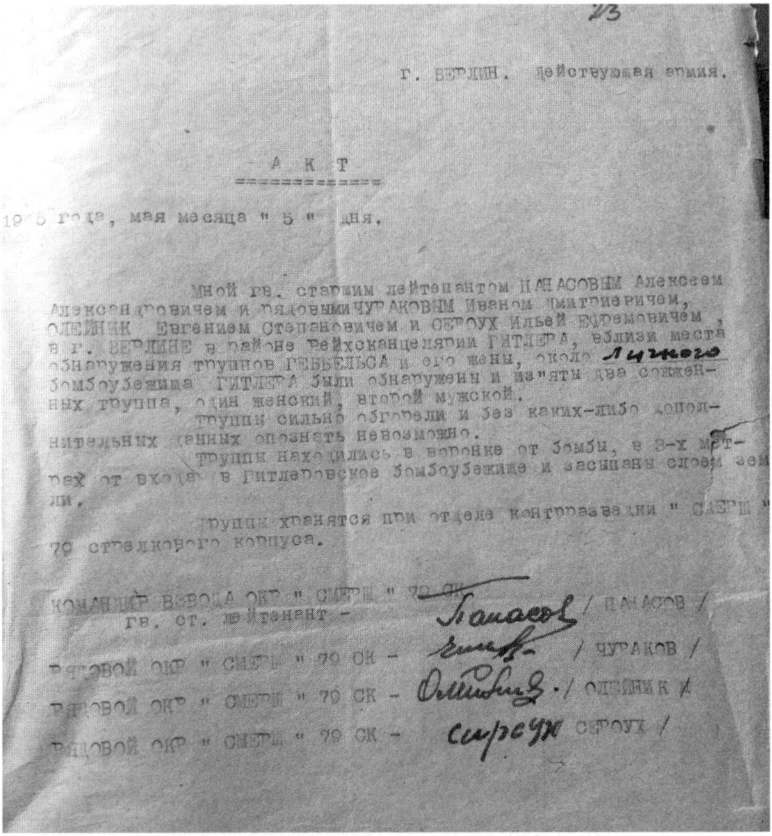

23

г. БЕРЛИН. Действующая армия.

А К Т

1945 года, мая месяца " 5 " дня.

Мной гв. старшим лейтенантом ПАНАСОВЫМ Алексеем Александровичем и рядовыми ЧУРАКОВЫМ Иваном Дмитриевичем, ОЛЕЙНИК Евгением Степановичем и СЕРОУХ Ильей Ефремовичем, в г. БЕРЛИНЕ в районе Рейхсканцелярии ГИТЛЕРА, вблизи места обнаружения трупов ГЕББЕЛЬСА и его жены, около личного бомбоубежища ГИТЛЕРА были обнаружены и изъяты два сожженных трупа, один женский, второй мужской.

Трупы сильно обгорели и без каких-либо дополнительных данных опознать невозможно.

Трупы находились в воронке от бомбы, в 3-х метрах от входа в Гитлеровское бомбоубежище и засыпаны слоем земли.

Трупы хранятся при отделе контрразведки " СМЕРШ " 79 стрелкового корпуса.

КОМАНДИР ВЗВОДА ОКР " СМЕРШ " 79 СК гв. ст. лейтенант - Панасов / ПАНАСОВ /

РЯДОВОЙ ОКР " СМЕРШ " 79 СК - Чураков / ЧУРАКОВ /

РЯДОВОЙ ОКР " СМЕРШ " 79 СК - Олейник / ОЛЕЙНИК /

РЯДОВОЙ ОКР " СМЕРШ " 79 СК - Сироух / СЕРОУХ /

Oryginalny raport radzieckich tajnych służb o odkryciu 5 maja 1945 r. zwłok dwóch osób przed bunkrem Hitlera. Do dziś dokument ten przechowywany jest w archiwum FSB.

Kolejny dokument to starannie narysowany i pokolorowany, odręczny plan. Papier był tak samo złej jakości jak tamten, ale nie był zginany ani tak narażony na zniszczenie. Na górze napisano drukowanymi literami: PLAN, a tuż pod spodem: „Miejsce odnalezienia zwłok Hitlera i jego żony”. To szkic ogrodu Nowej Kancelarii Rzeszy wykonany niezwykle precyzyjnie, z zachowaniem proporcji. Widać na nim ponumerowane punkty, które dokładnie wskazują miejsca, gdzie palono zwłoki Goebbelsów oraz domniemane zwłoki Hitlera i jego żony. Dół po wybuchu bomby Rosjanie nazywają lejem. To tam pochowano ciała Führera i Ewy Braun. Dokument podpisał dnia 13 maja 1945 roku major gwardii Gabiełok.

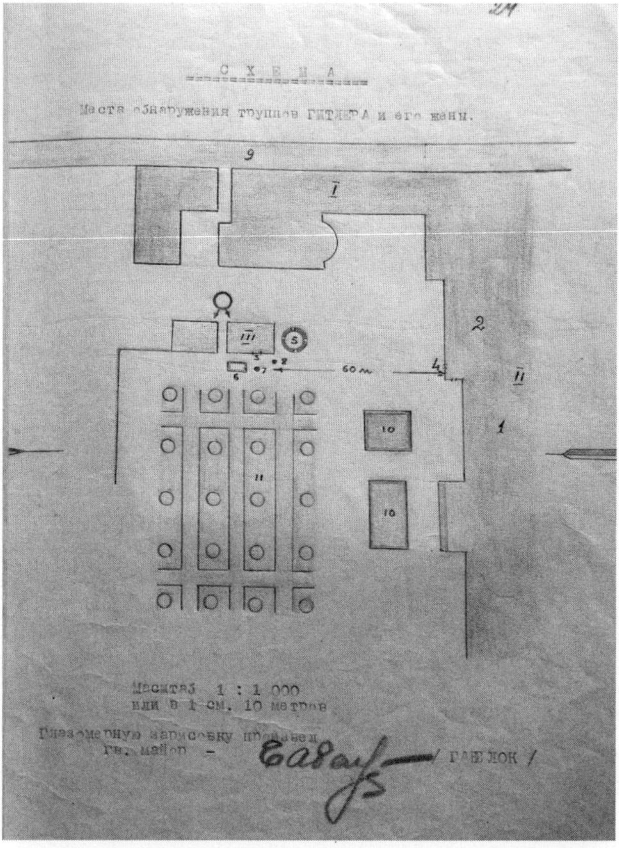

Plan pokazujący miejsce odnalezienia domniemanych zwłok Hitlera i Ewy Braun oraz małżeństwa Goebbelsów przed wyjściem z *Führerbunker* w Berlinie. Plan sporządzili 13 maja 1945 r. radzieccy śledczy. Numer 6 wskazuje miejsce, gdzie znaleziono zwęglone zwłoki kobiety i mężczyzny. Numer 7 – miejsce spalenia ciał Goebbelsów. Numerem 4 oznaczono prawdopodobne miejsce spalenia zwłok Hitlera i jego małżonki (CA FSB).

Co wydarzyło się między powstaniem pierwszego dokumentu, podpisanego 5 maja, gdy nic jeszcze nie wskazywało, że odkryte zwłoki to Hitler i Ewa Braun, a sporządzeniem tego z 13 maja, gdy – jak się wydaje – dokonano ich identyfikacji? Oba dokumenty powstały w odstępie zaledwie ośmiu dni. Kiedy tylko Lana przetłumaczyła mi je, głośno, na francuski, wyraziłem moje wątpliwości i nasuwające się pytania. Jak Rosjanie mogli z pewnością zidentyfikować zwęglone zwłoki? Spojrzałem na otaczających nas funkcjonariuszy FSB. Staraliśmy się możliwie dyplomatycznie dowiedzieć czegoś więcej. Zaczęliśmy od podziękowań. Bez ich pomocy nie uzyskalibyśmy dowodu, że radzieckie władze już 5 maja sądziły, że odnalazły Hitlera. Ale to nie wystarczy w naszym śledztwie. Atmosfera w pokoju robiła się coraz bardziej napięta. Być może nasi rozmówcy nie spodziewali się takiej reakcji. „Do którego obozu należysz?", rzuciła ostro młoda funkcjonariuszka, zwracając się do Lany. „Jesteś Rosjanką czy Amerykanką?" Lana starała się zachować uśmiech na twarzy. Odkąd w losowaniu w 1997 roku wygrała zieloną kartę rezydenta, a potem otrzymała amerykański paszport, przywykła do tego typu uwag. Zdrajczyni ojczyzny. Po prostu! „Te dokumenty wam nie wystarczą?", podjęła funkcjonariuszka FSB. „Zachowujecie się jak ci wszyscy amerykańscy dziennikarze, którzy nie chcą uwierzyć, że pierwsi odnaleźliśmy Hitlera. Szukacie sensacji". Rozmowa przybrała fatalny obrót. Za naszymi plecami rozbrzmiewały głosy, ton był coraz ostrzejszy. Łysy mężczyzna poderwał się z miejsca i wyszedł z pokoju. Czy to sygnał, że wszystko się już skończyło? A przecież zostało nam do przejrzenia tyle dokumentów, no i to pudełko, które stoi na stole, wzbudzając naszą ciekawość. Czekałem, aż Lana udobrucha kobietę, wyraźnie przeciwną naszej obecności w tym miejscu, a sam zwróciłem się do Dmitrija. Byłem pewien, że zna angielski albo francuski. „Mamy jakiś problem?" Zamiast odpowiedzieć, dał mi tylko znak, żebym spokojnie czekał. Po kilku minutach łysy mężczyzna wrócił, stanął przede mną i podał mi dużą szarą kopertę. *Open, open!*

Otworzyłem, a tymczasem Lana coraz zapalczywiej dyskutowała z rodaczką. A raczej z półrodaczką.

Zdjęcia do dokumentów tożsamości, a raczej... zdjęcia sygnalityczne, czarno-białe, bliskie sepii. To powiększone kopie. Jedna przedstawiała jeszcze młodego mężczyznę o zaczesanych do tyłu włosach, wygładzonych brylantyną. Jego nazwisko, Echtman F., wypisano drukowanymi literami, obok podano rok: 1913.

Zdjęcia antropometryczne Fritza Echtmanna, technika protetyka Hitlera, wykonane przez radzieckich śledczych. (CA FSB)

Na drugim kobieta, także w kwiecie wieku, ubrana w bluzeczkę w kratkę Vichy. Jej napisane cyrylicą nazwisko brzmi Hojzerman K., obok data: 1909.

W rzeczywistości są to Fritz Echtmann (przez dwa n) i Käthe Heusermann, dwoje Niemców, którzy uczestniczyli w identyfikacji uzębienia zwłok odnalezionych w bunkrze. Fritz Echtmann jako technik protetyk współpracował z Hugonem Blaschke, osobistym dentystą Hitlera; Käthe Heusermann była asystentką

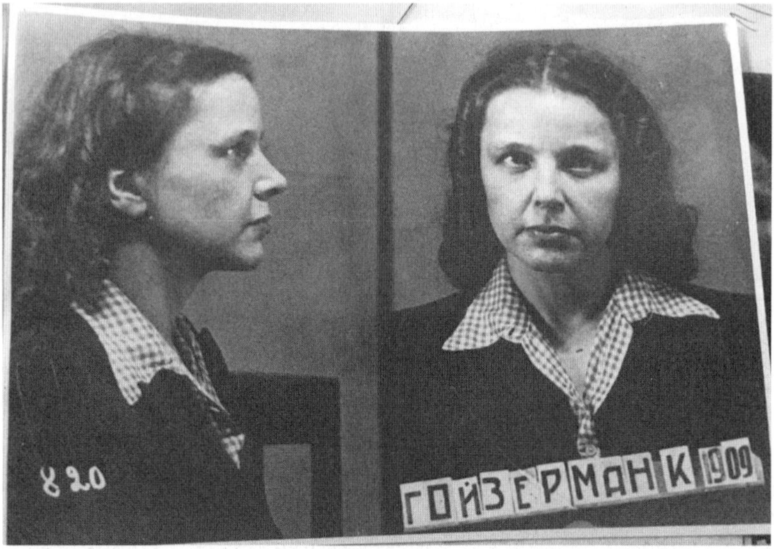

Zdjęcia sygnalityczne Käthe Heusermann, asystentki osobistego dentysty Hitlera, wykonane przez radzieckich śledczych (CA FSB).

Blaschkego. Do zdjęć dołączono dwie noty biograficzne. Dowiadujemy się z nich, że w roku 1951 zarówno on, jak i ona skazani zostali przez radziecki sąd na dziesięć lat ciężkich robót. On za to, że „był protetykiem dentystycznym Hitlera i jego najbliższego otoczenia", ona za to, że „służyła Hitlerowi, Himmlerowi i innym ważnym faszystom". Nie ma natomiast żadnych wniosków z wykonanych przez nich makabrycznych ekspertyz ani choćby zdjęć badanych zębów. Łysy mężczyzna, który dał mi szarą kopertę, nie bez satysfakcji obserwował moje rozczarowanie. Czy to naprawdę wszystko, co mogą nam dać? Czas nieubłaganie mijał. Mieliśmy jeszcze tylko pół godziny. Moja wiza wygasała wieczorem, a oni wiedzieli, że samolot do Paryża odlatuje po południu. Kiedy zaczęliśmy już tracić nadzieję na uzyskanie konkretnych informacji, jednoznacznych dowodów, nasza sroga i ponura „przyjaciółka" wyciągnęła z kieszeni sukienki lateksowe rękawiczki, takie, jakich używają chirurdzy. Bez słowa sięgnęła po „pudło po butach", postawiła je na środku stołu i podniosła pokrywę. Jak zahipnotyzowani, Lana i ja natychmiast pochyliliśmy się nad nim. Ledwie zdążyliśmy uświadomić sobie, co przed nami leży, a ona już obróciła tymi przedmiotami, bez szczególnej ostrożności. Usłyszałem własny okrzyk „stop!". Nie wiedziałem, które z nas – ona czy ja – było bardziej zdumione moją bezczelnością. Mimo to funkcjonariuszka zrobiła, o co poprosiłem, i odłożyła wszystko na miejsce. Chciałem mieć chwilę czasu, żeby przyjrzeć się temu, co miałem przed oczyma. Mniejsza o samolot. Dyskretnie dałem Lanie znak, żeby zrobiła numer, który wspólnie wymyśliliśmy. Plan był prosty: Lana miała mówić, gadać bez przerwy. Musiała skupić uwagę naszych rozmówców, abym mógł oglądać, fotografować tak, jak chcę i tyle, ile chcę. To proste, a dzięki nadzwyczajnemu talentowi Lany, która potrafiła mówić godzinami, również piekielnie skuteczne. Nie musiałem prosić – już zaczęła swój monolog.

Pudełko było wyłożone warstwami białej waty. Na niej spoczywały trzy przedmioty. Zajmowały całą powierzchnię. Największy to szeroki metalowy pręt, wygięty i połączony ze skórzaną membraną rozmiarów łydki. Natychmiast przypominam sobie o aparacie ortopedycznym Goebbelsa, który miał szpotawą stopę. Czy to jego? Aparat jest poczerniały i mocno uszkodzony, jakby znalazł się w potężnym ogniu, ale tylko przez chwilę.

Jest też mały przedmiot ze złoconego metalu, również mocno zniszczony przez płomienie. To papierośnica. Wewnątrz także jest opalona, mimo to wyraźnie widać wygrawerowany podpis. Ten podpis i znany podpis Hitlera są do siebie podobne jak dwie krople wody. Poznaję tę linię jak piorun, przeciętą na dole krótką kreską, i tak charakterystyczne wielkie H. Poniżej data 29 X 1934. Czy to prezent od Führera dla Magdy Goebbels? Czy to papierośnica, o której mówi raport NKWD z 27 maja 1945 roku? Czytamy w nim, że przy zwłokach kobiety leżała złota papierośnica uszkodzona przez ogień. Zgadza się. Jeśli ten drobiazg jest autentyczny, to otrzymała go 29 października 1934 roku. Krótko po

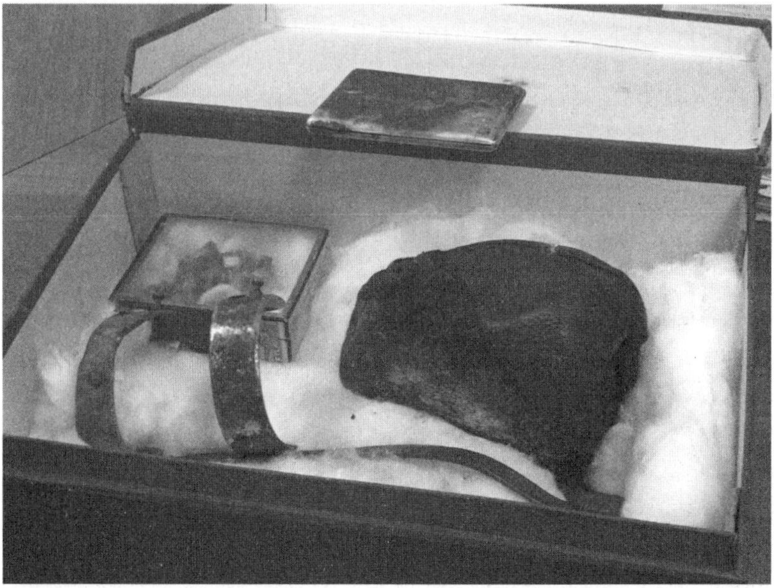

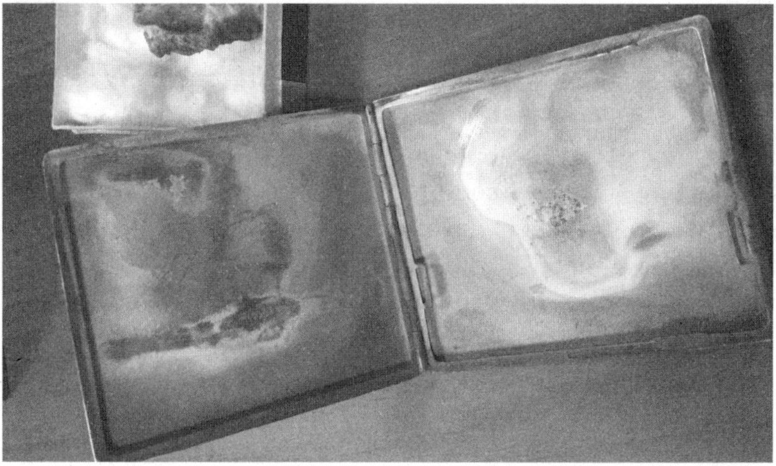

Przechowywane w archiwum FSB pudło z protezą uznaną za własność Josepha Goebbelsa oraz złotą papierośnicą Magdy Goebbels – prezentem od Hitlera. Widoczne także pudełko z zębami należącymi jakoby do Hitlera.

tym, jak Hitler przejął w Niemczech pełnię władzy. Po śmierci prezydenta Hindenburga 3 sierpnia był równocześnie kanclerzem i prezydentem państwa niemieckiego. Wówczas został Führerem.

Wróćmy jednak do Moskwy. Skoncentrowałem się na ostatnim przedmiocie, najbardziej intrygującym. Małe kwadratowe pudełko z przezroczystą pokrywką. Z boku napis po francusku i rosyjsku „25 papierosów nr 57, Spółka Bostanjoglo". Przez pokrywkę widziałem wnętrze. Ani śladu tytoniu, ale znów wata, na którą rzucono szczątki ludzkiej szczęki. Była połamana na kilka kawałków. Choć nie odezwałem się ani słowem, funkcjonariuszka w lateksowych rękawiczkach delikatnie otworzyła pudełko i kolejno wyjęła cztery fragmenty szczęki. Miałem przed sobą dwadzieścia cztery zęby trzymające się poczerniałej tkanki kostnej. Zęby były w większości sztuczne, to koronki, złocone mostki. Dostrzegłem zaledwie kilka naturalnych zębów – trzy, może cztery, pozostałe były porcelanowe i metalowe. Osoba, do której należały – mężczyzna albo kobieta – miała zęby w fatalnym stanie. „To dowód, którego szukacie". Moja dzisiejsza „opiekunka" splotła ręce na piersi i wciąż ze srogą miną, wreszcie zdecydowała się odezwać do mnie po angielsku. Pozwoliłem sobie więc poprosić o potwierdzenie: „Czy to zęby Hitlera?". *Da*, które padło w odpowiedzi, miało mnie zadowolić. Ale nie zadowoliło. A w każdym razie – to dla mnie za mało. Skoro już tu byliśmy, nie zamierzałem się spieszyć i chciałem sfotografować te zęby i szczątki szczęki ze wszystkich możliwych stron.

Gdy Lana zasypywała słowami pozostałych Rosjan, mnie udało się porozumieć z funkcjonariuszką FSB. Poprosiłem ją, żeby układała przed obiektywem aparatu kolejne fragmenty szczęki. Bokiem, od spodu, przodem, tyłem – niczego nie chcę pominąć. A przede wszystkim tego tak specyficznego mostka, który łączył dwa zęby, przechodząc łukiem nad trzecim.

Sesja fotograficzna dobiegła końca. Atmosfera się rozluźniła. Uwolniłem Dmitrija i jego kolegów od dotkniętej logoreą Lany.

Przynajmniej częściowo, ponieważ wciąż jeszcze nie widzieliśmy zdjęć zwłok Hitlera i Ewy Braun. „Nie ma takich zdjęć", zamknął kwestię Dmitrij. Oczywiście żadne z nas w to nie uwierzyło, ale to nic. Zrobiliśmy kolejny krok. Puzzle zaczynały się stopniowo układać. W maju 1945 roku Rosjan przekonała ekspertyza przeprowadzona przez osobistego protetyka dentystycznego Hitlera i jego asystentkę. Naprawdę znaleźli ciało nazistowskiego dyktatora.

„Zanim wyjdziecie, spójrzcie jeszcze na to..." Dmitrij podał nam dokumenty, których nie przeglądaliśmy. Otworzył je we wcześniej zaznaczonym miejscu. „Oto co stało się ze zwłokami Hitlera po identyfikacji".

Powodowany ciekawością, gorączkowo rozszyfrowałem kilka słów z dokumentu. W prawym górnym rogu „Ściśle tajne", nagłówek, „Akt", data, „4 czerwca 1945", podpisy, a także pieczęć na dole arkusza. Lana przetłumaczyła mi resztę:

> W wyniku podjętych wcześniej poszukiwań 5 maja 1945 roku, w odległości kilku metrów od miejsca, gdzie znaleziono ciała Goebbelsa i jego żony, w leju po wybuchu bomby odkryto dwa mocno spalone ciała: zwłoki kanclerza Rzeszy Niemieckiej Adolfa HITLERA oraz zwłoki jego żony Ewy BRAUN. Te dwa ciała zostały przewiezione do zarządu kontrwywiadu „Smiersz" 3 Armii Uderzeniowej w dzielnicy Buch w Berlinie.
>
> Wszystkie ciała przewiezione do zarządu „Smiersz" 3 Armii Uderzeniowej poddano badaniom anatomopatologicznym i okazano do identyfikacji osobom, które dobrze znały [zmarłych] za życia.
>
> Po przeprowadzeniu badań anatomopatologicznych oraz innych procedur identyfikacyjnych wszystkie zwłoki pogrzebano w pobliżu berlińskiej dzielnicy BUCH.
>
> Ze względu na relokację departamentu kontrwywiadu „SMIERSZ" ciała wykopano i przetransportowano najpierw w okolice miasta Finow [60 km na północ od Berlina –

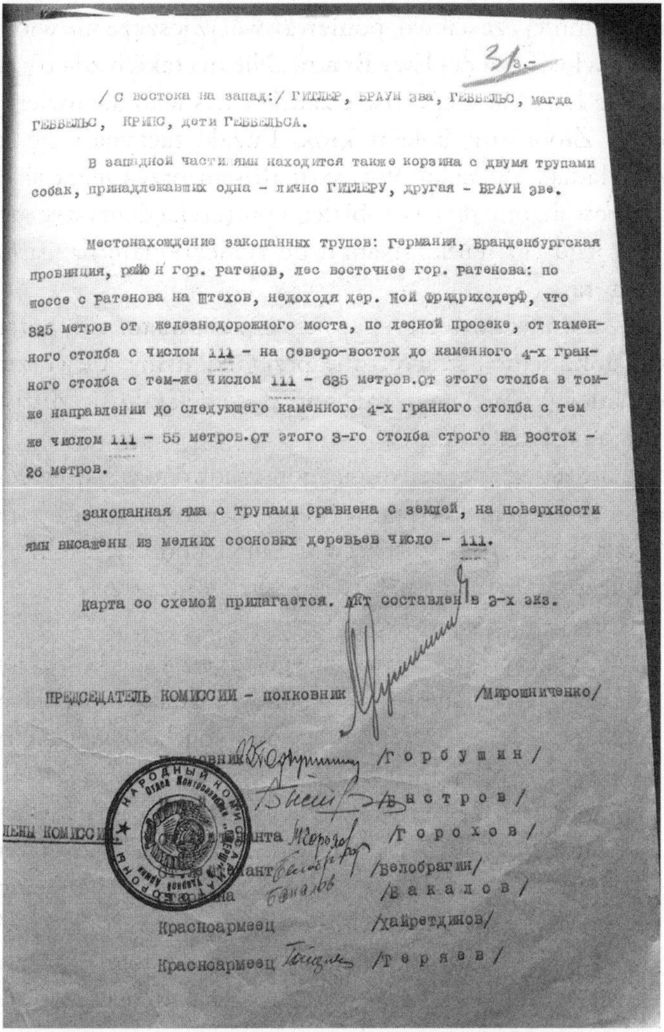

31 з.-

/ С востока на запад:/ ГИТЛЕР, БРАУН эва, ГЕББЕЛЬС, магда ГЕББЕЛЬС, КРЕПС, дети ГЕББЕЛЬСА.

В западной части ямы находится также корзина с двумя трупами собак, принадлежавших одна - лично ГИТЛЕРУ, другая - БРАУН эве.

Местонахождение закопанных трупов: германии, Бранденбургская провинция, район гор. ратенов, лес восточнее гор. ратенова: по шоссе с ратенова на Штехов, недоходя дер. Ной Фридрихсдерф, что 325 метров от железнодорожного моста, по лесной просеке, от каменного столба с числом 111 - на северо-восток до каменного 4-х гранного столба с тем-же числом 111 - 635 метров. От этого столба в том-же направлении до следующего каменного 4-х гранного столба с тем же числом 111 - 55 метров. От этого 3-го столба строго на восток - 26 метров.

Закопанная яма с трупами сравнена с землей, на поверхности ямы высажены из мелких сосновых деревьев число - 111.

Карта со схемой прилагается. Акт составлен в 3-х экз.

ПРЕДСЕДАТЕЛЬ КОМИССИИ - полковник /Мирошниченко/

...овник /Горбушин/

/Быстров/

...ЛЕНЫ КОМИССИ... ...анта /Горохов/

...ант /Белобрагин/

...на /Вакалов/

Красноармеец /Хайретдинов/

Красноармеец /Теряев/

Oryginał tajnego raportu radzieckiego kontrwywiadu z potajemnego pochówku Adolfa Hitlera i jego małżonki Ewy Braun, 4 czerwca 1945 roku, w lesie pod Rathenow.

przyp. aut.], a następnie, 3 czerwca 1945 roku, pod miasto Rathenow [80 km na zachód od Berlina – przyp. aut.], gdzie ostatecznie je pogrzebano.

Zwłoki spoczywają w drewnianych skrzyniach, są zakopane na głębokości 1,7 metra, a ułożone w następującej kolejności:

Od wschodu na zachód: HITLER, BRAUN Ewa, GOEBBELS, Magda GOEBBELS, KREBS, dzieci GOEBBELSÓW.

W zachodniej części dołu znajduje się także kosz ze zwłokami psów, z których jeden należał osobiście do HITLERA, a drugi do BRAUN Ewy.

Lokalizacja pogrzebanych ciał jest następująca: Niemcy, prowincja Brandenburgia, okolice miasta Rathenow w Stechow, trochę przed wsią Neu Friedrichsdorf, 325 metrów od mostu kolejowego, przecinka leśna, od kamiennego słupka drogowego numer 111 – na północny wschód do kamienia milowego także z numerem 111 – 635 metrów. Potem od tego kamienia w tym samym kierunku aż do następnego kamienia milowego także z numerem 111 – 55 metrów. Od trzeciego kamienia dokładnie na wschód – 26 metrów.

Dół ze zwłokami został zasypany i zrównany z ziemią, na powierzchni zasadzono małe sadzonki sosen, które układają się w liczbę 111.

Mapa ze schematem i opisem załączona.

Akt sporządzono w 3 egzemplarzach.

Tę narysowaną odręcznie mapkę, starannie pokolorowaną na czerwono i zielono, pozwolono mi sfotografować. Bardzo dokładnie wskazuje, gdzie zakopano szczątki niemieckiego dyktatora. Rosjanie nieprzypadkowo wybrali właśnie Rathenow. Liczące ponad 10 tysięcy mieszkańców miasteczko znalazło się w roku 1945 w strefie kontrolowanej przez Armię Czerwoną, a z Berlina można tam było dotrzeć szybko i łatwo.

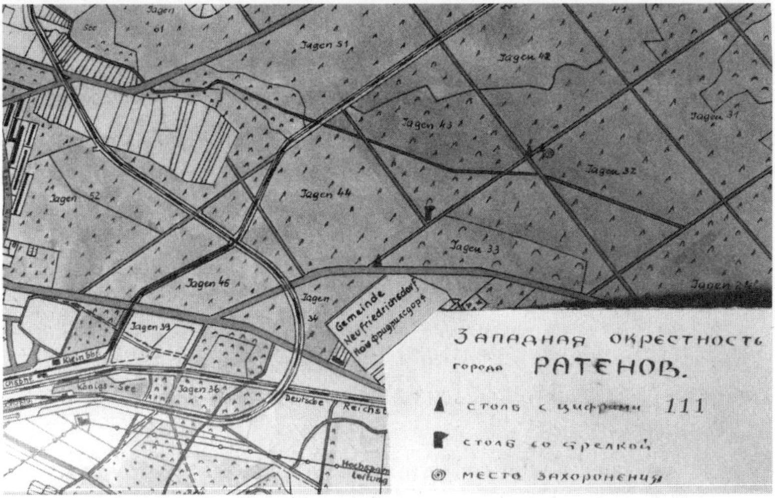

Oryginał mapy radzieckiego kontrwywiadu z 4 czerwca 1945 roku, wskazującej miejsce pogrzebania ciał małżonków Hitler, Goebbels oraz generała Krebsa (CA FSB).

Jeżeli zatem wierzyć temu dokumentowi, 4 czerwca 1945 roku zwłoki Hitlera były już odnalezione, zidentyfikowane i w największej tajemnicy pochowane w radzieckiej strefie pokonanych Niemiec. Jednak oficjalnie Stalin mówił światu, a przede wszystkim brytyjskim i amerykańskim sojusznikom, że Hitler z pewnością wciąż żyje i uciekł! Dlaczego tak postąpił?

Zanim odpowiemy na to pytanie, musimy cofnąć się do dni, które nadeszły po upadku Berlina. Zaczniemy od 2 maja 1945 roku…

Berlin, 2 maja 1945 roku

Stolica Trzeciej Rzeszy padła. Kilka godzin wcześniej, około 8.30, dowódca wojskowy Berlina generał Helmuth Weidling wydał swym oddziałom rozkaz zaprzestania walki. Podjął tę decyzję na wieść o samobójstwie Hitlera. Weidling uważał, że śmierć Hitlera zwalnia żołnierzy z przysięgi walki do ostatniej kropli krwi. „30 kwietnia 1945 roku Führer odebrał sobie życie, porzucając tym samym wszystkich, którzy przysięgali mu wierność. [...] Każda kolejna godzina walki przedłuża cierpienia ludności cywilnej Berlina oraz naszych rannych", napisał w oświadczeniu. „W uzgodnieniu z dowództwem wojsk radzieckich proszę was o natychmiastowe zaprzestanie walki".

Dla sztabów aliantów zaczął się więc kolejny wyścig z czasem. Kto pierwszy dopadnie nazistowskiego dyktatora? Czy rzeczywiście umarł, czy to tylko wybieg nazistów? Rosjanie mieli przewagę w terenie. Miasto pozostawało pod ich kontrolą aż do konferencji poczdamskiej 17 lipca 1945 roku. Potem Berlin został podzielony na cztery strefy, po jednej dla każdego z aliantów: Stanów Zjednoczonych, Wielkiej Brytanii, Francji i oczywiście Związku Radzieckiego. Rejon Kancelarii, gdzie znajdował się Führerbunker, pozostał pod kontrolą radziecką.

Nie mając pewnych informacji, zamiast snuć domysły bez dowodów, śledczy radzieccy, amerykańscy, brytyjscy, a w mniejszym stopniu także francuscy, przez wiele miesięcy wytrwale prowadzili przesłuchania, konfrontacje, weryfikacje. Wciąż szukali odpowiedzi na pytanie, co wydarzyło się w bunkrze Führera 30 kwietnia.

Wszyscy naziści, którzy byli bezpośrednimi albo pośrednimi świadkami ostatnich godzin życia Hitlera, stali się ważnym źródłem informacji. I, przynajmniej po stronie radzieckiej, więźniów natychmiast zobowiązano do dochowania tajemnicy. Tajne służby ZSRR niemal zawsze odmawiają dzielenia się zdobytymi informacjami z wywiadami państw alianckich. Ledwie zakończyła się wojna, a już górę wzięła nieufność, jeśli nie wola wprowadzania w błąd.

W rosyjskich archiwach z tamtego okresu znajduje się niezwykła fotografia ze śledztwa prowadzonego w pośpiechu w okupowanym Berlinie. Stalin chciał być jedynym pogromcą nazistowskich Niemiec, nie dopuszczał do siebie nawet myśli o dzieleniu się zwycięstwem i największym trofeum: zwłokami Führera. Przed radzieckimi śledczymi stanęło podwójne wyzwanie: znaleźć Hitlera, i to przed innymi.

Moskwa powierzyła to zadanie najlepszym specjalistom z tajnych służb i z Armii Czerwonej. Ci ludzie wiedzieli, że od kilku dni może zależeć ich dalsza kariera, a może nawet życie.

Etap pierwszy: odnaleźć świadków.

2 maja 1945 roku rano, kiedy większość oddziałów w Berlinie skapitulowała, rejon Nowej Kancelarii wciąż pozostawał niezabezpieczony. Mimo gniewu, zaciekłości i determinacji, by raczej umrzeć, niż złożyć broń, ostatni nazistowscy fanatycy nie mogli dłużej wytrwać pod gradem kul z broni maszynowej i granatów. Żołnierze 3 Armii Uderzeniowej natychmiast przeszukali podziemne schrony. Znaleziono tam oszołomionych ludzi, którzy prawie ogłuchli po trwających całymi dniami bombardowaniach. Byli ranni, wycieńczeni i głodni. Niektórzy nosili cywilne ubrania, inni niemieckie mundury. Panował totalny chaos. Jak znaleźć w takim tłumie ludzi z kręgu Hitlera? Utworzono kordon, zaczęły się kontrole. Nikt nie mógł wyjść, dopóki nie został przesłuchany. Jednak wszystko działo się bardzo szybko, a groźba zamachów samobójczych wydawała się realna. Po kilku godzinach Rosjanie musieli pogodzić się z rzeczywistością: ludzie z najbliższego otoczenia Hitlera uciekli.

Z wyjątkiem Goebbelsa i jego żony, Krebsa, Burgdorfa i Schädlego, którzy odebrali sobie życie, wszyscy opuścili bunkier poprzedniej nocy. Trudno ustalić, ile osób było do tej nocy w bunkrze Hitlera. Maksymalnie około trzydziestu, w tym co najmniej cztery kobiety – trzy sekretarki i osobista kucharka Führera. Ucieczka zaczęła się około dwudziestej trzeciej. Żeby ograniczyć ryzyko schwytania, podzielili się na dziesięć małych grup. Wychodzili w półgodzinnych odstępach, opuszczali dzielnicę rządową, przechodząc podziemnymi tunelami metra. Kiedy już znaleźli się na powierzchni, pośród wybuchów bomb, w zamęcie walk ulicznych, jedni próbowali szczęścia, uciekając na zachód, inni kierowali się na północ. Poza nielicznymi, nie cieszyli się długo wolnością. Większość po kilku godzinach wpadła w ręce żołnierzy Armii Czerwonej. Innych zatrzymali Anglicy albo Amerykanie. W ogólnym zamieszaniu dołączyli do tysięcy niemieckich jeńców i próbowali wtopić się w tłum, podając się za prostych żołnierzy. Heinz Linge, lokaj Hitlera, uciekał z Erichem Kempką, osobistym szoferem Führera. Mężczyźni szybko się rozdzielili, przemierzając płonące ulice. Linge postanowił schronić się w tunelu tramwajowym. Przy przejściu wiodącym na powierzchnię usłyszał, jak mu się wydawało, niemieckich żołnierzy. „Usłyszałem z zewnątrz: »Niemieckie czołgi się zbliżają. Chodźcie, żołnierze!«", opowiadał Linge we wspomnieniach. „Rzuciłem okiem i zobaczyłem niemieckiego żołnierza. Popatrzył na mnie i skinął ręką. Ledwie opuściłem kryjówkę, a ujrzałem kilka radzieckich czołgów"*. Niemiecki żołnierz był podstawiony, żeby wyłapywać uciekinierów. Linge szybko zerwał z munduru oznaki SS, srebrnego orła oraz swastykę, a także dystynkcje. Udało się, bo radzieccy żołnierze, świętując koniec walk, dali mu nawet papierosy. Jego prawdziwą tożsamość ujawniono po wielu dniach, z winy innego członka bliskiego otoczenia Hitlera – jego osobistego pilota Hansa Baura.

---

* Heinz Linge, *With Hitler to the End...*, s. 210.

Erich Kempka miał więcej szczęścia. 2 maja, uciekając już po rozstaniu z Lingem, szybko pozbył się munduru SS i poszedł dalej ubrany po cywilnemu. Kilka godzin później, kontrolowany przez czerwonoarmistów, z łatwością podał się za niemieckiego robotnika. Udało mu się opuścić Berlin i po kilku tygodniach dotrzeć do Monachium. W końcu został schwytany przez amerykańskie siły okupujące tę część Niemiec.

Bormann, osobisty sekretarz Hitlera i zapewne jego najbliższy powiernik, zniknął bez śladu. Wkrótce zaczęły krążyć pogłoski na jego temat. Jedni mówili, że uciekł z Hitlerem, inni, że został zabity, kiedy próbował uciec. Jego ciało odnaleziono dopiero w 1972 roku podczas robót drogowych. W 1973 roku zidentyfikowano go na podstawie badań porównawczych jego uzębienia i karty stomatologicznej. Potem, w 1998 roku, wykonano testy DNA materiału pobranego z kości domniemanego Bormanna i porównano je z DNA jego dzieci. Potwierdzono pokrewieństwo.

Przez cały maj 1945 roku Rosjanie aresztowali więcej nazistów z bunkra Führera niż pozostali alianci razem wzięci. To jednak wcale nie uprościło śledztwa, które hamowały wewnętrzne walki między różnymi tajnymi służbami radzieckimi. Każdy zazdrośnie strzegł swoich łupów wojennych, nie godząc się, by „jego" „cenni" więźniowie byli przesłuchiwani przez jakiekolwiek służby poza własnymi. Pierwsze śledztwo w sprawie śmierci Hitlera prowadził Aleksandr Anatoliewicz Wadis, dowódca jednostki „Smiersz" 1 Frontu Białoruskiego. Pierwszy Front Białoruski, którym dowodził marszałek Żukow, to jeden z głównych związków strategiczno-administracyjnych armii radzieckiej, uczestniczący w bitwie o Berlin. „Smiersz" powstał w roku 1943 do ścigania dezerterów, zdrajców, szpiegów w Armii Czerwonej. Ta nazwa jest akronimem powstałym z dwóch rosyjskich słów *Smiert' szpionom*, śmierć szpiegom. „Smiersz" bardzo szybko stał się służbą kontrwywiadowczą podlegającą bezpośrednio Stalinowi. Wadis był człowiekiem wodza z Kremla. W maju 1945 roku ten błyskotliwy oficer miał trzydzieści dziewięć lat i stopień generała lejtnanta.

Nie był już debiutantem. Wstąpił do służby bezpieczeństwa Armii Czerwonej w roku 1930, w 1942 roku przeszedł do kontrwywiadu, a rok później trafił do „Smierszu". Oddany stalinizmowi, umiejący zręcznie posługiwać się intrygą polityczną, potrafił przetrwać kolejne czystki w wojsku w latach poprzedzających wojnę z Niemcami. Stalin uważał go za jednego z najlepszych w dziedzinie kontrwywiadu. Wadim uzyskał wszelkie pełnomocnictwa potrzebne do skutecznego przeprowadzenia śledztwa. Nie podlegał nikomu na miejscu, w Berlinie. Rozmawiał bezpośrednio ze Stalinem i jego najbliższymi współpracownikami, w tym szefem bezpieki ZSRR Ławrentijem Berią. Nikt inny nie został poinformowany o jego zadaniu, nawet pogromca Hitlera, marszałek Żukow, o niczym nie wiedział. I nigdy nie był informowany o pracach Wadisa. Zresztą po południu 2 maja, kiedy już Führerbunker został ostatecznie przejęty przez żołnierzy Armii Czerwonej, kontrolę nad nim przechwycili ludzie ze „Smierszu" 1 Frontu Białoruskiego, bezpardonowo wyrzucając stamtąd innych radzieckich żołnierzy i zakazując wstępu do bunkra nawet wyższym rangom oficerom.

Tak wyczekiwany w Moskwie raport Wadis wysłał 27 maja 1945 roku. Mimo szerokich uprawnień i środków *missi dominici* Stalina nie dokonał cudów. Z braku czasu nie był w stanie przesłuchać świadków ostatnich chwil życia i śmierci Hitlera. Za to ten doskonały szpieg przedstawił wyniki sekcji, której poddano domniemane zwłoki nazistowskiego dyktatora.

Przedtem jednak wyjaśnił, w jakich okolicznościach odnaleziono ciało.

> Dnia 5 maja, na podstawie zeznań więźnia, funkcjonariusza policji bezpieczeństwa Kancelarii Rzeszy oberscharführera Mengershausena, dwa spalone ciała, mężczyzny i kobiety, zostały odkryte i ekshumowane w Berlinie, w dzielnicy, w której usytuowana jest Kancelaria Rzeszy, niedaleko od wyjścia ewakuacyjnego z bunkra Hitlera. Zwłoki leżały

w kraterze powstałym w wyniku eksplozji pocisku i były przykryte warstwą ziemi. Były w znacznym stopniu zwęglone, toteż bez dodatkowych danych nie dało się przeprowadzić ich identyfikacji.

Jak to się często zdarza w przypadku radzieckich tajnych służb, należy niezwykle starannie sprawdzić informacje podane w raporcie. Tu Wadis kłamie.

Jelena Rżewska była tłumaczką grupy „Smiersz" 1 Frontu Białoruskiego, podobnie jak Lew Biezymienski, który pełnił te zadania bezpośrednio przy 1 Froncie Białoruskim. Oboje przebywali 2 maja 1945 roku w Berlinie. Utrzymują, że domniemanych zwłok Hitlera nie odnaleziono 5 maja 1945 roku, ale dzień wcześniej. I wcale nie na podstawie zeznań oberscharführera Mengershausena, a przypadkiem, dzięki żołnierzom radzieckim dowodzonym przez Czurakowa. Według Rżewskiej i Biezymienskiego Czurakow wraz z podpułkownikiem Klimienką z 3 Armii Uderzeniowej mieli wrócić na miejsce odnalezienia zwłok Goebbelsa i jego żony, aby przeprowadzić inspekcję. Był 4 maja, godzina jedenasta, kiedy tuż obok, z leju po bombie, Czurakow krzyknął do pułkownika Klimienki: „Towarzyszu pułkowniku, tu są jakieś nogi!"*. Żołnierze zaczęli kopać i odkryli nie jedno, ale dwa ciała. Klimienko nie przypuszczał, że mogą to być szczątki Hitlera i jego małżonki, rozkazał je więc zakopać. Postąpił tak, ponieważ poprzedniego dnia inne zwłoki zostały już zidentyfikowane przez kilku nazistowskich więźniów jako ciało Hitlera. O czternastej Klimienko dowiedział się, że identyfikacja nie przyniosła potwierdzenia – to nie był Hitler. Nazajutrz, 5 maja, Klimienko rozkazał swoim ludziom, by ponownie wydobyli oba znalezione 4 maja ciała, i poinformował o tym przełożonych.

---

* Lev Bezymenski, *The Death of Adolf Hitler. Unknown Documents from Soviet Archives,* New York 1969, s. 45.

Ta wersja odnalezienia domniemanych zwłok Hitlera i Ewy Braun jest po części zgodna z treścią tajnego dokumentu z archiwum FSB, który mogliśmy przeczytać, sporządzonego 5 maja 1945 roku przez Czurakowa, a dotyczącego odnalezienia dwojga zwęglonych zwłok. Nigdzie natomiast nie ma w nim wzmianki o podpułkowniku Klimience. Jelena Rżewska także zastanawia się nad zdumiewającą dyskrecją tego oficera. On sam powiedział jej tylko: „Nigdy nie składałem nikomu raportu w sprawie tych ciał"*.

Jeśli chodzi o spalone zwłoki odkryte 4 maja 1945 roku, to Jelena Rżewska twierdzi, że je widziała: „Szczątki ludzkie, zniekształcone przez ogień, czarne i straszne, owinięte były szarymi kocami ubrudzonymi ziemią"**.

Czy Wadis został poinformowany o okolicznościach odnalezienia obu ciał? Jako niekwestionowany szef kontrwywiadu w Berlinie miał obowiązek wszystko wiedzieć. Jednak nawet jeśli znał tę wersję, decyzja o ukryciu szczegółów wydaje się zrozumiała. Nie chciał wspominać Kremlowi o niesłychanym odkryciu. Podjął jednak duże ryzyko, wypaczając prawdę. Zwłaszcza że wszystko było już uwzględnione w raporcie wysłanym do Moskwy. Wadis o tym nie wiedział, ponieważ radzieckie władze – jak to miały w zwyczaju – nie ujawniały informacji nawet w kręgu tajnych służb.

Wadis przemilczał także, że oba ciała zostały wykradzione 5 Armii Uderzeniowej, której Moskwa powierzyła kontrolę rejonu Kancelarii. Wykradzione przez ludzi z jego jednostki „Smierszu". To oni postanowili nie zostawiać wojskowym z 5 Armii Uderzeniowej tak cennego łupu. Dyskretnie, nocą z 5 na 6 maja, szczątki ludzkie owinięto kocami i włożono do skrzyń po amunicji. Jelena Rżewska uczestniczyła w tym „porwaniu". „[...] ciała przerzucono przez ogrodzenie ogrodu i załadowano do ciężarówki [...]"***. To doskonała ilustracja absurdalnych konfliktów

* Elena Rjevskaïa, *Carnets...*, s. 273.
** *Ibidem*, s. 276.
*** *Ibidem*, s. 277.

pomiędzy formacjami w ramach armii radzieckiej. Zdaniem funkcjonariuszy „Smierszu" o tych zwłokach, jeśli to rzeczywiście małżonkowie Hitler, w Berlinie nie mógł wiedzieć nikt poza nimi. 6 maja obie skrzynie złożono w nowej kwaterze głównej „Smierszu", w berlińskiej dzielnicy Buch.

Rzecz jasna, Wadis w swoim raporcie ani słowem nie wspomniał o tej „kradzieży". A odnalezienie zwłok musiało pozostać tajemnicą.

Powróćmy jednak do raportu z przesłuchania Mengershausena z 13 maja 1945 roku.

> Mengershausen oświadczył, że rozpoznał zwłoki mężczyzny i kobiety, którymi byli kanclerz Rzeszy Niemieckiej Hitler oraz jego żona Ewa Braun. Dodał, że osobiście widział, jak palono ich ciała 30 kwietnia w następujących okolicznościach: 30 kwietnia od dziesiątej rano Mengershausen pełnił służbę, ochraniając Kancelarię Rzeszy, i patrolował korytarz prowadzący do kuchni oraz jadalni Kancelarii Rzeszy. Równocześnie jego zadaniem było pilnowanie ogrodu bunkra Hitlera, znajdującego się w odległości 80 metrów od budynku, w którym był Mengershausen.
>
> Wyszedłszy na patrol, spotkał ordynansa Hitlera, BAURA, który poinformował go o samobójstwie Hitlera i jego żony Braun.
>
> Godzinę po spotkaniu z BAUREM, wychodząc na taras oddalony o 80 metrów od schronu Hitlera, Mengershausen zobaczył sturmbannführera GÜNSCHEGO, osobistego adiutanta, oraz sturmbannführera LINGEGO, służącego Hitlera, gdy opuszczali schron przez wyjście ewakuacyjne, niosąc na rękach ciało Hitlera, które ułożyli w odległości 1,5 metra od wyjścia. Potem wrócili [do bunkra] i po kilku minutach wynieśli zwłoki jego żony Ewy Braun i ułożyli je obok ciała Hitlera. Przy ciałach dwa kanistry z benzyną, GÜNSCHE i LINGE zaczęli polewać nią trupy, a potem je podpalili.

Kiedy zwłoki były już zwęglone, dwaj ludzie z gwardii osobistej Hitlera (których nazwisk nie zna) wyszli z bunkra, zbliżyli się do spalonych ciał, włożyli je do dołu po uderzeniu pocisku i przysypali warstwą ziemi.

Wadis oparł całą swoją relację na jednym zeznaniu niemieckiego żołnierza, którym jest Harry Mengershausen. Opisana przez niego tak szczegółowo scena rozegrała się jednak daleko od niego, bo w odległości 80 metrów. To znaczny dystans, a rozpoznanie kogoś z tak daleka jest niepewne. Wadis zwrócił na to uwagę, o czym świadczy dalsza część raportu:

Pytany, jak rozpoznał w wyniesionych z bunkra ciałach Hitlera i jego żonę Ewę Braun, więzień Mengershausen oświadczył: „Poznałem Hitlera po twarzy, wzroście i mundurze".

Esesman był nawet w stanie podać kilka szczegółów dotyczących ubrań: Hitler miał czarne spodnie, krawat, białą koszulę, a Ewa Braun czarną suknię. „Wiele razy widziałem ją w tej sukni", dodał Mengershausen. „Poza tym dobrze znałem jej twarz. Była owalna, delikatna, z prostym, szczupłym nosem; włosy miała jasne. Dlatego, dobrze znając Frau Braun, mogę potwierdzić, że to jej ciało wyniesiono z bunkra".

I tym razem Wadis z pewnością nie wyobrażał sobie, że przekona zwierzchników, opierając się na jednym zeznaniu podoficera SS. Doskonale o tym wiedział, ale – jak w dobrym kryminale – dbał, by napięcie rosło.

A oto jego atut, coś, co miało być prawdziwym dowodem:

Fakt, że odnalezione zwłoki to naprawdę Hitler i jego żona, potwierdzają zeznania Heusermann, asystentki dentysty Blaschkego, który leczył Hitlera, jego żonę Braun, Goebbelsa i jego rodzinę, a także innych dygnitarzy Rzeszy.

Käthe Heusermann, skarb Wadisa, jego kluczowy światek. Mowa o kobiecie, której życiorys i zdjęcia sygnalityczne przekazano nam w FSB. Identyfikacja najbardziej poszukiwanego człowieka na świecie spoczęła na barkach trzydziestoletniej asystentki stomatologicznej.

Czy i to zeznanie nie jest dość kruche? Wadis nie miał wyboru. Jego ludzie na próżno przeszukiwali cały Berlin – dentysta Blaschke zapadł się pod ziemię. Według Heusermann schronił się w Berchtesgaden, daleko od strefy kontrolowanej przez Rosjan. To prawda. Blaschke wpadł w ręce Amerykanów. Nie mając dentysty, Wadis musiał zadowolić się jego asystentką. Dlatego tak bardzo podkreślał zalety ekspertyzy Käthe Heusermann.

> Podczas przesłuchania ujawniła, że wielokrotnie asystowała doktorowi Blaschkemu przy leczeniu zębów Hitlera i Braun. Co więcej, szczegółowo opisała stan uzębienia górnej i dolnej szczęki Hitlera [...].

Dopiero po sprawdzeniu, czy młoda kobieta faktycznie zna dokumentację medyczną Hitlera, pokazano jej szczęki.

Po rozpoznaniu tych mostków i zębów jako należących do Hitlera Heusermann powiedziała: „Potwierdzam, że mostki i zęby, które mi pokazano, należą do Hitlera, a [czynię to] na podstawie następujących cech: na okazanej szczęce górnej widzę wyraźną rysę pozostałą po wiertle podczas szlifowania złotego mostka znajdującego się za czwórką. Dobrze znam tę rysę, ponieważ zabieg wykonywał jesienią 1944 roku doktor Blaschke z moją asystą przy usuwaniu Hitlerowi szóstki. Ponadto widzę tu wszystkie cechy mostków i zębów Hitlera, na temat których mówiłam już podczas przesłuchania".

Na tym kończy się cytat. Wadis powołuje się na jeszcze innego świadka, Fritza Echtmanna, drugiego niemieckiego więźnia, o którym dowiedzieliśmy się podczas wizyty w FSB. Protetyk również współpracował z dentystą Hitlera. Wadis wykorzystał go do identyfikacji zębów Ewy Braun.

A gdzie podziały się szczątki obu ciał? Wadis rozwodzi się nad szczękami, zdumiewająco lakonicznie mówiąc o autopsji zwłok.

> Po badaniu zwęglonego ciała Hitlera i ciała jego żony Braun ekspertyza anatomopatologiczna potwierdziła, że ze względu na znaczny stopień uszkodzenia ciał i głów, spowodowanego przez ogień, nie stwierdzono ciężkich śmiertelnych ran. W jamach ustnych Hitlera i Braun znaleziono szczątki zgniecionych fiolek z cyjankiem. Analizy laboratoryjne tych ostatnich pozwoliły stwierdzić, że były identyczne jak te znalezione w ciałach Goebbelsa i członków jego rodziny.

Nic poza tym. A przecież wyniki sekcji zasługują na więcej niż kilka linijek na końcu raportu.

Szczegóły autopsji do dziś są utajnione. Ani w GARF-ie, ani w CA FSB nie mogliśmy zapoznać się z pełnym protokołem.

Udało nam się tylko zebrać informacje rozproszone po innych poufnych raportach. Wiemy na przykład, że badania z zakresu medycyny sądowej przeprowadził zespół pod kierunkiem lekarza sądowego z 1 Frontu Białoruskiego, podpułkownika Fausta Szkarawskiego. Wiemy także, że badanie przeprowadzono w północno-wschodniej części Berlina, w dzielnicy Buch, 8 maja 1945 roku – w dniu kapitulacji Niemiec.

Jeśli chodzi o wyniki autopsji, oto co znaleźliśmy w raporcie z 19 stycznia 1946 roku:

> Domniemane zwłoki Hitlera (akt z 8 maja 1945)
>
> Na mocno zniszczonym przez ogień ciele nie zostały stwierdzone widoczne znaki poważnych śmiertelnych uszkodzeń lub choroby.
>
> W jamie ustnej znaleziono reszki zgniecionej szklanej fiolki, wyraźny zapach gorzkich migdałów bijący od ciała

i wyniki analizy anatomopatologicznej trzewi, w których wykryto cyjanek, przywiodły komisję do wniosku, że w tym przypadku śmierć spowodowało zatrucie cyjankiem.

Domniemane zwłoki Ewy Braun (akt z 8 maja 1945)

Na mocno zwęglonym ciele stwierdzono ślady zmiażdżenia klatki piersiowej, krwotoku do jamy opłucnej, uszkodzenie płuca i osierdzia oraz [obecność] sześciu niewielkich odłamków metalu.

Ponadto w jamie ustnej znaleziono szczątki zmiażdżonej szklanej fiolki.

Biorąc pod uwagę znalezienie fiolki, zapach gorzkich migdałów wyczuwalny podczas sekcji ciała oraz wyniki analiz biochemicznych narządów ciała, w których wykryto ślady cyjanku, komisja stwierdziła, że mimo ciężkiej rany klatki piersiowej bezpośrednią przyczyną śmierci było zatrucie cyjankiem.

Równocześnie komisja podkreśla, że ze względu na znaczące zniszczenie ciał przez ogień jedyny dowód w sprawie identyfikacji zwłok stanowić może analiza uzębienia, koron zębowych i wstawionych protez, które zachowały się w jamie ustnej.

Żeby poznać inne szczegóły autopsji, trzeba zwrócić się do Lwa Biezymienskiego, tłumacza języka niemieckiego, który służył w Armii Czerwonej. W 1968 roku, jako dziennikarz i obywatel radziecki, napisał głośną książkę o śmierci Hitlera i zdołał opublikować ją w Niemczech Zachodnich. W Europie trwała zimna wojna, w ZSRR rządził Leonid Breżniew. Wydanie takiej książki było nie do pomyślenia bez zgody radzieckich władz, te zaś musiały dostrzec w tym jakąś korzyść. Warto o tym pamiętać. Czy Biezymienski mówił prawdę, czy też służył propagandzie komunistycznego państwa? Jakkolwiek było, szczegółowo opowiedział, jak radzieckie siły znalazły zwłoki Hitlera i jak zdołały je zidentyfikować.

Pozwolił sobie na luksus zilustrowania relacji niepublikowanymi dokumentami, jak choćby zdjęciami radzieckich żołnierzy przed bunkrem Hitlera. Podpis głosi, że właśnie „odgrzebywali zwłoki Hitlera i Ewy Braun". Możemy też zobaczyć dwa zdjęcia członków komisji, przeprowadzającej sekcję, stojących obok zwłok generała Krebsa i Josepha Goebbelsa. Nie ma natomiast żadnej fotografii z sekcji Hitlera czy Ewy Braun – wykonujący ją Faust Szkarawski twierdził, że zakazano mu robienia zdjęć*. Biezymienski mimo to zamieścił dwie fotografie kiepskiej jakości, na których widać dwie skrzynie zawierające bezkształtną ciemną masę. Jeżeli wierzyć legendom, te zdjęcia ukazują szczątki małżonków Hitler.

Biezymienski twierdził, że poza historycznymi zdjęciami uzyskał też dostęp do wszystkich raportów z sekcji zwłok znalezionych w Führerbunker.

Chodzi o zwłoki Goebbelsów, generała Krebsa, dwóch owczarków niemieckich i oczywiście szczątków – domniemanych – Hitlera i Ewy Braun.

Ton nadany książce z założenia jest polityczny. Dlatego Biezymienski pisze, że „medyczne dowody podważają częste w zachodnich opracowaniach historycznych twierdzenia, że generał Krebs, ostatni szef sztabu niemieckich wojsk lądowych, zmarł jak żołnierz – odebrał sobie życie strzałem z pistoletu [...] Wyniki badań medycznych mówią: »Śmierć na skutek zatrucia cyjankiem«"**.

W tym akapicie jest wszystko: niemal ideologiczny spór z Zachodem – tu prawda radziecka opiera się na faktach naukowych i obala zachodnie manipulacje. Jest też oczernianie nazistowskich wrogów. Dlatego Krebs odebrał sobie życie, zażywając truciznę, co w oczach Sowietów było postawą godną tchórza. Według Moskwy prawdziwy wojskowy, jeśli popełnia samobójstwo, to strzela sobie w głowę.

---

* Elena Rjevskaïa, *Carnets...*, s. 339.

** Lev Bezymenski, *The Death of Adolf Hitler...*, s. 57.

Zwłaszcza jeśli tym samobójcą jest wódz armii. Nie jest więc niespodzianką, że sekcja zwłok przypisywanych Hitlerowi dała według Biezymienskiego następujące wyniki:

Mężczyzna wzrostu prawie 165 centymetrów według deklaracji jego osobistego lekarza, doktora Morella [Hitler miał 176 cm i ważył 70 kg – przyp. aut.), w wieku od pięćdziesięciu do sześćdziesięciu lat (szacunki oparte na ogólnym rozwoju, wielkości narządów, stanie siekaczy dolnych i zęba przedtrzonowego prawego). W ustach znaleziono okruchy szkła z fiolki. Lekarze zwrócili uwagę na „charakterystyczną woń gorzkich migdałów bijącą od ciała oraz wyniki badań anatomopatologicznych narządów wewnętrznych, które potwierdzają obecność cyjanku".

Komisja doszła do wniosku, że „bezpośrednią przyczyną śmierci była trucizna na bazie cyjanku"*.

Radziecka ekipa medyczna stwierdziła też brak części czaszki. Tej lewej, tylnej części, co pasowałoby do fragmentu przechowywanego dziś w GARF-ie.

Według Biezymienskiego lekarze wyczuwali silną woń gorzkich migdałów, bijącą od zwęglonych ciał, które były pogrzebane – jeśli przyjąć, że to Hitler i jego małżonka – pięć dni wcześniej. Czy to możliwe, żeby zapach cyjanku był tak trwały i silny? I dlaczego Biezymienski nie przytacza wyników badań toksykologicznych narządów obu ciał? Ogranicza się do napisania: „Testy chemiczne narządów wewnętrznych wykazały obecność cyjanku".

To nie jest ważne dla byłego tłumacza Armii Czerwonej. Jego cel to przedstawienie przyczyny zgonu denata jako pewnej – zmarł od trucizny. Nigdzie nie ma wzmianki o śladach po kuli. Jeżeli to zwłoki Hitlera, to dyktator odebrał sobie życie, zażywając cyjanek.

Udowodnione: Hitler był tchórzem, tak samo jak szef Sztabu Naczelnego Dowództwa Wojsk Lądowych generał Krebs, no i oczywiście Goebbels.

---

* *Ibidem*, s. 67.

Ta wola Kremla, żeby przedstawić nazistowskich przywódców jako „podludzi", stała się widoczna już w chwili, gdy powiadamiano Stalina o samobójstwie Hitlera. Wykluczone, by jego wróg mógł uchodzić za bohatera. A zatem, skoro niemiecki dyktator został do końca w Berlinie, mimo bombardowań, to nie dlatego, że miał odwagę, ale dlatego, że powodował nim niszczycielski obłęd.

Generał Aleksandr Wadis ze „Smierszu" to samo napisał w raporcie z 27 maja 1945 roku, złożonym Berii, prawej ręce Stalina.

Beria zapoznał się z raportem i przekazał go Stalinowi.

Dowody na to, że naprawdę odnaleziono zwłoki Hitlera, czyli zęby, zostały potajemnie wysłane na Kreml.

Sprawa ta była bliska zakończenia. Stalin już wkrótce mógł oznajmić światu, że odnalazł Hitlera, że dyktator nie żyje, że zdechł jak tchórz w swojej szczurzej norze.

Tak by się stało, gdyby nie człowiek, który wyjawił tajnym służbom NKWD, że Wadis i „Smiersz" są w błędzie. Tym człowiekiem był Otto Günsche, adiutant Hitlera. On także został pojmany przez Rosjan po próbie ucieczki z bunkra i bardzo szybko zidentyfikowany. Jego pierwsze przesłuchanie zburzyło całą konstrukcję. Günsche stwierdził jednoznacznie, że Hitler wpakował sobie kulę w głowę!

Moskwa, marzec 2017 roku

W zasadzie tylko rodzina ma prawo wglądu w akta. Władimir Iwanowicz Korotajew powtórzył to po raz kolejny. Mimo że wojskowe akta Ottona Günschego zostały odtajnione i straciły status tajemnicy wojskowej, pozostają poufne. „Wyjątek stanowi sytuacja, gdy członek jego rodziny złoży oficjalny wniosek", powtórzył, szybko zamykając szarą tekturową teczkę, opatrzoną symbolami MWD SSSR, Ministerstwa Spraw Wewnętrznych ZSRR. Na okładce dużym drukiem napisano: „Akta osobowe: Günsche Otto Hermann". Ten sam Otto Günsche, który był osobistym adiutantem Adolfa Hitlera aż do jego śmierci. Jeden z nielicznych świadków ostatniego aktu dramatu w bunkrze Führera. Władimir Korotajew jest zastępcą dyrektora Rosyjskiego Państwowego Archiwum Wojskowego, instytucji, w której zgromadzono niemal 7,3 miliona dokumentów związanych z radzieckimi, a następnie rosyjskimi siłami zbrojnymi oraz ze służbami wywiadu wojskowego. Można tu także znaleźć dokumenty urzędowe Trzeciej Rzeszy przejęte przez wojska radzieckie po zakończeniu drugiej wojny światowej, w tym akta personalne nazistowskich przywódców oraz prywatne dzienniki Goebbelsa i kalendarz pracy Himmlera. Podczas naszego pierwszego spotkania Władimir traktował nas nie tylko uprzejmie, ale wręcz życzliwie. Ten pięćdziesięciolatek o szpakowatych włosach, z krótką brodą, mówił niewiele i cicho. Potrafił za to uważnie słuchać. Kiedy się do niego zwracałem, jego bladoniebieskie oczy nie odrywały się ode mnie ani na chwilę. Jego twarz nie zdradzała żadnych emocji, żadnych reakcji. Przypominała woskową maskę.

Lana skontaktowała się z nim kilka tygodni wcześniej, po naszej wizycie w siedzibie FSB. Przed wyjściem z Łubianki poprosiliśmy o radę Dmitrija, funkcjonariusza rosyjskich tajnych służb oficjalnie zajmującego się naszą sprawą. Jak dotrzeć do archiwów wojskowych? Czy byłby w stanie zasugerować nam konkretną osobę, może jakiś numer telefonu? „Radźcie sobie sami" – to wszystko, co raczył nam powiedzieć. „Nie mamy nic wspólnego z wojskiem, to jest FSB. Pomyliliście instytucje". Kto powiedział, że Rosjanie nie są drażliwi? „Po co chcecie marnować czas w archiwach wojskowych?" Stary dziennikarski odruch kazał mi nie odkrywać wszystkich kart, zwłaszcza w rozmowie z wysokim rangą funkcjonariuszem FSB. Czy nie postara się zablokować nam dostępu do dokumentów wojskowych? Chcieliśmy dotrzeć do archiwów armii rosyjskiej za radą pracowników GARF-u. „Jeżeli chcecie dowiedzieć się czegoś więcej o Günschem, idźcie tam", podsunęła nam Dina Nikołajewna, archiwistka w nieokreślonym wieku, strażniczka czaszki Hitlera. „Chcielibyśmy przejrzeć akta Francuzów wziętych do niewoli przez Armię Czerwoną w 1945 roku". Improwizacja to sztuka wymagająca finezji. Dmitrij nie zareagował na to wyjaśnienie. Pożegnał nas jeszcze raz i odprowadził do wyjścia, ściśle rzecz ujmując, na chodnik. Wyszedł z nami przed budynek.

Archiwa wojskowe. To jedno słowo, „wojskowe", wzbudziło w Lanie i we mnie jeszcze większy lęk. Czy którakolwiek rosyjska instytucja była równie niechętna zagranicznym dziennikarzom i tak mało skłonna do kontaktów z nimi jak FSB? Owszem – wojsko. Jak Lana ze swoim podwójnym – rosyjskim i amerykańskim – obywatelstwem, i ja, Francuz, mamy tam dotrzeć? Wbrew naszym obawom wcale nie było to takie trudne. Matka jednej z przyjaciółek Lany pracowała niegdyś jako historyk w Państwowym Archiwum Wojskowym. Teraz była już wprawdzie emerytką, ale miała bardzo dobry kontakt z obecną dyrekcją. To ona podpowiedziała

Lanie, by zwróciła się do Władimira Korotajewa, a ten dał się przekonać już podczas pierwszej rozmowy. Nie stawiał żadnych warunków, nie wymagał żadnych specjalnych zezwoleń innych instytucji. Nie musiał informować o naszej prośbie ani Kremla, ani zwierzchników. „Proszę mi powiedzieć, czego na temat Trzeciej Rzeszy pani szuka?", zapytał tylko. „Hitler? Znowu Hitler?" Ton głosu dyrektora natychmiast się zmienił. Lana się nie poddała. Modulowała głos, prosiła, mówiąc jak najłagodniejszym tonem. W końcu padło oschłe: „Za dzień albo dwa. Niech mi pani da czas na znalezienie właściwych dokumentów". Po czterdziestu ośmiu godzinach Władimir zadzwonił do Lany: znalazł. Wszystko. Mogliśmy ustalić termin spotkania. W przyszłym tygodniu. Pod koniec dnia, o siedemnastej. W Moskwie urzędy publiczne wcześnie kończą pracę. O siedemnastej większość rosyjskich urzędników już dawno jest poza biurem. Tak późna godzina nie mogła być przypadkowa. Władimir chciał mieć pewność, że nikt nie natknie się na nas w archiwum. Będzie tam tylko on.

Był już kwadrans po piątej, a nasza taksówka tkwiła na moście Patriarszym, w ścisłym centrum miasta. Kierowca stracił nadzieję na szybkie odblokowanie drogi i podłączył odtwarzacz DVD do gniazda zapalniczki. Skazał nas na przykre dla uszu dźwięki lokalnego popu i widok gromady młodych kobiet, które z zachwytem kręciły biodrami, ubrane w szorty. Korki sprawiają, że w Moskwie nie da się żyć, tłumaczyła mi z żalem Lana. Czasy pustych moskiewskich bulwarów się skończyły, gdy Rosja wstąpiła na drogę liberalizmu. Stare łady i radzieckie wołgi ustąpiły miejsca tanim samochodom z Azji i licznym kosztownym limuzynom oraz dużym europejskim wozom terenowym.

Ile jeszcze czasu zajmie nam dojazd do siedziby archiwum? „Godzinę...", odparł taksówkarz, pokazując palcem GPS. „Może trochę mniej albo trochę więcej..." Topniejący śnieg, typowy u schyłku rosyjskiej zimy, miękko opadał na szyby samochodu, potęgując nasze i tak fatalne nastroje oraz deprymującą sytuację. Nagle Lana wysiadła z taksówki, krzycząc do mnie, żebym na nią zaczekał. W tym korku nie miałem raczej jak uciec. Po niespełna dziesięciu minutach, w ciągu których przesunęliśmy się z trudem o jakieś 50 metrów, pojawiła się z włosami przyprószonymi śniegiem i plastikową torbą w ręce. „To na przeprosiny", oznajmiła triumfalnym tonem, wyciągając butelkę armeńskiego koniaku. „W Rosji wszyscy to uwielbiają", zapewniała.

Przykro mi, bardzo nam przykro. Powtarzałem rosyjskie słowa, których próbowała mnie nauczyć Lana. Chciałem wymówić je jak najpoprawniej, kiedy za chwilę spotkamy się z Władimirem. Było już po szóstej wieczorem. Gmach Państwowego Archiwum Wojskowego jest typowym budynkiem z epoki komunizmu – betonowa bryła z matowymi oknami wznosi się w ponurej dzielnicy na peryferiach miasta. Był pusty. A przynajmniej tak wyglądał. Na zewnątrz nie przenikało żadne światło z dziesięciu pięter fasady. Oświetlony był tylko parter.

Ciężkie drzwi holu zamknęły się za nami z nieprzyjemnym trzaskiem. Płyty z szarego marmuru wyściełały podłogę i ściany holu, toteż czuliśmy się tu jak w nawie opuszczonego kościoła. Można było zaprojektować to wnętrze inaczej, choćby po to, żeby łatwiej je ogrzać. Nasze hałaśliwe wtargnięcie miało pewną zaletę – zza wysokiego drewnianego kontuaru, który odcinał dostęp do schodów, wychyliła się głowa. Należała do umundurowanej kobiety. Wojskowa dźwignęła się wolno, jakby sam fakt, że musi się ruszyć, sprawiał jej ból. Jej obecność, nawet milcząca, była jak miód na nasze serca, dowodziła bowiem, że ten budynek nie stał opuszczony od upadku Związku Radzieckiego. Wnętrza utrzymane w stylu vintage zdawały się świadczyć o czymś innym... Jak ten bakelitowy, pomarańczowo-brązowy aparat telefoniczny i zegar z pleksiglasu ze wskazówkami w kształcie mieczy. Te przedmioty rodem z epoki komunizmu wciąż doskonale wypełniały swoje zadania. Zegar wskazywał prawidłową godzinę, a telefon działał, co udowodniła nam dyżurna. „Dwoje. Tak, jest ich dwoje, panie wicedyrektorze. Nie, nie mogę ich wpuścić na górę. Musi pan po nich przyjść. Tak. Tak. Czekają". Rozmowa trwała krótko. Dyżurna delikatnie odsunęła stary telefon i dała nam znak, żebyśmy czekali.

„Przykro nam, naprawdę bardzo nam przykro. Przepraszamy". Ciekawe, czy zrozumiał mój bełkot, który miał brzmieć jak rosyjski? Zastępca dyrektora Państwowego Archiwum Wojskowego kazał nam na siebie czekać dziesięć minut. Potem się pojawił, wyraźnie urażony. W odpowiedzi na nasze przeprosiny spojrzał na nas z półuśmiechem, wciąż strosząc brwi, odwrócił się i ruszył w stronę schodów. Lana lekko mnie pchnęła, każąc za nim iść. „Wszystko w porządku", szepnęła. „Jest bez palta, to znaczy, że nie zamierza jeszcze wychodzić".

Akta Günschego! To niemożliwe. Dzienniki Goebbelsa, czemu nie, ale na pewno nie Günsche! Władimir kręcił głową – dostęp do akt esesmana Ottona Günschego jest wykluczony.

A przecież te akta leżały tu, przed nami. Władimir wziął je z magazynu, przygotował specjalnie na to spotkanie. Otworzył teczkę, pokazał nam kilka zdjęć z tamtych czasów, ale nic więcej. Prawie nic. Jak za sprawą szczęśliwego przypadku, a może uśmiechu losu, dyrektor wstał i przeprosił nas na chwilę. „Przyniosę jeszcze dokumenty z magazynu. To zajmie najwyżej dziesięć minut. Proszę tu zaczekać..." Bez słowa odprowadziliśmy go spojrzeniem. A potem Lana uśmiechnęła się do mnie i rzuciła: „Do dzieła!".

Przewracałem kartki z zapartym tchem, niezdarnie. Przed naszymi oczyma stał Otto Günsche. Poznawaliśmy jego życie esesmana, członka gwardii Hitlera i radzieckiego więźnia. Tyle niepublikowanych dokumentów historycznych! Dokonywał się zwrot w naszym śledztwie. Günsche jako jedyny członek ścisłego kręgu współpracowników Hitlera nigdy nie zgodził się napisać autobiografii. Był człowiekiem małomównym, nie chciał udzielać wywiadów. Uczynił wyjątek tylko dla amerykańskiego dziennikarza Jamesa O'Donnella, któremu odpowiedział na kilka pytań, poza tym jednak aż do śmierci w 2003 roku, w wieku osiemdziesięciu sześciu lat, Günsche unikał mediów. Swe wyznania złożył wyłącznie przed radzieckimi tajnymi służbami. Chociaż trudno to nazwać wyznaniami. Powiedzmy raczej, że zeznawał pod przymusem.

Pierwsza karta akt to karta tożsamości sporządzona przez dyrekcję Ministerstwa Spraw Wewnętrznych 4 czerwca 1950 roku, a zatem już pięć lat po zatrzymaniu w Berlinie. To standardowy formularz używany w przypadku więźniów w Związku Radzieckim. Ale na tym dopisano odręcznie dużymi, czerwonymi literami „Pod szczególnym nadzorem". Numer 4146, Günsche Otto, nie jest zwyczajnym więźniem. Poza podstawowymi danymi, jak data urodzenia (1917), miejsce urodzenia (Jena, Niemcy), wzrost (193 cm), miejsce przetrzymywania (obóz dla jeńców wojennych nr 476), zanotowano odręcznie, że więzień wymaga wzmożonego nadzoru. Zaznaczono także, że stan zdrowia Günschego jest dobry, a w jego więzieniu „nie ma chorób zakaźnych". Inne karty mają pozaginane rogi, są różnego formatu, niektóre niewiele większe od kartek z notesu kieszonkowego. Większość zapisana odręcznie, jakby w pośpiechu. Podpisujący zawsze podaje stopień i funkcję. Poznajemy przy okazji całą skomplikowaną hierarchię funkcji – jest tam „zastępca dowódcy działań operacyjnych", „kierownik wydziału", „szef departamentu specjalnego"... Notatki często dotyczą donosów o wrogich wobec Związku Radzieckiego zachowaniach więźnia Günschego. Takie raporty sprowadzają się do kilku linijek i wniosku o stosowną karę. Za każdym razem całości dopełnia wielkie „akceptuję" dodane na ukos odręcznym pismem.

Najczęściej donosy na Günschego składali ci, z którymi przebywał na co dzień – niemieccy więźniowie, dawni naziści. Radzieckie więziennictwo zachęcało do donosicielstwa, nagradzając takich, jak niejaki Nokri. Pisał do „Pana Szefa" swojego oddziału więziennego, 14 brygady w obozie nr 476. Obóz o zaostrzonym rygorze znajdował się w obwodzie swierdłowskim, na Uralu, gdzie panował surowy klimat. Był jednym z największych obozów w Związku Radzieckim.

Słownictwo, a także charakter pisma donosiciela świadczą o kiepskiej znajomości języka. Nokri jest Niemcem, słabo zna rosyjski i ma kłopoty z alfabetem. „Otrzymałem dzisiaj z posterunku strażnika obozu rozkaz przystąpienia do składania drewna na dziedzińcu gospodarczym strefy. [...] Günsche Otto zabrał głos w izbie, gdzie mieszka 74 mężczyzn z 14 brygady. Powiedział: »Nie pójdę. Rosjanie dobrze wiedzą, że się na to nie godzę«. Powiedział to, jakby był naszym bohaterem, człowiekiem stojącym ponad władzami radzieckimi. [...] Panie Szefie, proszę surowo ukarać tę osobę".

Wyrok zapadł kilka tygodni później, po szybkim dochodzeniu. Zgodnie z dokumentem, który mamy przed oczyma, ustalono, że:

> Skazany Günsche, w przeszłości osobisty adiutant Hitlera, wyrażał przy skazanych antyradzieckie odwetowe poglądy i gloryfikował dawny reżim hitlerowski. Umyślnie źle pracuje przy produkcji.
>
> Postanowiono zamknąć skazanego Günschego jako element szczególnie niebezpieczny w celi, w pełnym odosobnieniu, na okres 6 miesięcy.
>
> Podpisano: Główny śledczy oddziału nr 5
> Kapitan P. Olienow

W aktach Günschego jest około stu takich kart. Jedna z nich zwróciła uwagę Lany. Została starannie napisana na maszynie i opatrzona klauzulą „tajne", widniejącą w prawym górnym rogu. Pieczęć w kolorze indygo, z godłem Związku Radzieckiego, przydaje oficjalnego charakteru temu dokumentowi. „To wyrok z jego procesu", wyjaśniła mi Lana. Został wydany przez sąd wojskowy dla regionu Iwanowo, położonego 300 kilometrów na północny wschód od Moskwy. Nosi datę 15 maja 1950 roku.

> Dochodzenie sądowe oraz materiały sprawy pozwoliły ustalić następujące fakty:

Oskarżony GÜNSCHE, nazista i oddany zwolennik Hitlera, wspierający jego politykę, podczas całej swej służby w dawnej armii niemieckiej był aktywnym zwolennikiem i uczestnikiem realizacji zbrodniczych planów Hitlera w fazie przygotowań do wojny ze Związkiem Radzieckim.

Przed dojściem Hitlera do władzy, w 1931 roku, GÜNSCHE wstąpił do faszystowskiej organizacji młodzieżowej Hitlerjugend, a następnie, w 1934 roku, w wieku 17 lat, wstąpił na ochotnika do jednostki SS „Leibstandarte Adolf Hitler", w której szeregach uczestniczył w umacnianiu reżimu faszystowskiego w Niemczech.

W 1936 roku GÜNSCHE został w sposób szczególny wyróżniony za swoją służbę i przeniesiony do ochrony osobistej Hitlera.

W okresie wojny Niemiec z ZSRR GÜNSCHE służył w armii niemieckiej w dywizji „Leibstandarte SS Adolf Hitler" najpierw jako dowódca plutonu, następnie kompanii dywizji pancernej.

Znajdując się na czasowo okupowanych terenach ZSRR wraz ze swą dywizją, dopuścił się potwornych czynów wobec cywilów i radzieckich jeńców wojennych. Hasłem dywizji SS było: „Potrzebujemy rosyjskiej przestrzeni bez Rosjan", a zatem wezwanie do całkowitego wyniszczenia ludności radzieckiej.

Wypełniając te zbrodnicze nakazy, dywizja rozstrzelała w rejonie Żytomierza 285 cywilów, powiesiła 8 osób, torturowała, doprowadzając do śmierci, 73 osoby, zagłodziła na śmierć 25 196 radzieckich jeńców wojennych.

Od stycznia 1943 do 30 kwietnia 1945 roku GÜNSCHE, jako zajadły faszysta, służył jako osobisty adiutant Hitlera, a potem, w marcu i kwietniu 1945 roku, łączył tę funkcję z zadaniami komendanta Kancelarii Rzeszy.

Jako osobisty adiutant Hitlera GÜNSCHE uczestniczył we wszystkich naradach prowadzonych przez Hitlera,

Fot. 1: Dwa najważniejsze dowody rzeczowe w sprawie Hitlera, przechowywane w GARF-ie w Moskwie. Jak twierdzą Rosjanie, są to drewniane elementy kanapy, na której Führer odebrał sobie życie, a także fragment czaszki Hitlera umieszczony w pudełku na dyskietki.

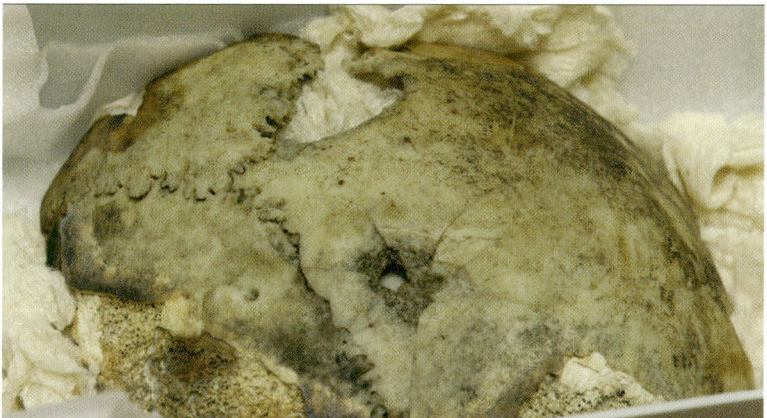

Fot. 2: Fragment czaszki przechowywany w GARF-ie w Moskwie. Odnaleziono go przed wyjściem ewakuacyjnym z bunkra Führera w Berlinie w maju 1946 roku, podczas radzieckiego kontrśledztwa w sprawie śmierci Hitlera. Doskonale widoczny wlot po kuli, a także ślady kremacji i ziemi.

Fot. 3: Część szczęki Hitlera. Radzieccy śledczy mieli wyrwać ją z jego ust po znalezieniu zwłok w ogrodach Nowej Kancelarii Rzeszy w Berlinie 4 maja 1945 roku. Szczątki te są do dziś przechowywane w archiwum rosyjskich tajnych służb CA FSB.

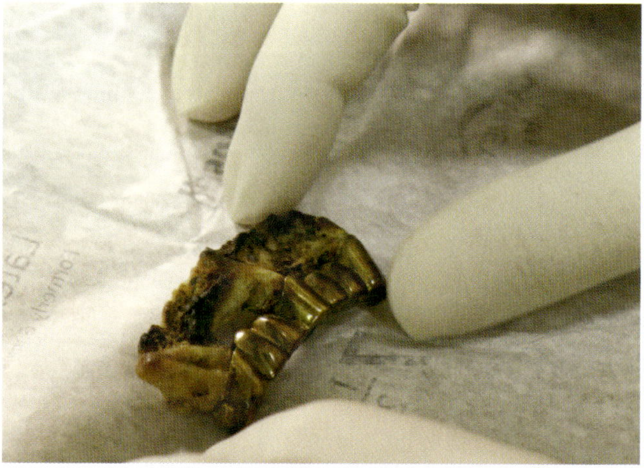

Fot. 4: Fragment uzębienia Hitlera. Ślady karbonizacji na resztkach szczęki świadczą o sile ognia, ale także o zbyt krótkim czasie spalania, by uszkodzić zęby i protezy.

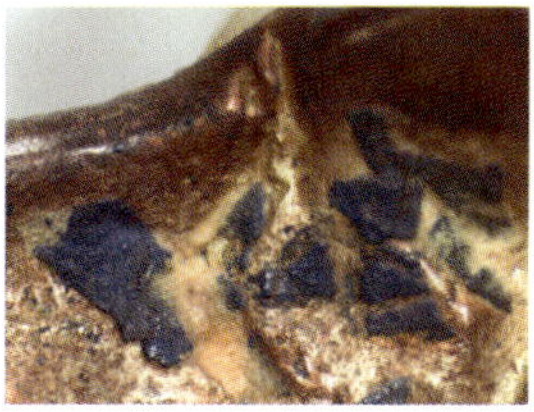

Fot. 5 i 6: Niebieskie plamy widoczne są nie tylko po jednej stronie szczęki. Można je zobaczyć po prawej na zdjęciu 5. To dziwny, jaskrawoniebieski kolor (zbliżenie spod mikroskopu na zdjęciu 6). Czy to cyjanek?

Fot. 7: U schyłku życia Hitler miał tylko cztery zdrowe zęby bez protez. Aby ocalić jeden z nich, poprosił dentystę o wykonanie protezy w kształcie rynienki. Jej wyjątkowa forma ułatwiła identyfikację zębów Führera.

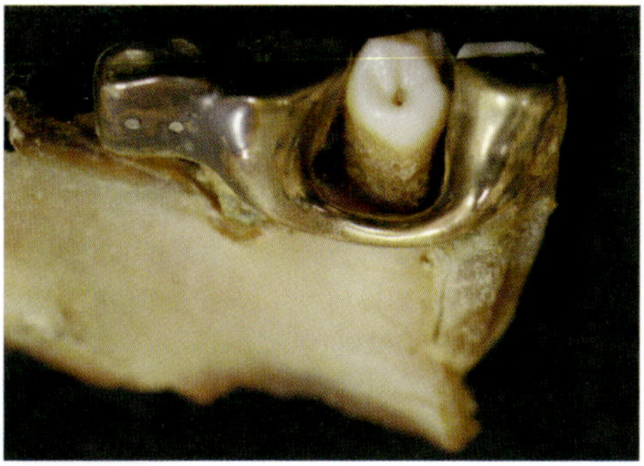

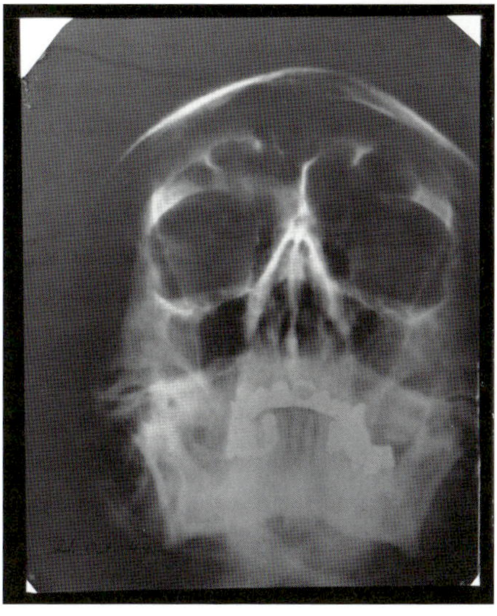

Fot. 8: Zdjęcie rentgenowskie twarzy Hitlera wykonane jesienią 1944 roku (obecnie przechowywane w National Archives w College Park w Maryland, Stany Zjednoczone, nr 27500765). Metalowe protezy zębów widoczne jako białe plamy. Najwyraźniej rysuje się ta w kształcie rynienki, na dole po lewej.

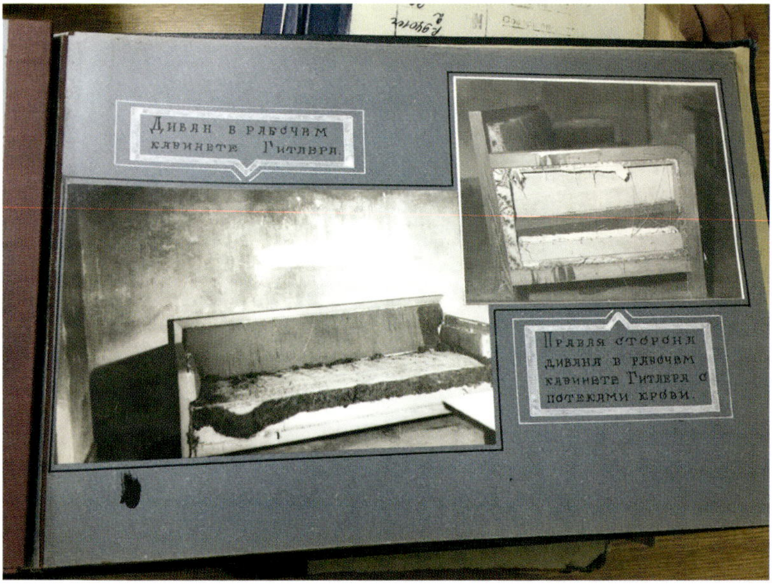

Fot. 9: Zdjęcia wykonane przez radzieckich śledczych w maju 1946 roku w bunkrze Führera w Berlinie. Według nich jest to kanapa, na której popełnił samobójstwo. Po prawej stronie oparcie z widocznymi ciemnymi zaciekami. Czy to krew dyktatora?

Fot. 10: Elementy kanapy zachowane w GARF-ie w Moskwie. Ciemne plamy tuż obok fragmentu tkaniny pozostają widoczne po siedemdziesięciu latach od tamtych zdarzeń.

a dotyczących kwestii wojny prowadzonej przeciwko ZSRR i narodom, którym drogie są pokój i demokracja.

Jako osobisty adiutant Hitlera, GÜNSCHE wypełniał różne rozkazy i instrukcje o zbrodniczym charakterze

[...]

Na podstawie tych dowodów Trybunał Wojskowy uznaje GÜNSCHEGO za winnego przestępstwa z art. 1 Dekretu z 19 kwietnia 1943 roku i na podstawie art. 319 i 320 kodeksu postępowania karnego,

SKAZUJE:

GÜNSCHEgo Ottona Hermanna, na podstawie art. 1 Dekretu Prezydium Rady Najwyższej ZSRR z 19 kwietnia 1943 i zgodnie z art. 2 Dekretu z 26 maja 1947 roku „O abolicji kary śmierci", na karę więzienia w Obozie Reedukacji przez Pracę na okres DWUDZIESTU PIĘCIU (25) lat.

Czas odbywania kary przez GÜNSCHEgo zaczyna się od dnia 6 kwietnia 1950 roku.

Otto Günsche miał wówczas trzydzieści dwa lata i już od prawie pięciu był w radzieckiej niewoli. Zdjęcie dołączone do akt pokazuje mężczyznę przedwcześnie postarzałego, wychudzonego, ale o spojrzeniu wciąż twardym, niemal groźnym, jakby ten człowiek rzucał wyzwanie władzy radzieckiej. Czy oficer SS chciał w ten sposób pokazać, że nie jest głupcem? Że jego proces to maskarada, a wyrok zapadł już dawno?

Czy dwadzieścia pięć lat w obozie pracy nie jest gorsze od egzekucji? Jak można przeżyć taką karę w gułagu? W jakim stanie fizycznym i umysłowym się stamtąd wychodzi? Po odbyciu kary Günsche miałby pięćdziesiąt siedem lat. Dawny adiutant Hitlera nie był w stanie pogodzić się z perspektywą życia katorżnika. „Od wyroku przysługuje apelacja do instancji odwoławczej Trybunału Wojskowego Wojsk MWD Okręgu Moskiewskiego", poinformowano go na piśmie. Miał na to siedemdziesiąt dwie godziny. Kilka stron dalej znajdujemy wyniki apelacji: 21 października

1950 roku, czyli pięć miesięcy po procesie, Günsche znów stanął przed sądem…

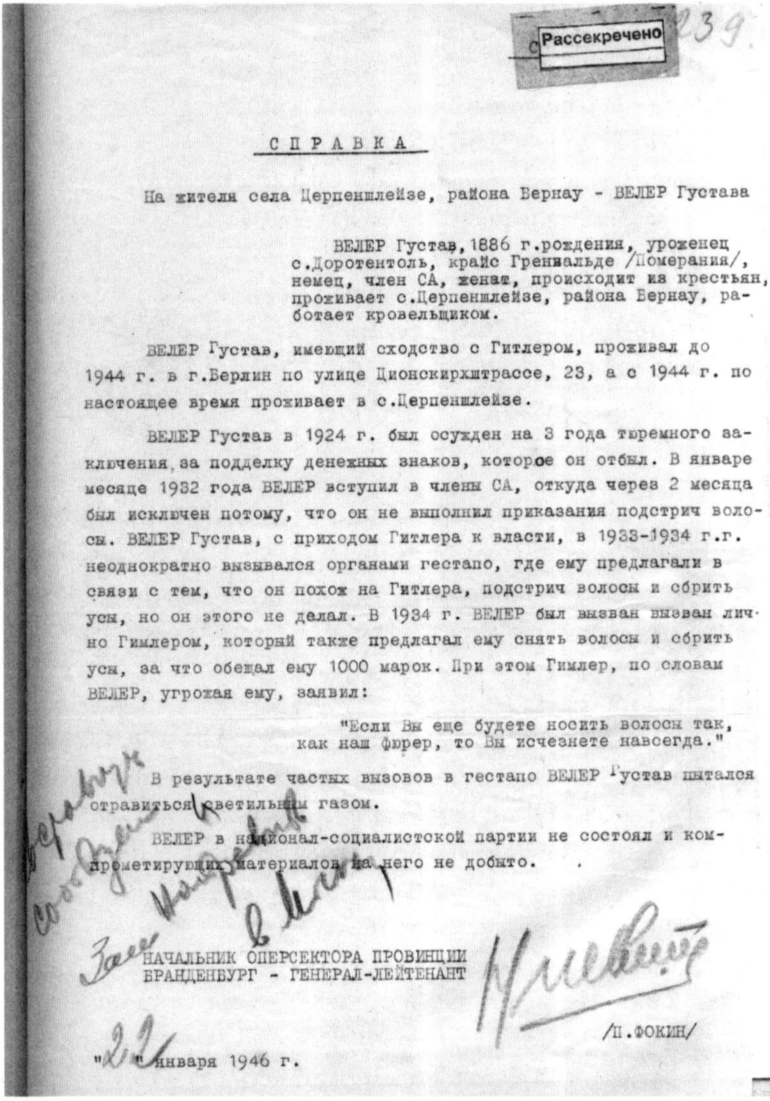

Рассекречено

239

СПРАВКА

На жителя села Церпеншлейзе, района Бернау - ВЕЛЕР Густава

ВЕЛЕР Густав, 1886 г.рождения, уроженец с.Доротентоль, крайс Греннвальде /Померания/, немец, член СА, женат, происходит из крестьян, проживает с.Церпеншлейзе, района Бернау, работает кровельщиком.

ВЕЛЕР Густав, имеющий сходство с Гитлером, проживал до 1944 г. в г.Берлин по улице Ционскирхштрассе, 23, а с 1944 г. по настоящее время проживает в с.Церпеншлейзе.

ВЕЛЕР Густав в 1924 г. был осужден на 3 года тюремного заключения за подделку денежных знаков, которое он отбыл. В январе месяце 1932 года ВЕЛЕР вступил в члены СА, откуда через 2 месяца был исключен потому, что он не выполнил приказания подстричь волосы. ВЕЛЕР Густав, с приходом Гитлера к власти, в 1933-1934 г.г. неоднократно вызывался органами гестапо, где ему предлагали в связи с тем, что он похож на Гитлера, подстричь волосы и сбрить усы, но он этого не делал. В 1934 г. ВЕЛЕР был вызван вызван лично Гимлером, который также предлагал ему снять волосы и сбрить усы, за что обещал ему 1000 марок. При этом Гимлер, по словам ВЕЛЕР, угрожая ему, заявил:

"Если Вы еще будете носить волосы так, как наш фюрер, то Вы исчезнете навсегда."

В результате частых вызовов в гестапо ВЕЛЕР Густав пытался отравиться светильным газом.

ВЕЛЕР в национал-социалистской партии не состоял и компрометирующих материалов на него не добыто.

НАЧАЛЬНИК ОПЕРСЕКТОРА ПРОВИНЦИИ
БРАНДЕНБУРГ - ГЕНЕРАЛ-ЛЕЙТЕНАНТ

/П.ФОКИН/

"22" января 1946 г.

Radzieckie śledztwo w sprawie sobowtóra Hitlera (GARF).

Oto raport w tej sprawie:

W skardze kasacyjnej Günsche utrzymuje, że nie popełnił zbrodni i wnosi o kasację wyroku.

Nie znalazłszy w okolicznościach sprawy podstaw do kasacji lub zmiany wyroku,

POSTANAWIA SIĘ:

Utrzymać w mocy wyrok wydany na skazanego Günschego Ottona Hermanna i nie uwzględniać jego skargi kasacyjnej.

Śmierć, deportacja, ciężkie warunki w więzieniu – na to Sturmbannführer SS przygotował się, podejmując decyzję o ucieczce z bunkra Hitlera, ale z pewnością nie spodziewał się niewiarygodnego losu, jaki Stalin postanowił zgotować bliskim współpracownikom Führera.

1 maja 1945 roku w bunkrze Führera. Generał Krebs poniósł porażkę. Nie powiodła się próba pertraktacji z radzieckim sztabem, podjęta poprzedniego dnia wieczorem. Nadzieja na zawieszenie broni prysnęła. Rosjanie żądali bezwarunkowej kapitulacji. Koniec ostatnich mieszkańców bunkra Kancelarii był bliski i nieunikniony. Przez cały dzień wszyscy przygotowywali się do niemal niewykonalnej operacji: do ucieczki. Dochodziła dwudziesta druga, gdy pierwsza grupa podjęła tę rozpaczliwą próbę. Znalazł się w niej Günsche. Wraz z nim wyszły dwie sekretarki i dietetyczka Hitlera, a także sekretarka Bormanna. Eskortowało ich stu żołnierzy. Przez całą noc razem próbowali bezskutecznie przebić się przez radzieckie linie. 2 maja rano udało im się schronić w piwnicy piwiarni przy Schönhauser Alee, w centrum miasta. Nikt z uciekinierów nie wiedział, że dowódca wojsk niemieckich w Berlinie generał Weidling wydał już rozkaz kapitulacji. Po południu radzieccy żołnierze otoczyli piwiarnię. „Wojna się skończyła. Wasz dowódca nakazał zaprzestanie walki", krzyczeli. Günsche i pozostali oficerowie wahali się, jednak musieli

pogodzić się z rzeczywistością: walki faktycznie ustały, nie mieli już wyboru. Zanim oddali się w ręce nieprzyjaciół, pomogli dwóm sekretarkom Hitlera, Gerdzie Christian i Traudl Junge, jego kucharce Constanze Manziarly oraz sekretarce Bormanna Else Krüger opuścić piwnicę. W przypadku młodych kobiet taka desperacka próba była lepsza niż dostanie się w ręce Sowietów. Hitler uprzedził je, że to oznacza gwałt. Gerdzie Christian udało się dotrzeć do Bawarii, gdzie w marcu 1946 roku aresztowali ją Amerykanie. Traudl Junge po długiej tułaczce po Niemczech wróciła, żeby ukryć się w Berlinie, i na początku czerwca wpadła w ręce żołnierzy Armii Czerwonej. Constanze Manziarly nigdy nie odnaleziono. Gerda Christian twierdziła, że 2 maja 1945 roku widziała, jak zatrzymali ją czerwonoarmiści. Do dziś nie natrafiono na żaden ślad po tej kobiecie w rosyjskich archiwach. Else Krüger natomiast wpadła w ręce Brytyjczyków.

Günsche poddał się bez walki 2 maja 1945 roku o dwudziestej drugiej.

Zaczęły się przesłuchania. Bardzo szybko, ze względu na status Sturmbannführera SS przydzielonego do służby przy Hitlerze, zaczęto go traktować w szczególny sposób. Günschem zajął się Ludowy Komisariat Spraw Wewnętrznych, NKWD. Ten organ państwowy łączył uprawnienia policji, nadzór nad gułagami i rolę wewnętrznych tajnych służb. Zeznania składał bezpośrednio przed generałem Kobułowem, zastępcą dowódcy radzieckiej administracji wojskowej w Niemczech i zastępcą dowódcy Zarządu ds. Jeńców Wojennych i Osób Internowanych (GUPWI), oraz przed pułkownikiem Parparowem, dowódcą wydziału operacyjnego tego zarządu. Podczas przesłuchania z 18 i 19 maja 1945 roku powiedział, że Hitler zabił się strzałem w głowę. Ta informacja była bardzo kłopotliwa dla radzieckich służb specjalnych, podważała bowiem hipotezę o zażyciu trucizny. Taką wersję oficjalnie podał i podtrzymywał generał „Smierszu" Aleksandr Wadis.

„Sturmbannführer Linge stał przed drzwiami wejściowymi bunkra, w pobliżu drzwi gabinetu Hitlera. 30 kwietnia 1945 roku około szesnastej usłyszał wystrzał". Odpowiedzi Günschego spisywano tak, jak je formułował, bez ozdobników czy interpretacji. Kobułow i Parparow dokładnie notowali każde jego oświadczenie. To, co słyszeli, zaskakiwało ich i cieszyło zarazem. Mieli broń przeciwko kolegom, a jednak rywalom, ze „Smierszu". Kobułow i Paparow pałali nienawiścią do tej służby kontrwywiadu, której szefowie mieli się za wszechmogących. Obaj byli ludźmi Berii – budzącego strach szefa NKWD. A Beria nienawidził „Smierszu" i jego zwierzchnika, generała Abakumowa, którego uważał za śmiertelnego wroga. Władca NKWD nie ufał tej tajnej służbie, która wymykała się spod jego kontroli. Choć oficjalnie „Smiersz" podlegał NKWD, to w rzeczywistości Abakumow często składał raporty bezpośrednio Stalinowi, pomijając Berię. Konkurencja pomiędzy radzieckimi tajnymi służbami nie mogła trwać zbyt długo – stalinowski reżim zachowywał tylko najlepszych. A Beria był zdeterminowany: to on musiał okazać się najlepszy.

W maju 1945 roku Ławrentij Pawłowicz Beria miał czterdzieści sześć lat. Czysty wytwór rewolucji radzieckiej, człowiek, tak jak Stalin, pochodzący z Gruzji, był u szczytu kariery. Z wyglądem drobnego urzędnika, w śmiesznych binoklach, nie prezentował się zbyt dumnie. A jednak... W rządzie był zastępcą Stalina, należał do Narodowego Komitetu Obrony i kierował wywiadem zewnętrznym, nie wspominając już o tajnej policji. Znienawidzony, pogardzany, Beria przede wszystkim wzbudzał strach. Gwałtowny, bezlitosny, sadystyczny, mściwy psychopata i alkoholik – ta czarna legenda o „pierwszym gliniarzu" stalinowskiego państwa nie jest wyssana z palca, ale trzeba ją uzupełnić. To prawda, że wykazywał talent oprawcy, kiedy kierował torturami albo osobiście torturował najbardziej opornych więźniów. Nie zadrżała mu ręka, kiedy w latach 1941–1944 podpisywał rozkazy deportacji „wrogich narodowości", czyli prawie miliona obywateli radzieckich należących do mniejszości (Czeczenów, Inguszy, Niemców nadwołżańskich, Tatarów krymskich...). Stalin podejrzewał ich o kolaborację z nazistami, więc zostali wywiezieni na Syberię i do

Azji Centralnej, w nieludzkie warunki. Zaledwie cztery lata po deportacji śmiertelność wśród nich sięgnęła 20 procent. Prawie 200 tysięcy nie przetrwało życia, na jakie skazało ich NKWD. Bez zmrużenia oka dokonał mordu na 25 tysiącach polskich oficerów w lesie katyńskim w 1940 roku. Nikita Chruszczow powiedział o nim, że żeby wspiąć się na takie wyżyny władzy w ZSRR, „pokonywał kolejne szczeble, wspinając się po stosach trupów"*. O ile jednak Berię można obiektywnie uznać za potwora, to trzeba stwierdzić, że był to polityk obdarzony niesamowitym instynktem samozachowawczym. Błyskawicznie zrozumiał, że ani to, że podobnie jak Stalin jest Gruzinem, ani to, że jest mu niemal chorobliwie wierny, nie zapewnia mu bezpieczeństwa. W każdej chwili mógł zostać wyeliminowany przez system. Stalin z lubością powtarzał, że w tajnych służbach istnieją tylko dwa wyjścia: „awans albo pluton egzekucyjny". Te słowa na pewno dźwięczały Berii w uszach, gdy obserwował umocnienie pozycji swego dawnego podwładnego, generała Abakumowa.

Wiktor Siemionowicz Abakumow mógł działać mu na nerwy. Młodszy, i to o dziewięć lat, rodowity moskwiczanin, podczas gdy Beria był chłopem, synem biednego gruzińskiego wieśniaka, szef „Smierszu" miał prezencję zdobywcy o szczerym, głębokim spojrzeniu. Z kruczoczarną czupryną, szerokimi barami, w mundurze do złudzenia przypominał bohaterów sławionych przez radziecką propagandę. Był przeciwieństwem Berii – krótkonogiego, niższego o głowę, prawie łysego krótkowidza ze skłonnościami do tycia – Berii, którego Stalin lubił nazywać swoim „Himmlerem", porównywać go do tego esesmana, wykonawcy zbrodniczych planów Hitlera. Pod względem fizycznym Beria nie mógł rywalizować z Abakumowem, który do sił specjalnych Armii Czerwonej trafił w wieku trzynastu lat i stopniowo awansował, a w końcu wstąpił do wywiadu. Tam specjalizował się w śledzeniu wrogów

---

* Tajny referat wygłoszony 25 lutego 1956 r. na XX Zjeździe KPZR, https://chs.univ-paris1.fr./Voyages/kroutchev.pdf.

wewnętrznych. Techniki podsłuchu nie miały przed nim tajemnic. Beria szybko zwrócił uwagę na błyskotliwego podwładnego. W 1938 roku awansował go w NKWD i mianował jednym ze swoich zastępców. Liczył, że zyska zaufanego człowieka, nie przewidział bowiem, że Stalin wyrwie zdolnego oficera z jego szponów i w 1943 roku powierzy mu „Smiersz". Odtąd Abakumow stał się groźnym konkurentem szefa NKWD, a więc jego śmiertelnym wrogiem.

Mając w swej służbie dziesiątki tysięcy kobiet i mężczyzn, Beria uważał się za najlepiej poinformowanego człowieka w kraju. A wkrótce, po ostatecznym zwycięstwie nad faszystowskimi Niemcami, także w dużej części Europy. Trudno się więc dziwić, że nie umknęło mu nic z tego, co działo się w Berlinie, chociaż sam przebywał w Moskwie, 2000 kilometrów od stolicy Rzeszy. O prawdopodobnym odnalezieniu zwłok Hitlera dowiedział się niemal natychmiast. Rzecz jasna, chwałą z tego tytułu okrył się „Smiersz", a to oznaczało dla Berii, że Abakumow jest coraz groźniejszy. Stawką w tej grze było stanowisko szefa NKWD. Na szczęście po aresztowaniu Günschego znów miał silne karty. Dzięki temu olbrzymowi z SS, temu mordercy Żydów i komunistów o kwadratowej szczęce, Beria mógł udowodnić Stalinowi, że wciąż jest niezastąpiony.

„W jaki sposób Hitler odebrał sobie życie?", pytali agenci Kobułow i Parparow, przesłuchując Günschego.

„Według Lingego Hitler strzelił sobie w skroń".

Obecnemu przy tym przesłuchaniu tłumaczowi polecono używać dokładnych odpowiedników wszystkich słów, żeby jak najprecyzyjniej oddać myśl więźnia. Przypomniano mu też, że za błąd grozi mu zesłanie do specjalnego obozu na Syberii.

Nie okazując emocji, Günsche opowiadał, że niemiecki dyktator popełnił samobójstwo 30 kwietnia na krótko przed szesnastą.

Pytanie: Kiedy wszedł pan po raz pierwszy do pomieszczenia, w którym doszło do samobójstwa? I co pan tam zobaczył?

Odpowiedź: Wszedłem do pokoju o 16.45. Zobaczyłem, że dywan lekko się przesunął i że była na nim plama krwi. Na stole leżały małe pudełka z fiolkami trucizny. Na kanapie, pod ścianą, obok drzwi, stała para butów. Przy kanapie, na podłodze, leżały dwa pistolety. Jeden kalibru 7,65 milimetra, a drugi 6,35 milimetra. Te pistolety dał Hitlerowi jeden z ludzi Axmanna [Artur Axmann, szef Hitlerjugend – przyp. aut.], którego nazwiska nie znam. W przedpokoju, gdzie znajdowało się ciało Hitlera, czuło się bardzo silny zapach migdałów.

Kto mówił prawdę? Günsche z teorią śmierci od strzału? „Smiersz", który zapewniał, że Hitler otruł się cyjankiem? A może prawdą jest jedno i drugie? A może to wszystko wielka mistyfikacja, a Hitler żyje w najlepsze?

Beria sam już nie wiedział, co o tym myśleć. Abakumow, szef „Smierszu", przekazał mu raport, w którym stwierdził, że Hitler się otruł. Jemu, Berii, a nie Stalinowi. Choć raz Abakumow przestrzegał drogi służbowej. Ale czy to nie sposób, by powiązać Berię z tym śledztwem i dzięki temu w razie zarzutów ze strony „Ojczulka narodu" wspólnie stawić im czoło? A kolejna czystka w tajnych służbach?

Stalin nie należał do tych, którzy łatwo obdarzają zaufaniem. Nie potrafił też wybaczać. Zwycięstwo nad nazistowskimi Niemcami umocniło jego władzę i przysporzyło mu popularności w ZSRR. Także na arenie międzynarodowej stał się jednym z najpotężniejszych polityków tworzącego się nowego ładu. Takie były fakty, choć w wielu wzbudzał nie uwielbienie, ale strach. Nie przeszkadzało mu to. Potrafił zręcznie grać strachem. Podczas wojny udowodnił, że nikt nie uniknie jego najsroższych decyzji. Nawet własna rodzina. Jego najstarszy syn Jakow miał już trzydzieści cztery lata, kiedy w 1941 roku został zmobilizowany i w szeregach Armii Czerwonej walczył z nazistami. Trafił do niewoli 16 czerwca 1941 roku. Jego siostra Swietłana po latach wspominała te tragiczne zdarzenia. „Brat nie był wybitnym żołnierzem. Był na to za dobry. Poszedł na wojnę, bo ojciec tak chciał. Kiedy schwytali go Niemcy, nazistowski reżim go upokarzał. Obwożono go po Niemczech i pokazywano jak zwierzę na jarmarku. Wyobraźcie to sobie, syn Stalina! Dla nazistowskiej propagandy to była świetna okazja. Pod koniec stycznia 1943 roku niemiecki feldmarszałek Paulus wpadł w ręce naszych żołnierzy w Stalingradzie. Niemcy myśleli, że ojciec wymieni go na Jakowa. Nie znali go". Syn Stalina zmarł kilka tygodni później, 14 kwietnia 1943 roku, w obozie jenieckim w Niemczech.

Władca z Kremla wysłał jasny sygnał: żadnych względów dla nikogo. Zresztą było już wiadomo, że gdyby Jakow przeżył, a nawet gdyby uciekł, trafiłby do gułagu na Syberii. „W ten sposób traktowano radzieckich żołnierzy, którzy wracali z obozów jenieckich", mówiła Swietłana Stalin. „Nie ufano im".

I Abakumow, i Beria dokładnie pamiętali, jaki los spotkał Jakowa. Wiedzieli, jak nieprzejednany i okrutny był ich pan. A przede wszystkim zdawali sobie sprawę, że to paranoik. Najdrobniejszy błąd mógł okazać się fatalny w skutkach dla każdego z nich. Raport zaś w sprawie śmierci Hitlera oczywiście zawierał błędy lub co najmniej miał duże luki. Pod koniec maja 1945 roku Beria był tego pewien. Szef NKWD przeczytał trzynastostronicowy protokół przesłuchania esesmana Günschego, przeprowadzonego przez jego ludzi 18 i 19 maja 1945 toku. Czy powinien powiadomić Stalina? I zasiać w jego głowie wątpliwości? To najbardziej niebezpieczne posunięcie. Beria postanowił zachować ostrożność. Maksymalną ostrożność. Zatrzymał dla siebie wyniki pracy swoich ludzi i poprzestał na przekazaniu Stalinowi akt bez komentarza. Ani przychylnego, ani krytycznego.

27 maja 1945 roku Stalin miał przed sobą raport „Smierszu". Dla Kremla śmierć Hitlera stała się informacją oficjalną.

Tymczasem do Günschego powoli docierało, że nieprędko wydostanie się z więzienia tajnych służb. Z Berlina przewieziono go do Moskwy. Prosto do więzienia na Łubiance, pod kontrolę NKWD.

Na tę samą Łubiankę, gdzie pozwolono nam zobaczyć zęby prawdopodobnie pozostałe po Hitlerze. Zaprowadzono nas wtedy na trzecie piętro. Przesłuchania więźniów z SS odbywały się na drugim. Trudno było nie zastanawiać się, czy krzyki dochodziły do pokoju, w którym wtedy siedzieliśmy. Im dłużej prowadziliśmy nasze śledztwo i im więcej wiedzieliśmy, tym częściej – niemal bez przerwy – towarzyszyło nam przyprawiające o ciarki poczucie, że budzimy duchy. Tyle krwi, tyle łez, okrucieństwa, bezwzględności rzucało mroczny cień na naszą pracę. Prawda o sprawie Hitlera do dziś kryje się w odrażającej mgle walki o wpływy geopolityczne, zatajanej pod pretekstem ochrony tajemnicy państwowej. Minęło już siedemdziesiąt lat, a kwestia pozostaje drażliwa. Czy kiedyś zjawa Hitlera przestanie nękać Europę?

Snułem te rozważania, przeglądając akta Günschego w gabinecie wicedyrektora Rosyjskiego Państwowego Archiwum Wojskowego. Lana uchyliła drzwi i szybko wyjrzała na korytarz. Cisza. Poufne dokumenty. Sięgnąłem po kolejną teczkę. Znów

Akta radzieckiego sądu wojskowego – sprawa generała SS Johanna Rattenhubera (Rosyjskie Państwowe Archiwum Wojskowe).

niemiecki oficer. Z trudem rozszyfrowałem nazwisko: Rattenhuber, Johannes.

Nie, nie Johannes, ale Johann. Znajduję zdjęcia mężczyzny w zaawansowanym wieku, zupełnie siwego. Nosi jeszcze niemiecki mundur. Fotografię wykonano prawdopodobnie kilka godzin po zatrzymaniu, na początku maja 1945 roku. Dumnie uniesiona głowa, spojrzenie zimne i spokojne – ten wojskowy przywykł do wydawania rozkazów i posłuchu podkomendnych. Kilka stron dalej natrafiam na inne zdjęcia. Czy to naprawdę ten sam człowiek? Fotografia pochodzi z 1950 roku. To już tylko starzec, cień dumnego niemieckiego oficera, którym niegdyś był. Wychudła twarz, skóra zniszczona od zbyt długiego przebywania na mrozie, szorstki zarost na zapadłych policzkach, włosy obcięte jak przy garnku. Kim był? Poprosiłem Lanę, żeby opuściła stanowisko obserwacyjne i przetłumaczyła mi te dokumenty.

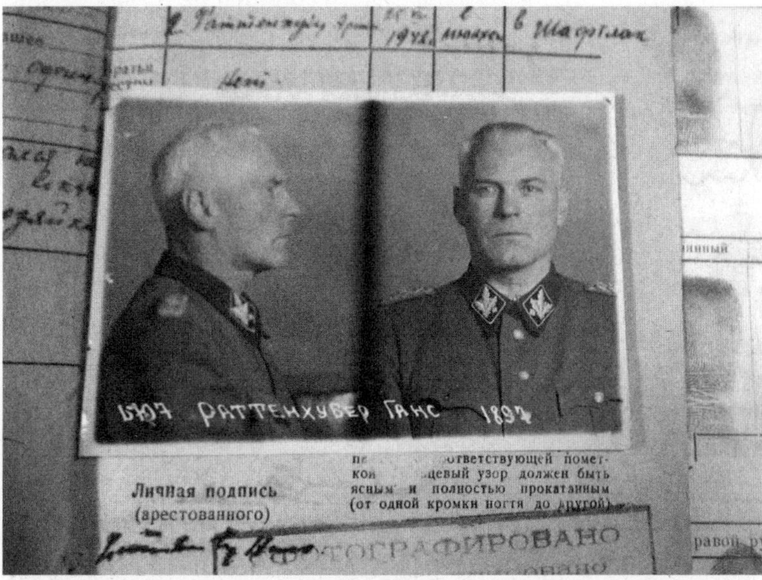

Akta wojskowe Johanna Rattenhubera, odpowiedzialnego za bezpieczeństwo Hitlera (Rosyjskie Państwowe Archiwum Wojskowe).

> RATTENHUBER Johann, urodzony w 1897 roku we wsi Oberhaching (Bawaria), narodowość niemiecka [...].
>
> Po objęciu władzy w Niemczech przez Hitlera Rattenhuber w 1933 roku został mianowany adiutantem szefa Gestapo, faszysty Himmlera, a następnie w tymże 1933 roku powołany na stanowisko dowódcy gwardii przybocznej Hitlera, zreorganizowanej w 1933 roku w tak zwaną Służbę Bezpieczeństwa Rzeszy [...].
>
> W czasie zbrodniczej wojny Niemiec hitlerowskich przeciwko Związkowi Radzieckiemu Rattenhuber ze swoimi podkomendnymi zapewniał bezpieczeństwo pociągom Hitlera jadącym na front radziecko-niemiecki w latach 1941–1943, gdy Hitler, we współpracy z korpusem wyższych oficerów, opracowywał plany zniewolenia i eksterminacji ludności radzieckiej.
>
> Pytany podczas rozprawy, oskarżony Rattenhuber przyznał się do zarzucanych mu czynów i powołał się na fakt, że wypełniał jedynie rozkazy swoich dowódców.

Argumentu „wypełniałem tylko rozkazy" używali przed sądem także inni naziści. Zwłaszcza Adolf Eichmann, należący do najwyższych dowódców SS, odpowiedzialny za realizację „ostatecznego rozwiązania", czyli za eksterminację europejskich Żydów. Tę wymówkę sądy odrzucały, tak jak ten radziecki:

> Argument oskarżonego, jakoby w swym faktycznym działaniu kierował się rozkazami, jest nadużyciem, zważywszy, że Rattenhuber sam zajmował wysokie stanowiska w Służbie Bezpieczeństwa Rzeszy przy faszystowskim rządzie niemieckim i w zbrodniczej organizacji SS. Poprzez swe zbrodnicze działania dowiódł gorliwości, wykazał się inicjatywą własną, za co był wynagradzany przez faszystowską władzę.

W związku z tym Rattenhuber został skazany. Ale na ile lat?

Lana wiodła palcem po linijkach tekstu, szukając sentencji wyroku. Dwadzieścia pięć lat! Jak Günsche. „Obozy reedukacji przez pracę". Dodano, że wszystko, co Rattenhuber miał przy sobie w chwili aresztowania, podległo konfiskacie.

Spojrzałem na Lanę. Nagle zamilkła, przestała tłumaczyć. Wytrzeszczyła oczy. Co tak szokującego przeczytała? Podjęła głośno, wracając do akapitu protokołu, który wcześniej jej umknął:

> [...] Oprócz zeznań samego oskarżonego, jego winę potwierdzają złożone podczas rozprawy zeznania: Eckolda, Monhkego, Mengershausena [...].

Mengershausen, adiutant SS, który – jak wynika z dokumentów Smierszu – wskazał radzieckim żołnierzom, gdzie zakopano szczątki Hitlera.

„A! Rattenhuber! To ważny element sprawy Hitlera". Drgnęliśmy, gdy głos Władimira rozległ się tuż obok. Mężczyzna bezszelestnie wszedł do pokoju i patrzył na nas, chyba zadowolony z wrażenia, jakie zrobił. Wyglądaliśmy jak dzieci przyłapane na wyjadaniu konfitury ze słoika. On natomiast wcale nie był zdziwiony i chyba dobrze się bawił. „Rattenhuber był generałem, człowiekiem bliskim Hitlerowi: odpowiadał za jego bezpieczeństwo. Tych dokumentów nie możecie sfotografować. Przejrzeć, owszem, ale nic ponad to", rzucił, burcząc pod nosem. Lana rzuciła mu słodkie spojrzenie i przez chwilę świergotała coś, czego nie zrozumiałem. Udało jej się, sądząc z uśmiechu, który rozpromienił twarz Władimira. Zastępca dyrektora rzucił na stół przyniesione dokumenty.

Ale byli ważniejsi od Rattenhubera. Trzy kluczowe postacie, Władimir jest tego pewien. „Linge, jego lokaj...", zaczął, podsuwając nam tekturową teczkę. Otworzył drugą, wsunął na nos okulary. „Ten to Baur, jego pilot osobisty. Proszę..." Teraz piętrzą się przed nami akta wojskowego wymiaru sprawiedliwości. „Do tego Günsche, adiutant Hitlera, i macie komplet!"

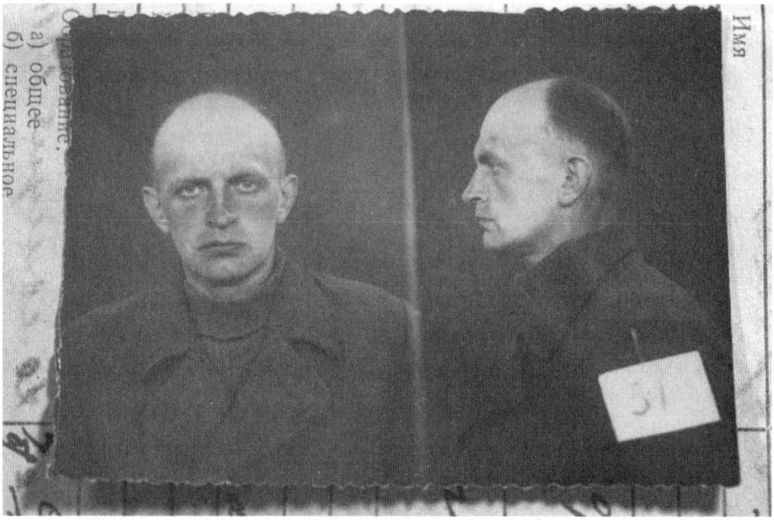

Heinz Linge, lokaj Hitlera (Rosyjskie Państwowe Archiwum Wojskowe).

Hans Baur, pilot Hitlera (Rosyjskie Państwowe Archiwum Wojskowe).

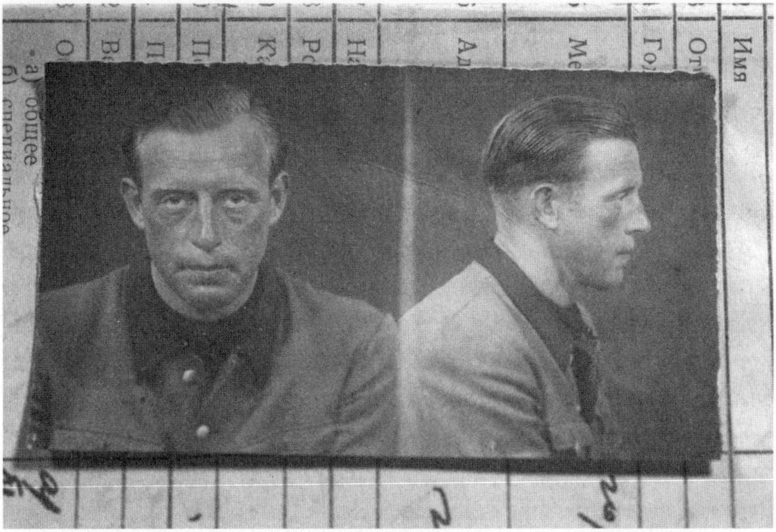

Otto Günsche, adiutant Hitlera (Rosyjskie Państwowe Archiwum Wojskowe).

Czy to ci ludzie, a w każdym razie ich zeznania, sprawili, że Stalina ogarnęły wątpliwości? Czy to z ich powodu zagadka Hitlera od lat wzbudza zainteresowanie?

Wszyscy pełnili służbę przy Hitlerze i wszyscy byli przy nim do końca. Wszyscy wpadli w ręce Rosjan.

Ich przesłuchania, uwięzienie w obozach specjalnych, drobiazgowo opisano. Łącząc dokumenty z GARF-u, te przekazane przez FSB oraz spoczywające w archiwum wojskowym, możemy ułożyć puzzle. Na tym etapie jedno wydaje się pewne: Stalin wiedział wszystko o ostatnich chwilach życia Führera, a jednak aliantom z uporem powtarzał, że jego wojska nie odnalazły Hitlera.

Moskwa, maj 1945 roku

Hitler nie umarł!

26 maja 1945 roku Stalin przyjął w Moskwie przedstawicieli prezydenta Stanów Zjednoczonych Harry'ego Trumana. Przyjechali, by przygotować konferencję, w której uczestniczyć mieli alianci. Zaplanowano ją na lipiec, a na jej miejsce wybrano Poczdam, oddalony o 30 kilometrów od Berlina. Truman nieco wcześniej zajął miejsce Roosevelta, który na skutek wylewu zmarł 12 kwietnia 1945 roku, w wieku zaledwie sześćdziesięciu trzech lat. Choć prezydentura Trumana zaczęła się pod dobrymi auspicjami, bo kapitulacja Niemiec nastąpiła w dniu jego urodzin, to musiał on wykazać się przed sprzymierzeńcami, a przede wszystkim przed tym najpotężniejszym i najbardziej nieprzewidywalnym, czyli przed Józefem Stalinem. Nieprzypadkowo wysłał do Moskwy właśnie Harry'ego Hopkinsa, doradcę dyplomatycznego Roosevelta, doskonałego znawcę reżimu radzieckiego. Stalin dobrze go znał, negocjował z nim godzinami w najczarniejszych dniach wojny. Podczas spotkania towarzyszył mu ambasador Stanów Zjednoczonych w ZSRR William Averell Harriman. 26 maja Stalin nie dysponował jeszcze raportem „Smierszu" z sekcji zwłok odnalezionych przed bunkrem. Protokoły trafiły na jego biurko dopiero nazajutrz. Mimo to wiedział, jak przebiega procedura identyfikacji, i miał świadomość, że z dużym prawdopodobieństwem chodzi o Hitlera. Zapomniał jednak podzielić się tą wiedzą z amerykańskimi gośćmi. Posunął się nawet o krok dalej i opowiedział im bajkę, która mocno zaciążyła na stosunkach między

dwoma mocarstwami. Gdy Harry Hopkins oświadczył, iż ma nadzieję, że uda się odnaleźć zwłoki Führera, Stalin odparł: „Moim zdaniem Hitler nie umarł, a gdzieś się ukrywa. Radzieccy lekarze myśleli, że zidentyfikowali ciała Goebbelsa i osobistego szofera Hitlera [Ericha Kempki – przyp. aut.], osobiście jednak w to wątpię. [...] Myślę, że Bormann, Goebbels, Hitler i prawdopodobnie Krebs uciekli i ukryli się"*. Stalin snuł scenariusze ucieczki nazistowskich dygnitarzy. Twierdził, że mogli znaleźć schronienie lub uzyskać pomoc w wielu krajach, na przykład w Japonii albo w Szwajcarii. Tak, Szwajcaria, ten wypełniony po brzegi złotem nazistów bank, który stał się państwem. Czyż bo bankierach nie można spodziewać się wszystkiego, co najgorsze? A Japonia? Przecież w tym roju wysp i wysepek można zniknąć bez śladu! Amerykańscy dyplomaci nie kryli zdziwienia. Jak Hitler miałby dotrzeć do wybrzeży Japonii? Stalin na wszystko miał gotową odpowiedź. Okrętem podwodnym! Harry Hopkins pozwolił sobie zauważyć, że w to wątpi. Powiedział gospodarzowi spotkania, że co prawda słyszał już o projekcie potężnego niemieckiego okrętu podwodnego, ale o ile mu wiadomo, żadnego takiego nie widziano. Mniejsza o rzeczywistość, chodzi o to, co możliwe, prawdopodobne. Skoro Stalin tak twierdzi, przedstawiciele prezydenta Trumana powinni mu wierzyć. Oczywiście, obaj potwierdzili, że ich przekonał. A skoro dyktator żyje, to gorącym życzeniem Amerykanów jest, by został odnaleziony. Stalin przyznał: „Wydałem moim tajnym służbom rozkazy, by podjęły poszukiwanie tego okrętu podwodnego. Do dziś niczego nie znaleziono, sądzę jednak, że jest możliwe, iż Hitler i jego współpracownicy udali się jednym z takich okrętów do Japonii".

6 czerwca doszło do kolejnego spotkania Hopkinsa i Harrimana ze Stalinem. Radziecki przywódca znów poinformował, że wciąż nie odnaleziono Hitlera, a on sam jest przekonany o jego

---

* *Foreign Relations of the United States: Diplomatic Papers, The Conference of Berlin (The Potsdam Conference)*, 1945, vol. I, n° 24, „Memorandum by the Assistant of the Secretary of State (Bohlen)", s. 2930.

ucieczce. „Hitler żyje", dodał. A przecież już od tygodnia znał raport „Smierszu", w którym stwierdzono na podstawie wyników sekcji, że jego wróg odebrał sobie życie, zażywając truciznę. Stalin najwyraźniej uznał przedstawione dowody za wystarczające, nie prosił bowiem o drugą ekspertyzę. Poinformowano go także, że jego ludzie pogrzebali 3 czerwca 1945 roku zwłoki Hitlera, Ewy Braun, Goebbelsów i generała Krebsa pod Rathenow.

Niestety dla Kremla doszło do pierwszych przecieków w otoczonej tajemnicą sprawie Hitlera.

Tego samego dnia, 6 czerwca, w Berlinie, w siedzibie radzieckiego sztabu zorganizowano konferencję prasową. Uczestniczyli w niej dziennikarze amerykańscy, angielscy i francuscy. Z ust oficera sztabu marszałka Żukowa usłyszeli, że Hitler został odnaleziony i zidentyfikowany z niemal stuprocentową pewnością. Jeszcze tego dnia „New York Times" podał do wiadomości: „Identyfikacja zwłok Hitlera według Rosjan niemal pewna".

Stalin natychmiast zareagował, próbując odzyskać kontrolę nad sytuacją. Wysłał do Żukowa jednego ze swych zaufanych ludzi, Andrieja Wyszyńskiego, by zwołał kolejną konferencję prasową, tym razem już oficjalną. Odbyła się po trzech dniach, 9 czerwca. Przybyli wszyscy zachodni i radzieccy dziennikarze obecni w Berlinie. Dumny wojskowy, Żukow, przemówił donośnym barytonem. „Nie znaleźliśmy żadnych zwłok, które zostałyby zidentyfikowane jako ciało Hitlera". W sali rozległy się szepty. Reporterzy, poza Rosjanami, czekali na tłumaczenie, żeby upewnić się, że dobrze zrozumieli słowa zwycięzcy bitwy o Berlin. Żukow wziął wdech i ciągnął pod świdrującym spojrzeniem wysłannika specjalnego Stalina. „Hitler i Braun mieli możliwość ucieczki. Bardzo prawdopodobne, że odlecieli w ostatniej chwili, wciąż bowiem dysponowali pasem startowym". Szepty narastały. Podniosły się ręce tych, którzy chcieli zadać pytanie. „To wszystko jest bardzo tajemnicze", przyznał Żukow. „Mogę tylko powiedzieć, że nie zidentyfikowaliśmy zwłok Hitlera i że nie wiem, co się z nim stało... Teraz to do was, Brytyjczyków i Amerykanów, należy odnalezienie go". Doradcy Stalina nie znaleźli lepszego sposobu, by wprawić aliantów w zakłopotanie. Hitler uciekł, a wy macie go złapać albo powiedzieć nam, czy żyje, czy umarł. Skoro dotąd nie znaleziono zwłok, to Hitler nie umarł. Żukow wyszedł już z sali. W jego imieniu na pytania dziennikarzy odpowiadał radziecki oficer. Wysuwał hipotezy, wyjaśniał, informował, a raczej dezinformował. Szum wokół jego śmierci? Fantazje. Gdzie mógłby się ukryć? Choćby w Hiszpanii, razem z tym faszystą Franco.

W tym gigantycznym oszustwie okryty chwałą marszałek Żukow odegrał rolę przydatnego idioty. Wszystko wskazuje, że nie wiedział o raporcie „Smierszu". Nawet jego nie dopuszczono do największego sekretu ostatnich dni drugiej wojny światowej.

Prasa na całym świecie zrelacjonowała nową radziecką wersję. „Żukow oświadczył, że Hitler być może przebywa gdzieś w Europie. Tuż przedtem ożenił się ze swoją kochanką. Mogli razem uciec z niemieckiej stolicy samolotem..."

Echa tej konferencji dotarły do Hiszpanii, która poczuła się zobowiązana zaprzeczyć twierdzeniom o swym zaangażowaniu w rzekomą ucieczkę niemieckiego dyktatora. 10 czerwca minister spraw zagranicznych Hiszpanii oświadczył oficjalnie, że „Hitler, żonaty czy nie, żywy czy martwy, nie przebywa na hiszpańskiej ziemi i nie zezwolono by mu na przekroczenie granic kraju, gdyby zaś przedostał się do Hiszpanii, nie uzyskałby azylu".

Mimo to wątpliwości pozostały. Alianckie tajne służby zwróciły się do Rosjan z prośbą o umożliwienie dostępu do bunkra Führera oraz o wymianę informacji.

Eisenhower, amerykański generał i głównodowodzący sił alianckich w Europie, osobiście zapytał Żukowa, czy Hitler żyje, czy nie. 18 czerwca 1945 roku, podczas konferencji prasowej w Pentagonie w Arlington w Wirginii, dziennikarz zadał Eisenhowerowi pytanie, które wszystkim cisnęło się na usta:

– Myśli pan, że Hitler nie żyje? Jest pan przekonany, że nie żyje?

– Szczerze mówiąc, już tak nie myślę. Na początku w to wierzyłem. Wydawało mi się, że wszystkie dowody są wystarczające. Ale po rozmowie z rosyjskimi przyjaciółmi zorientowałem się, że oni w to nie wierzą, i zrozumiałem, że niesłusznie padły takie deklaracje w Berlinie. Nie wiem. Jestem pewien tylko tego, co powiedziałem podczas konferencji prasowej w Paryżu: jeżeli nie umarł, to przyjdzie mu znosić życie straszne dla człowieka, który był aroganckim dyktatorem dla 250 milionów ludzi. Życie kogoś ściganego jako zbrodniarz, w ciągłym strachu przed pojmaniem. Jeśli żyje, to przyszła jego kolej, by znosić agonię potępieńca*.

Wykorzystując wątpliwości, które zasiał, Stalin podtrzymywał teorię żyjącego, uciekającego Hitlera. Robił to podczas konferencji poczdamskiej, która trwała od 17 lipca do 2 sierpnia 1945 roku. Okłamywał wszystkich zachodnich aliantów. Tym razem opowiadał, że jeżeli niemiecki dyktator nie ukrywa się w Hiszpanii, to na pewno przebywa w Argentynie. Pewne jest tylko, dodawał, że nie ma go w radzieckiej strefie Niemiec. Te twierdzenia skłoniły brytyjskie tajne służby do weryfikacji własnych opinii i przyspieszenia śledztwa. Jeżeli Stalin chciał osłabić aliantów, absorbując ich niepotrzebnymi poszukiwaniami, to nie mógłby zrobić tego lepiej.

Argentyna, Japonia, Hiszpania, Chile – oto fałszywe tropy podsunięte przez Rosjan, żeby zarzucić pracą amerykański i brytyjski wywiad. Konferencja w Poczdamie się zakończyła, a los Hitlera wciąż pozostawał zagadką. Stalin nie posiadał się z radości. Z Wielkiej Trójki, która walczyła i wygrała z Niemcami, tylko on utrzymał się jeszcze w siodle. Roosevelt zmarł,

---

* Eisenhower Presidential Library, Museum, and Boyhood Home, Kansas, USA, Dwight D. Eisenhower's Pre-Presidential Papers, Principal Files, Box 156, Press Statements and Releases 1944–46 (1), NAID, #12007716, s. 4.

a Churchill po przegranych wyborach ustąpił z urzędu premiera w trakcie konferencji, 26 lipca. Jeżeli chodzi o niemieckiego dyktatora, to Stalin był przekonany, że jego ludzie go znaleźli i zidentyfikowali, a w dodatku dokładnie wiedział, gdzie go pochowali. Bardzo daleko od Ameryki Południowej i od Japonii, bo w małym miasteczku Rathenow, do którego z Poczdamu można było dojechać w ciągu godziny. Wszelkie ślady pochówku zostały dokładnie zatarte, lokalizacja stała się tajemnicą państwową, znaną zaledwie garstce osób. Żeby zapamiętać, gdzie znajduje się grób, radzieccy agenci sporządzili mapę i opisali ją niczym piraci Stevensona. Mieliśmy te poufne dokumenty w rękach, kiedy odwiedziliśmy archiwum FSB. „Zwłoki spoczywają w drewnianych skrzyniach, są zakopane na głębokości 1,7 metra, a ułożone w następującej kolejności: od wschodu na zachód: Hitler, Braun Ewa, Goebbels, Magda Goebbels, Krebs, dzieci Goebbelsów. [...] Dół ze zwłokami został zasypany i zrównany z ziemią, na powierzchni zasadzono małe sadzonki sosen, które układają się w liczbę 111".

To tajemnica państwowa, Stalin nigdy jej nie ujawnił.

Manipulacja kremlowskiego władcy spowodowała, że alianci zaciekle prowadzili poszukiwania na kontrolowanych przez siebie terenach Niemiec.

Trzy miesiące, Anglikom wystarczyły trzy miesiące. Już 1 listopada 1945 roku ich śledztwo w sprawie losów Hitlera było zakończone. Powierzono je młodemu brytyjskiemu historykowi, trzydziestotrzyletniemu Hugh Trevorowi-Roperowi. Ten wybitny profesor historii, absolwent Oksfordu, wstąpił do wojska tuż po przystąpieniu Wielkiej Brytanii do wojny z Niemcami. Mówiąc dokładnie, wstąpił do Secret Intelligence Service, brytyjskiego wywiadu zagranicznego. Kiedy już myślał, że jego służba w armii dobiega końca, bo skończyła się wojna, latem 1945 roku poproszono go o opracowanie raportu w sprawie zniknięcia Führera. Było to gigantyczne zadanie, jednak Trevor-Roper otrzymał z Londynu wszelką możliwą pomoc, by prowadzić skuteczne śledztwo. Mógł przesłuchiwać wszystkich nazistowskich jeńców nie tylko ze strefy brytyjskiej, ale także amerykańskiej i francuskiej. Na strefę okupowaną przez ZSRR lepiej było nie liczyć. Sowieci pozwolili mu tylko obejrzeć bunkier Führera, nadal pozostający w ich rękach. Trevor-Roper przygotował raport już pod koniec października 1945 roku. Na 1 listopada zaplanowano konferencję pasową, podczas której przedstawił ważniejsze wyniki pracy. Nadał jej tytuł „Ostatnie dni Hitlera i Ewy Braun".

Skłaniał się ku wersji samobójstwa Hitlera, ale nie przez otrucie, a z broni palnej. Pełniejsza wersja raportu została przekazana tajnym służbom trzech pozostałych państw okupacyjnych – Amerykanom, Sowietom i Francuzom.

> Berlin 1 listopada 1945 roku
> Od: Brygadiera E.J. Foorda
> Do: Generała majora Sidniewa, Rosjanina
> Pułkownika Puela, Francuza
>
> Załączony dokument dotyczy śmierci Hitlera i Ewy Braun. Może zostać poddany dyskusji podczas najbliższego spotkania Komitetu Służb Wywiadu.
>
> Ze względu na powtarzające się aluzje czynione ostatnio w brytyjskiej prasie w kwestii Hitlera uzasadnione wydaje się opublikowanie krótkiej wersji dla prasy. Nastąpi to dziś o godzinie 17.00.
>
> Załączona wersja nie jest przeznaczona dla prasy, ponieważ zawiera więcej szczegółów niż ta przekazana prasie.

Zwracając uwagę na upublicznienie wiadomości o samobójstwie Hitlera, Brytyjczycy wywierali presję na ZSRR. Ich celem było powstrzymanie kampanii dezinformacyjnej zainicjowanej przez Moskwę. Brytyjski wywiad przyznał jednak w preambule, że mógł oprzeć się tylko na relacji ograniczonej liczby świadków.

> Najważniejsi są ci, którzy należeli do najbliższego kręgu Hitlera w ostatnich dniach jego życia; ci, którzy przebywali z nim w bunkrze i uczestniczyli w wypełnianiu jego decyzji, w tym także tych dotyczących pozbycia się jego ciała. Te osoby to: dr Goebbels, Martin Bormann i dr Ludwig Stumpfegger (chirurg Hitlera i jego świty).

Wszyscy ci ludzie uznawani byli albo za zmarłych, albo za zaginionych. Ale przeżyli inni znaczący naziści. Niektórzy byli w rękach zachodnich aliantów i zostali przesłuchani. To ci, którzy bardzo wcześnie uciekli z bunkra, jak Albert Speer, ulubiony architekt Hitlera i jego minister uzbrojenia, czy Ritter von Greim, ostatni minister lotnictwa. Ale to także ci, którzy obecni byli w chwili prawdopodobnej śmierci Hitlera. Latem 1945 roku Brytyjczycy przetrzymywali zaledwie garstkę takich osób, w tym sekretarkę Bormanna Else Krüger, a przede wszystkim osobistego kierowcę Führera Ericha Kempkę.

To właśnie on poinformował aliantów o okolicznościach śmierci nazistowskiego dyktatora.

Anglicy nie kryli, że ich źródła są stosunkowo słabe. Subtelnie wspominali w raporcie, że wiedzą, gdzie przetrzymywani są najważniejsi żyjący jeszcze świadkowie. Po radzieckiej stronie.

> Więcej szczegółów można byłoby uzyskać od innych, którzy przebywali w bunkrze 30 kwietnia, w tym od oberführera Hansa Baura, osobistego pilota Hitlera, więźnia przebywającego obecnie w rosyjskim szpitalu.
>
> Podobnie było ze służbą Hitlera.
>
> Najważniejsi spośród nich to sturmbahnführer Günsche, jego osobisty adiutant, i sturmbahnführer Linge, jego osobisty lokaj [...] Obaj uczestniczyli w kremacji zwłok Hitlera i Ewy Braun, Günsche został uznany za zaginionego, a Linge

> jest być może jeńcem wojennym Rosjan (świadek sądzi, że widział go w kolumnie jeńców na Müllerstrasse w Berlinie 2 maja).

Tego dnia Günsche i Linge byli już w rękach tajnych służb w Moskwie.

> Szef RSD [Służby Bezpieczeństwa Rzeszy – przyp. aut.], generał brygady SS Johann Hans Rattenhuber, przebywał w bunkrze i byłby naocznym świadkiem, o ile jeszcze żyje. Z pewnością wydał rozkazy w sprawie pochówku szczątków ludzkich ciał (z radzieckiego komunikatu wojennego z 7 maja wiadomo, że Rattenhuber został pojmany przez Rosjan).

Rattenhuber żył i – podobnie jak Günsche i Linge – przebywał w Moskwie, w więzieniu na Łubiance.

Mimo braku wielu zeznań brytyjskie tajne służby doszły do wniosku, że Hitler odebrał sobie życie.

> Dnia 30 kwietnia o godzinie 14.30 Hitler i Ewa Braun po raz ostatni widziani byli żywi. Przechadzali się po bunkrze, żegnając najbliższe otoczenie, sekretarki i ochronę, a potem udali się do apartamentu, gdzie oboje popełnili samobójstwo. Hitler sam strzelił sobie w usta, Ewa Braun (mimo że dano jej rewolwer) zażyła truciznę w jednej z tych fiolek, które rozdawano wszystkim w bunkrze.

Wnioski Anglików postawiły radzieckie dowództwo w Berlinie w bardzo kłopotliwej sytuacji. Wersja samobójstwa przez otrucie, którą przedstawili Kremlowi, została podważona. Brytyjski raport potwierdzał zeznania Günschego i Rattenhubera, uzyskane przez NKWD już w czerwcu, a także zeznania Lingego, złożone kilka tygodni później. Wersja, zgodnie z którą Hitler odebrał sobie życie strzałem w głowę, powtarzała się w zeznaniach świadków coraz częściej. A jeżeli ludzie ze „Smierszu", którzy zawłaszczyli śledztwo w maju i czerwcu 1945 roku, pomylili się co do sposobu popełnienia samobójstwa przez Hitlera, a ten faktycznie strzelił sobie w skroń albo w usta? Oznaczałoby to, że ciało, które poddano autopsji, nie było jego ciałem!

Generał Iwan Sierow był przedstawicielem NKWD i zastępcą dowódcy naczelnego w radzieckiej administracji wojskowej w strefie okupowanej przez ZSRR. Innymi słowy, Sierow był jednym z najwyższych rangą dowódców radzieckich w Niemczech. Beria wybrał go ze względu na wielką pracowitość, a przede wszystkim niezawodną wierność. W połowie listopada Beria otrzymał pilny telegram od Sierowa, który informował go o trudnej sytuacji, w jakiej znaleźli się Wadis i „Smiersz".

Ściśle tajne

Telegram

Z Berlina

Moskwa, NKWD ZSRR – do towarzysza Berii Ł.P.

Szef brytyjskiego wywiadu generał brygady FOORD i dyrektor amerykańskiego wywiadu generał brygady CONRAD przekazali dowódcy grupy operacyjnej miasta Berlina, generałowi majorowi towarzyszowi SIDNIEWOWI, dokumenty dotyczące śmierci HITLERA i Ewy BRAUN.

W związku z tym generał brygady FOORD i generał brygady CONRAD zwrócili się do generała SIDNIEWA z prośbą o przekazanie im informacji radzieckiego wywiadu dotyczących śmierci HITLERA.

Zaznaczyli też, że zamierzają podjąć rozmowy na temat śmierci Hitlera podczas wspólnego spotkania dyrekcji generalnej służb wywiadu, które zwykle odbywa się z udziałem generała SIDNIEWA.

W związku z tym proszę o udzielenie mi wskazówek odnośnie do zachowania generała SIDNIEWA podczas najbliższego spotkania dyrekcji generalnej służb wywiadu w tej sprawie.

I. SIEROW

20 listopada 1945 roku

Beria podszedł do sprawy ostrożnie. W jego naturze nie leżało dzielenie się dokumentami opatrzonymi klauzulą „tajne" z cudzoziemcami, choćby byli to sojusznicy w walce. Ale przecież to wspaniała okazja, żeby pozbyć się jednego z konkurentów, Abakumowa, szefa „Smierszu". Wiedział, że jeżeli przekaże akta sprawy Hitlera Anglikom i Amerykanom, błędy „Smierszu" wyjdą na jaw.

Wciąż się wahając, Beria poprosił o opinię w tej sprawie Mołotowa, pierwszego wiceprzewodniczącego Rady Ministrów i ministra spraw zagranicznych.

LUDOWY KOMISARIAT SPRAW ZAGRANICZNYCH

ŚCIŚLE TAJNE
egzemplarz nr 1

20 listopada 1945 roku
Nr 1298/b
Moskwa

Do towarzysza MOŁOTOWA W.M.

Przesyłam telegram od towarzysza SIEROWA W SPRAWIE PROŚBY Anglików i Amerykanów o udostępnienie im informacji o śmierci Hitlera.

Proszę o rozważenie kwestii.

Ostatnie zdanie jest otoczone i podkreślone ołówkiem. Poniżej widnieje złożony czerwonym atramentem podpis Berii.

Mołotow nie widział przeszkód, by nie odnieść się pozytywnie do prośby. Jego odpowiedź dawała Berii idealne alibi. Szef NKWD nie mógł zostać oskarżony przez Stalina o to, że postawił rywala w bardzo trudnej sytuacji. Szybko skontaktował się ze swoim człowiekiem w Berlinie, generałem Sierowem.

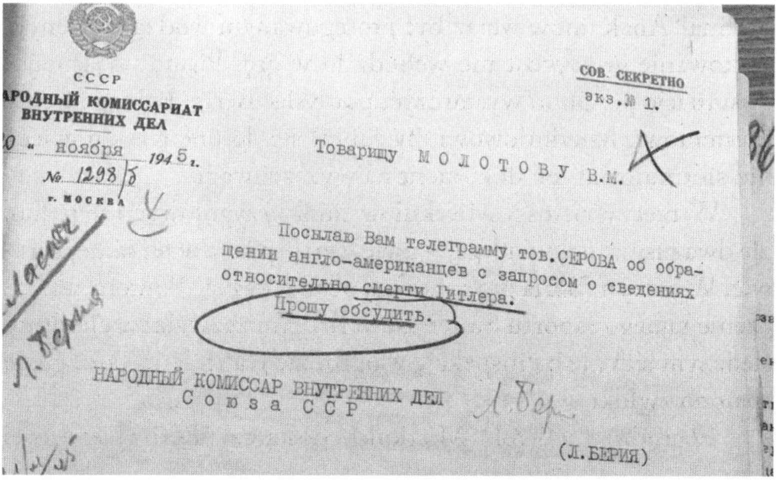

СССР
РОДНЫЙ КОМИССАРИАТ
ВНУТРЕННИХ ДЕЛ
0 « ноября 1945 г.
№ 1298/б
г. МОСКВА

СОВ. СЕКРЕТНО
экз.№ 1.

Товарищу МОЛОТОВУ В.М.

Посылаю Вам телеграмму тов.СЕРОВА об обращении англо-американцев с запросом о сведениях относительно смерти Гитлера.
Прошу обсудить.

НАРОДНЫЙ КОМИССАР ВНУТРЕННИХ ДЕЛ
Союза ССР

(Л.БЕРИЯ)

Tajne pismo Berii do Mołotowa w sprawie prośby aliantów o udostępnienie dokumentacji dotyczącej śmierci Hitlera, przesłane 20 listopada 1945 roku (GARF).

Do tow. SIEROWA

Nie mamy zastrzeżeń co do przekazania Anglikom i Amerykanom informacji, którymi dysponujecie na temat śledztwa w sprawie okoliczności zniknięcia Hitlera.

Weźcie także pod uwagę, że alianci mogą zwrócić się z prośbą o przesłuchanie niektórych osób pozostających w rękach naszych służb: GÜNSCHEGO, RATTENHUBERA, BAURA i innych.

Rozważcie to wnikliwie i zdecydujcie, w jakiej formie można przekazać te informacje aliantom.

Podpisano: Ł. Beria

Sierow nie przekazał żadnych informacji, ponieważ „Smiersz" odmówił współpracy. Między dwiema tajnymi służbami radzieckimi wybuchł konflikt, a Beria uznał, że tego już za wiele. Chciał wszcząć nowe śledztwo w sprawie ostatnich godzin Hitlera, ale tym razem powierzyć je bezpośrednio swoim ludziom. Czy przedtem nie powinien jednak poinformować o wszystkim

Stalina? Abakumow wciąż był protegowanym wodza z Kremla, atakowanie go wprost nie wchodziło w grę. Pismo wyjaśniające sytuację powinno wystarczyć, pomyślał Beria. Polecił swemu asystentowi, Mierkułowowi, by zabrał się do pracy i odpowiednio sformułował ten dokument najwyższej wagi.

W rzeczywistości Mierkułow miał przygotować nie jedno, ale dwa pisma, a dokładniej – dwie wersje pisma w tej samej sprawie. W jednym Beria proponował, by przekazać aliantom tłumaczenie tajnego raportu Smierszu, w drugim zezwalał zachodnim śledczym jedynie na inspekcję w ogrodzie Kancelarii, tam, gdzie spalono zwłoki.

19 grudnia 1945 roku Mierkułow dostarczył Berii obie wersje.

Ściśle tajne

Do towarzysza Berii Ł.P.

Stosując się do waszych wskazówek, przedkładamy do waszej decyzji dwa załączone warianty noty adresowanej do towarzysza STALINA i do towarzysza MOŁOTOWA, a dotyczącej prośby Anglików i Amerykanów o wymianę materiałów w sprawie losu Hitlera i Goebbelsa.

W związku z powyższym przekazuję wam:

Wysłane przez tow. SIEROWA dokumenty przekazane przez Brytyjczyków z maszynopisem tłumaczenia tych materiałów na rosyjski:

Akty identyfikacji i raporty z badań sekcyjnych domniemanych zwłok Hitlera, Goebbelsa i ich małżonek oraz protokoły przesłuchań bliskiego otoczenia Hitlera i Goebbelsa, egzemplarz nr 3.

(W. Mierkułow)

Dnia 19 grudnia 1945 roku

Beria miał w ręku wszystkie karty. Którą wersję wybrać? I do kogo ją wysłać? Do Stalina czy do Mołotowa, ministra spraw zagranicznych?

Zastanawiał się nad tym godzinami. Przerabiał teksty, kreślił, robił adnotacje, znowu i znowu. Jeśli tekst miał trafić do Stalina, to niedopuszczalna była jakakolwiek pomyłka, liczył się każdy szczegół, bo byle co mogło przesądzić o karierze – nawet o karierze Berii. Jeżeli nie o życiu. W ten sposób zwłoki Hitlera i Ewy Braun stały się „domniemanymi" zwłokami.

Ściśle tajne

Do towarzysza Stalina J.W.

Dnia 16 czerwca 1945 roku NKWD ZSRR pod nr. 702/b przedłożyło wam otrzymane z Berlina od tow. SIEROWA kopie protokołów przesłuchań osób z otoczenia Hitlera i Goebbelsa, dotyczących ostatnich dni pobytu Hitlera i Goebbelsa w Berlinie, a także kopii oględzin i protokołów sekcji domniemanych zwłok Hitlera i Goebbelsa oraz ich żon.

W listopadzie tego samego roku przedstawiciel angielskich służb wywiadu w Berlinie, a następnie przedstawiciel służb wywiadu amerykańskiego, przysłali na adres dowódcy grupy operacyjnej NKWD w Berlinie, generała majora SIDNIEWA, materiały ze śledztwa, które te służby przeprowadziły w związku z tą sprawą, odpowiadające w ogólnych zarysach naszym (kopie materiałów angielskich i amerykańskich przetłumaczone na rosyjski i załączone).

Powołując się na fakt, że niektóre osoby będące świadkami ostatnich dni Hitlera zostały zatrzymane przez władze radzieckie, a mogą uzupełnić lub potwierdzić dane posiadane przez Anglików, Anglicy proszą o przekazanie im posiadanych przez nas materiałów.

Przedstawiciel amerykańskiego wywiadu w Berlinie prosi także o umożliwienie mu zbadania – w obecności naszych przedstawicieli – miejsca w pobliżu Kancelarii Rzeszy, gdzie, zgodnie z informacjami Amerykanów, pogrzebane były ciała Hitlera i jego żony (we właściwym czasie domniemane zwłoki Hitlera i jego żony, po ekspertyzach z zakresu medycyny sądowej, zostały przeniesione w inne miejsce i zakopane niedaleko od Kancelarii).

Prosimy o rozważenie tej kwestii.

Ł. BERIA

W ostatniej chwili Beria zmienił zdanie.

Postanowił wysłać pismo tylko do Mołotowa. Towarzysz Stalin nigdy nie otrzymał tej wiadomości.

A alianci nigdy nie uzyskali dostępu do raportu „Smierszu".

Mogli tylko obejrzeć ogród przy bunkrze Führera. Nie w tym jednak tkwiła istota sprawy. Teraz, kiedy Mołotow został poinformowany o wątpliwościach aliantów, czy Rosjanie faktycznie odnaleźli zwłoki Hitlera i jaka była przyczyna jego śmierci, Beria miał idealne warunki do wszczęcia kontrśledztwa. Było ono w pełni uzasadnione. Miało być tajne, drobiazgowe i jednoznacznie rozwikłać tajemnicę zniknięcia Hitlera.

Operacji nadano kryptonim „Mit".

Rosyjskie Państwowe Archiwum Wojskowe, Moskwa, marzec 2017 roku

Alarm się nie włączył. Powietrze nadal więc nadawało się do oddychania. Władimir Korotajew sprawdził, czy wentylacja funkcjonuje sprawnie, umożliwiając cyrkulację powietrza. System ochrony pomieszczeń, w których przechowywane są archiwalia, mógł wydawać się archaiczny, okazał się jednak piekielnie skuteczny. Żeby zapobiec zagrożeniu pożarowemu, co wieczór, w chwili zamknięcia biur, z pomieszczeń usuwane jest powietrze, a więc i tlen.

Ta procedura zabezpieczenia zacznie się dopiero za pół godziny. Wówczas rozlegnie się sygnał alarmowy i będziemy mieli już tylko kilka sekund na opuszczenie sali. Władimir powtarzał nam to wielokrotnie, prowadząc nas tu przez labirynt korytarzy i wind. Kiedy usłyszymy sygnał, będziemy musieli natychmiast wyjść. Potem będzie za późno, drzwi automatycznie się zablokują, a tlen zostanie usunięty. To pewna śmierć! I nie ma żadnej możliwości zatrzymania tej procedury? Żadnego alarmu ratunkowego? pytaliśmy zdziwieni, niemal biegnąc za Władimirem. *Niet!* Ton jego głosu nie zachęcał do zadawania dalszych pytań. Poza tym kwestionowanie systemu bezpieczeństwa archiwum nie leżało w naszym interesie. Podobnie jak dawanie Władimirowi istotnego powodu do przerwania tego spotkania, na które zechciał się zgodzić.

Teoretycznie nie mieliśmy prawa przebywać w tej części Państwowego Archiwum Wojskowego. Kilka minut wcześniej Lanie udało się nakłonić wicedyrektora, by pozwolił nam zobaczyć to sanktuarium: sale, w których znajdują się archiwa Armii Czerwonej od jej powstania, a także łupy wojenne zdobyte na nazistowskim wrogu. Jak Lana to zrobiła? Dzięki wypróbowanej metodzie, która sprowadza się do jednego słowa: „psychologia". Szczerze mówiąc, czarowała też uśmiechem i wykorzystywała głęboką znajomość rosyjskiej mentalności. Na jakiej strunie zagrała tym razem? „To wszystko, co tu macie? Trochę się rozczarowałam..." Miłość własna. Lana trącała tę czułą strunę, wykorzystywała tę jakże częstą ludzką cechę. Władimir się tego nie spodziewał. Byliśmy jeszcze w jego gabinecie, przeglądaliśmy ostatnie akta jenieckie Lingego, Günschego i reszty. Poświęcił przecież sporo czasu, by odnaleźć je na zakurzonych półkach archiwum. To był niezwykły wysiłek ze strony wysokiego rangą urzędnika, przyzwyczajonego do wydawania poleceń, a nie do takiej pracy. Bardzo uprzejmie, wolno, starannie dobierając słowa, by brzmiały przekonująco i precyzyjnie ujmowały myśl, Lana przebijała się przez pancerz, żeby dotknąć nerwu, delikatnie go podrażnić, ale nie przesadzić. „Czy naprawdę nie ma innych ważnych archiwaliów, które mogłyby ułatwić nam rozwikłanie tej sprawy?" Nalegała, naciskała. Po chwili Władimir zdjął okulary i przetarł oczy, jakby chciał uwolnić się od bólu. Nie miał ochoty znowu wracać do magazynu i zostawiać nas samych z dokumentami. Lana wyczuła jego wahanie i natychmiast je wykorzystała: „Jeżeli pan się zgodzi, pójdziemy z panem do magazynu...". Uznał ten pomysł za niestosowny i udał, że nie słyszał. Potem, ku naszemu zaskoczeniu, zerknął na zegarek i powiedział: „Chodźmy, mamy jeszcze trochę czasu".

Nad szarymi pancernymi drzwiami znajdują się dwie czerwone tablice elektryczne. Pierwsza z nich, świecąca, informuje: „Zamykanie automatyczne". Na drugiej, zgaszonej, napisano: „Gaz. Nie wchodzić". Za drzwiami znajduje się jeden z dziesięciu magazynów Państwowego Rosyjskiego Archiwum Wojskowego. Na każdym piętrze jest jedna taka sala. Powietrze w magazynie jest suche, temperatura niższa niż w biurze, zapewne nieprzekraczająca 18–19°C. Duże plafoniery rzucają białe, szpitalne światło. Zaledwie co druga z tych lamp działa, więc w pomieszczeniu panuje półmrok. Znaleźliśmy się w sercu archiwum.

Metalowe regały wysokości około 2 metrów zajmowały co najmniej 200 metrów kwadratowych. Wszystkie były pełne dużych tekturowych pudeł, w których spoczywają papierowe dokumenty, w większości opatrzone pieczęcią „tajne". Przyjmując, że regałów było tu co najmniej pięćdziesiąt, tylko w tym pomieszczeniu zgromadzono, bagatela, pięć tysięcy pudeł. To marzenie każdego historyka! Jakie tajemnice kryły się w pudłach, które mieliśmy przed oczyma! Tajne układy Stalina i Czang Kaj-szeka wymierzone w Mao? Kryzys kubański i sprawa rakiet? Francuzi wzięci do niewoli w jednostkach SS? Tyle tajemniczych dokumentów, starannie posegregowanych, na wyciągnięcie ręki... Otworzyłem jakieś przypadkowe pudło, zobaczyłem maszynopisy, arkusze kalki technicznej z tajemniczymi schematami. Trzeba by miesięcy, żeby to wszystko przeanalizować, rozpracować, zweryfikować. „I nic nie jest zdigitalizowane", rzucił półgłosem Władimir. Tyle historycznych dramatów, cierpienia, tajemnic państwowych drzemało na tych półkach, że chociaż się tak nie umawialiśmy, wszyscy troje zniżyliśmy głos do szeptu. „Teraz już rozumiecie, dlaczego trudno nam odnaleźć konkretne dokumenty". System archiwizacji dokumentów wojskowych działa po staremu: na fiszkach opisuje się zawartość i podaje lata, ale bez szczegółów. Sytuacja komplikuje się, kiedy chodzi o dokumenty w językach obcych. Jak te nazistowskie. „Nic tu nie jest nam nieznane", powściągnął nas Władimir, nieco urażony naszym nieskrywanym zdziwieniem. „Niczego więcej nie dowiemy się już ze źródeł historycznych. Wszystko zostało odtajnione... No, może prawie wszystko..." Oj, to „prawie", które tak często pada z ust naszych rozmówców! Zdjęcia z sekcji przeprowadzonej 8 maja na domniemanych zwłokach Hitlera i Ewy Braun? Niemożliwe. Oficjalnie nie istnieją. Rozkazy Stalina, żeby ukryć prawdę przed aliantami? Jak wyżej. Wyniki analiz, którym poddano materiał sekcyjny? Długo można by wymieniać. Władimir to rozumiał i wzdychał. Męczyliśmy go. Już czas opuścić salę. Pół godziny minęło. Gaz, tlen, wentylacja – przypomniał nam o zasadach bezpieczeństwa. Musieliśmy wyjść. Szybko.

Pięć stalowych rygli szczęknęło, wsuwając się w gniazda. Władimir obrócił gałkę, żeby upewnić się, że dokładnie zamknął drzwi. Potem schował klucze do kieszeni i wskazał nam windę. Spotkanie dobiegło końca. Nie zaskoczyło nas to, bo przecież zostawił dokumenty związane z operacją „Mit" w magazynie, poza zasięgiem naszych oczu. Linge, Günsche, Baur i Rattenhuber do dziś pozostają tajemnicą. Na szczęście mogliśmy przejrzeć papiery w jego gabinecie. Co prawda dość pobieżnie, ale mieliśmy dość czasu, żeby wydobyć z nich to, co najważniejsze. To znaczy daty uwięzienia, ciężkich robot, tortur. Z nieznanych esesmanów stali się najbardziej poszukiwanymi więźniami pogromców Trzeciej Rzeszy.

Czy przemoc zmusiła ich wreszcie do mówienia? Czy coś wyznali, skarżyli się, załamali? Butyrkom nikt nie zdołał się długo opierać. Butyrki to najbardziej osławione moskiewskie więzienie. Znajduje się na obrzeżach centrum i dziś wykorzystywane jest jako areszt tymczasowy. W roku 1945 w porównaniu z Butyrkami nawet Łubianka wydawała się całkiem przyjemnym ośrodkiem wypoczynkowym. W zimowe noce w celach na Butyrkach panuje przejmujący chłód, ale jeszcze trudniej wytrzymać w nich latem, kiedy Moskwę nękają silne upały. Ale Butyrki nie są całkowicie pozbawione wygód, choć starej daty. A dokładnie – są to wygody z XVIII wieku. Wtedy wybudowano gmach. Początkowo był twierdzą wojskową. Katarzyna Wielka chciała, żeby wierni Kozacy mogli jej strzec i stacjonować jak najbliżej. A Kozacy, jak powszechnie wiadomo, świetnie znosili brak wygód. Zwłaszcza że ich nikt nie zamykał w izdebkach o powierzchni kilku metrów kwadratowych, a przede wszystkim nie torturował nocami. A uciekinierami z bunkra Führera zajmowali się sadystyczni oprawcy.

Żeby skuteczniej prowadzić śledztwo, wszystkich więźniów, którzy mogli wiedzieć cokolwiek o śmierci Hitlera, na początku roku 1946 przewieziono na Butyrki. Żeby ich zebrać w jednym miejscu, oficerowie NKWD przez kilka tygodni przetrząsali radzieckie obozy jenieckie – z wyjątkiem nadzorowanych przez „Smiersz", który wciąż odmawiał współpracy. Szukali świadków ostatnich godzin Hitlera. Stopniowo powstała lista obejmująca trzydzieści nazwisk nazistów, których przewieziono na Butyrki.

Następnie więźniów pogrupowano zależnie od ich znaczenia:

Poziom 1: osoby, które ze względu na swoją funkcję miały bezpośredni kontakt z Hitlerem.

Poziom 2: gwardia przyboczna i ochrona z SD (służby bezpieczeństwa).

Poziom 3: personel obsługujący Kancelarię Rzeszy.

Do poziomu 1 zaliczono osoby, które skupiły całą uwagę radzieckich tajnych służb. Oto kto zasłużył na szczególne traktowanie:

Heinz Linge, lokaj Hitlera, lat trzydzieści dwa, SS-Sturmbannführer.

Hans Baur, pilot samolotu Hitlera, lat czterdzieści siedem, SS-Obergruppenführer.

Otto Günsche, adiutant Hitlera, lat dwadzieścia osiem, SS-Sturmbannführer.

Niektórzy po aresztowaniu próbowali ukryć prawdziwą tożsamość, tak jak Linge, lokaj i zaufany członek świty Führera. Zatrzymany 2 maja 1945 roku, zdołał wtopić się w tłum nazistowskich jeńców. „Zostałem schwytany, ale to wszystko. [...] Nikt się mną nie interesował", wspominał Heinz Linge. Wraz z tysiącami innych niemieckich żołnierzy trafił do obozu pod Poznaniem. Przesłuchiwany, powiedział radzieckim żołnierzom, że jest zwyczajnym oficerem ze służb administracyjnych. Udało mu się oszukać wrogów i wszystko było dobrze, dopóki nie pojawił się inny człowiek z bliskiego otoczenia Hitlera, pilot Hans Baur. Również zatrzymany przez Armię Czerwoną i osadzony w tym samym obozie, opowiadał, komu się dało, że jest wysokim rangą oficerem i z tego względu należy odnosić się do niego z szacunkiem. „Poza tym, że jestem generałem, byłem też osobistym pilotem Hitlera", powtarzał całymi dniami. Ponieważ Sowieci mu nie wierzyli, wpadł na pewien pomysł. Wśród Niemców w obozie jenieckim zauważył Lingego. Ten poczciwiec będzie mógł poświadczyć jego słowa, pomyślał. Zwrócił się do strażników, powiedział im, że Linge może potwierdzić, iż mają przed sobą osobistego pilota Hitlera. Linge to wie, bo sam był lokajem Führera. „Zostałem zdemaskowany", opowiadał z przygnębieniem Linge. „Musiałem wycofać się ze wszystkiego, co wcześniej powiedziałem, zaprzeczyć wszystkim moim kłamstwom, tym razem mówiąc już prawdę"*. A Baur miał przynajmniej satysfakcję – potraktowano go z pełną powagą i słusznie uznano za szczególnie ważnego jeńca. Bardzo szybko opuścił nędzny obóz w Poznaniu. Pojechał do Moskwy, do więzienia na Łubiance. Razem z Lingem. Tam czekały ich sesje tortur godnych ludzi ich rangi.

Więźniowie poziomu 1 byli od siebie odseparowani, ale nie przebywali w celach jednoosobowych. Zawsze dzielili celę z innym więźniem. Z Niemcem, którego nie znali. Taki towarzysz niedoli szybko stawał się powiernikiem, jedynym, który gotów był udzielić wsparcia, wysłuchać narzekań, płaczu, znosić wybuchy gniewu. Owszem, słuchali. Bo byli szpiegami, wtyczkami opłacanymi przez NKWD. Ich zadanie polegało na zbieraniu wszelkich informacji i czuwaniu nad zdrowiem fizycznym i psychicznym „kolegów" z celi. Żeby nie wzbudzać podejrzeń, składali przełożonym raporty, gdy więźniowie z SS byli przesłuchiwani.

---

* Heinz Linge, *With Hitler to the End...*, s. 211.

> Podwójny agent z celi Lingego, pseudonim „Bremen", podkreśla, że u Lingego rozwija się głęboka depresja. Powiedział: „Skończcie już ze mną, dobijcie mnie! Torturowali mnie już na Łubiance, tu dalej to robią...".

Umieszczony w celi agent doskonale wspiera odporność fizyczną i umysłową esesmana, którym się zajmuje.

> Agent „Bremen" potwierdził, że Linge jest w stanie depresyjnym. [...] Uważa jednak, że powzięte środki pozytywnie wpłyną na Lingego i skłonią go do współpracy. Agent jest pewien, że Linge zna i ukrywa istotne tajne informacje. Agent otrzymał polecenie czuwania nad Lingem i dopilnowania, żeby nie popełnił samobójstwa.

Wykorzystywano każdy słaby punkt, żeby skłonić przesłuchiwanego do pełnej współpracy ze śledczymi.

> Więzień Linge obawia się, że jego rodzina może zostać uprowadzona z terenów Niemiec pozostających pod kontrolą amerykańską i uwięziona w strefie radzieckiej.

Heinz Linge niewątpliwie był najważniejszym ze świadków poziomu 1. I jednym z najsłabszych psychicznie. Nie był urodzonym wojownikiem. Jego nienaganny, ciemny mundur oficera SS nigdy nie został splamiony krwią ani błotem na polu bitwy. Może czasem pochlapał go francuskim szampanem albo węgierskim tokajem podczas mocno zakrapianego oficjalnego koktajlu. Ten piękny mundur brutalnie odebrali mu strażnicy więzienni. W raporcie agentów NKWD czytamy:

> Po drobiazgowym przeszukaniu i przymusowej zmianie munduru wojskowego na brudne i zniszczone łachy więzienne Linge przyszedł na przesłuchanie całkowicie załamany.

Esesman Linge nigdy wcześniej nie zaznał przemocy. Podczas wojny musiał tylko wysłuchiwać rozwlekłych diatryb Hitlera i znosić jego zmienne nastroje. Potworności, do których na rozkaz jego pana dochodziło każdego dnia w Europie, były dla niego pustymi pojęciami. Trupi odór unoszący się nad obozami koncentracyjnymi i polami bitewnymi, ta cuchnąca mieszanina krwi, rozkładających się ciał, trzewi i ekskrementów – zapach śmierci – nie docierał do luksusowych apartamentów niemieckich dygnitarzy. Jak to sobie wyobrazić? Jak wyobrazić sobie coś tak niepojętego, nieludzkiego, jeśli nigdy nie widziało się takiej makabry na własne oczy? Linge nie wiedział. I wcale nie chciał wiedzieć.

Funkcję lokaja pełnił przez dziesięć lat. Teraz, kiedy reżim nazistowski upadł, przyszło mu za to zapłacić. Drogo. Bardzo drogo. Ta bliskość, zażyłość z Führerem sprawiła, że Sowieci traktowali go wyjątkowo. Na początku roku 1946 byli przekonani, że Linge to klucz do zagadki. Dlatego stał się bardzo ważny. A przecież nie był do tego predystynowany.

Heinz Linge miał dziewiętnaście lat i był murarzem, gdy we wrześniu 1932 roku wstąpił do partii nazistowskiej. W następnym roku zaciągnął się do Waffen-SS, formacji militarnej SS. W styczniu 1935 roku on i dwaj inni żołnierze zostali wybrani do „osobistej obsługi Führera". Od tej chwili nie opuszczał Hitlera. Dbał o jego garderobę, podczas podróży zajmował się jego rzeczami, nadzorował służbę domową. Po wybuchu wojny z Polską, zamiast trafić na front, został jedynym majordomusem Hitlera. Dwaj pozostali nie sprawdzili się, zostali więc odesłani do swoich jednostek. Aby wynagrodzić Lingemu przerwanie kariery wojskowej, awansowano go do stopnia SS-Hauptsturmführera (odpowiednik kapitana) oraz nadano mu tytuł „szefa obsługi osobistej Führera". Pod koniec wojny, gdy przebywał w bunkrze Führera i nigdy jeszcze nie walczył, postanowieniem samego Hitlera został awansowany do stopnia SS-Sturmbannführera (majora).

Agent z celi „V-III" donosi, że Baura przerażają tortury fizyczne.

Także Baur nie przystawał do wizerunku nazistowskiego wojownika o stalowych nerwach, bohatera pokazywanego przez niemiecką propagandę. Podobnie jak Linge, ten syn listonosza zdobył generalskie galony w salonach Kancelarii Rzeszy. Trzeba przyznać, że jako bardzo młody człowiek przeszedł chrzest bojowy. W roku 1915, mając zaledwie osiemnaście lat, poszedł na front i uczestniczył w pierwszej wojnie światowej – najpierw jako pomocnik mechanika w wojskach lotniczych, potem jako pilot. Sześć potwierdzonych zwycięstw w walkach powietrznych zapewniło mu pożądany tytuł „asa lotnictwa". Po klęsce Niemiec w 1918 roku Baur jeszcze przez kilka lat służył w wojsku. Został zdemobilizowany w 1922 roku w stopniu porucznika i nadal był pilotem, ale już cywilnym. W 1926 roku podjął pracę w nowej państwowej kompanii lotniczej, Lufthansie, i został kapitanem. Utalentowany pilot zaangażował się w ruch nazistowski (od roku 1926) i w ten sposób zapewnił sobie błyskotliwą karierę. Latając na linii Berlin–Monachium, poznał kilku pasażerów w ciemnych mundurach i zbliżył się do nich. W tym gronie znalazł się niejaki Himmler, dowódca SS. To on w 1932 roku wspomniał Hitlerowi o Baurze. Niemcy były jeszcze państwem demokratycznym, trwała gorąca kampania wyborcza. Wybierano prezydenta i parlamentarzystów. Dla nazistowskiej partii, NSDAP, była to bardzo ważna chwila. Zwycięstwo wydawało się możliwe, a to oznaczało przejęcie władzy. Hitler szukał dobrego pilota, który woziłby go z wiecu na wiec, pomagając wygrać wybory. Baur przyjął propozycję. Pomysł nazistowskiego przywódcy był rewolucyjny – Hitler postanowił wykorzystać drogę powietrzną, by szybciej się przemieszczać i przemawiać w kilku miastach tego samego dnia. Tego nie zrobił żaden z jego adwersarzy. Hans Baur zgodził się zostać *Ständiger Flugkapitän und Chefpilot des Führers* (kapitanem samolotu i pierwszym pilotem Führera). Towarzyszył mu dwukrotnie – po raz pierwszy od 3 kwietnia do 24 kwietnia, a po raz drugi od 15 do 30 czerwca. To był sukces. NSDAP stała się najsilniejszą niemiecką partią polityczną i miała najwięcej deputowanych. Po ponownych wyborach w listopadzie tego samego roku i po kilku miesiącach negocjacji 30 stycznia 1933 roku Hitler został kanclerzem. Nigdy nie zapomniał o cennej pomocy Baura. Od razu mianował go swoim osobistym pilotem i odmawiał latania z innymi. Poza tym awansował go do stopnia pułkownika SS. W 1944 roku, mając zaledwie czterdzieści siedem lat, Baur został nawet SS-Obergruppenführerem (generałem korpusu armii) oraz generalleutenantem policji (generałem dywizji). Człowiek, który uzyskał te dwa wysokie stopnie, nigdy nie dowodził ani oddziałem wojska, ani plutonem policji.

W 1946 roku „podwójny generał" salonowy, przyjaciel Hitlera, bardzo źle znosił pobyt w radzieckim więzieniu. Próba ucieczki z bunkra Führera, którą podjął nocą z 1 na 2 maja, zakończyła się fatalnie. Ciężko ranny, w niewoli stracił prawą nogę. Amputował mu ją inny jeniec, niemiecki lekarz. Operacja została przeprowadzona w prowizorycznych warunkach. „Nie było nawet skalpela", napisał we wspomnieniach Baur. „Toteż niemiecki chirurg amputował mi [nogę] scyzorykiem"*. Prawdopodobnie jednak użył do tego celu piły.

Baur, człowiek o wrażliwej psychice, przerażony torturami – bez wahania wydawał dawnych kolegów z SS, żeby ratować własną skórę.

Zaczął na Łubiance, tuż po przewiezieniu do Moskwy. Po Lingem wydał telefonistę z bunkra Führera, SS-Oberscharführera (starszego sierżanta) Rochusa Mischa, który po sześćdziesięciu latach tak o tym opowiadał w swej autobiografii:

> Przewieziono nas na Łubiankę, do siedziby KGB [w rzeczywistości NKWD, ponieważ KGB utworzono dopiero

* Hans Baur, *I was Hitler's Pilot...*, s. 205.

w 1954 roku – przyp. aut.], tajnej policji. To tam, w jednym z pomieszczeń na pierwszym albo drugim piętrze, przeszliśmy pierwsze przesłuchania. Zaczęli od Baura. Policjanci go bili. Po jakimś czasie Baur powiedział do swoich oprawców: „Zapytajcie lepiej osobę, która mi towarzyszy, on [sic!] wie to lepiej niż ja!"*.

Ten donos nie pozostał bez konsekwencji dla podoficera Mischa. Natychmiast trafił na listę ważnych świadków. O jego losie przesądził już kilka tygodni wcześniej drobny gest – Misch zaproponował swą pomoc Baurowi, któremu w poznańskim obozie amputowano nogę. Misch go znał, wielokrotnie widywał go w bunkrze Hitlera, toteż chciał mu pomóc. Zmieniał mu opatrunki, przynosił jedzenie. Miał nadzieję, że w ten sposób poprawi swoją sytuację, bo w obozach jenieckich generałowie byli zwykle traktowani lepiej od prostych żołnierzy. Takie rozumowanie miałoby sens w strefie okupowanej przez zachodnich aliantów, ale nie w radzieckim obozie. Rosjanie bardzo szybko poinformowali Baura, że zostanie przewieziony do moskiewskiego sanatorium. Zapewniali go, że tam uzyska pomoc medyczną stosowną do jego generalskiej rangi. Niemiec zgodził się na to, ale pod warunkiem, że będzie mu towarzyszył jego asystent Misch. Baur doskonale pamiętał tę scenę: „Uzyskałem prawo do adiutanta, był to dawny telefonista z Kancelarii Rzeszy, kapral [w rzeczywistości sierżant – przyp. aut.] nazwiskiem Misch. Z trudem udało mi się uzyskać zezwolenie, by pojechał ze mną do Moskwy. Prawdę mówiąc, nie jestem pewny, czy okazało się to dla niego korzystne"**.

Uroczy eufemizm! Tym sanatorium, do którego posłano Baura, były Butyrki. A Misch wylądował tam razem z nim. Dołączyli do Lingego, Günschego, Rattenhubera, już osadzonych w celach. Roiło się tam od pcheł i karaluchów, więźniom dawała się we

* Rochus Misch, *J'étais garde du corps d'Hitler (1940–1945)...*, s. 221.

** Hans Baur, *I was Hitler's Pilot...*, s. 205.

znaki mroźna moskiewska zima, jedzenie było ohydne. Dumny generał Baur i jego wierny Misch byli zaszokowani. Wkrótce zaczęły się szykany, zwłaszcza mycie chustką do nosa podłogi zabrudzonej uryną i kałem. A potem przyszedł czas na niekończące się przesłuchania, którym stale towarzyszyła brutalna przemoc fizyczna. Baur nie rozumiał, dlaczego tu trafił. To musiała być pomyłka. Owszem, jest generałem, ale nigdy nie dowodził i nie wydał rozkazu dokonania rzezi. Co do Hitlera, to wcale tak dobrze go nie znał. To właśnie starał się wytłumaczyć śledczym. A na dowód dobrej woli i chęci współpracy wydał Günschego. Tak, on wie wszystko.

> Agent odnotował następujące godne uwagi oświadczenie Baura: „Nie wiem, z jakiego powodu Rosjanie są przekonani, że to ja wiem wszystko o Führerze. Lepiej by zrobili, skupiając się na jego adiutancie [Ottonie Günschem – przyp. aut.], który przez cały czas przebywał z nim w apartamencie".

Rosjanie nie czekali na radę Baura, by zainteresować się Günschem. Ale olbrzym z SS to był dla śledczych z NKWD twardy orzech do zgryzienia. W przeciwieństwie do Lingego i Baura okazał się niezłomny. Nawet „Siegfried", szpieg, z którym dzielił celę, nie zdołał nic z niego wyciągnąć. Nieufny i z natury małomówny, Günsche nie powiedział mu nic godnego uwagi.

> Według informacji z naszego źródła [szpiega – przyp. aut.] Günsche powstrzymywał się od wszelkich rozmów na temat śmierci Hitlera [...].

Tajne służby próbowały się do niego dostosować. Raz po raz zmieniano siedzącego z nim agenta, dobierano różne profile ludzi, aby zdobyć jego zaufanie. Wszystko na nic. Günsche nie dał się złamać, wciąż zeznawał to samo.

Cóż z tego, że major SS miał zaledwie dwadzieścia osiem lat – już od dziesięciu nosił czarny mundur z trupią czaszką. Doskonale znał techniki łamania oporu więźniów.

Otto Günsche był synem oficera policji. W wieku czternastu lat wstąpił do Hitlerjugend, a w 1934 roku jako siedemnastolatek – do SS Leibstandarte. Ta jednostka uderzeniowa SS skupiała bojowe elity reżimu. Kandydaci musieli spełniać kryteria fizyczne: wzrost co najmniej 1,80 metra (żaden z kacyków systemu nie sprostałby takim wymaganiom – Hitler miał 1,76 metra wzrostu, Himmler 1,74 metra, a Goebbels 1,65 metra), wykazać „czystość rasową" bez domieszki żydowskiej krwi od wielu pokoleń, a także złożyć przysięgę dozgonnej wierności wobec nazistowskiej ideologii. Po roku, ukończywszy osiemnaście lat, Günsche wstąpił do NSDAP. Wysoki (1,93 metra), blondwłosy, barczysty, atletycznej budowy, szybko zwrócił uwagę przełożonych. Trudno się dziwić, że wybrano go do grupy esesmanów, która zapewniała bezpieczeństwo Hitlerowi. Było to w 1936 roku, Günsche miał dziewiętnaście lat. 1 marca 1943 roku został osobistym adiutantem Hitlera. Pełniąc tę funkcję, przebywał z Hitlerem na co dzień. Uczestniczył we wszystkich naradach wojskowych i spotkaniach dyplomatycznych, zapisywał każde słowo Führera i czuwał nad prawidłowym wykonywaniem jego rozkazów. Podobnie jak Linge, Otto Günsche stał się cieniem Hitlera i uprzywilejowanym świadkiem ostatnich miesięcy jego rządów.

Przesłuchującym go Sowietom mówił, że dokładnie wie, podobnie jak Linge i jak Baur, w jaki sposób Hitler odebrał sobie życie.

30 kwietnia 1945 roku Hitler dołączył do Ewy Braun w apartamencie w bunkrze. Tam popełnili samobójstwo. Zaraz potem oba ciała spalono w ogrodach Kancelarii i zakopano.

Jednak zeznania tych trzech świadków były niezgodne w pewnych szczegółach. Linge słyszał strzał. Günsche nie. Baur utrzymywał, że pożegnał się z Führerem około osiemnastej–dziewiętnastej, podczas gdy dwaj pozostali przysięgali, że Hitler zabił się około szesnastej. Kto miał rację? Kto kłamał?

Beria nie mógł sobie pozwolić na błąd. Stalin odebrał mu stery NKWD. 29 grudnia 1945 roku pierwszego szpiega ZSRR zastąpił na czele tej instytucji jego zastępca Siergiej Krugłow. Czy to sygnał, że dyktator chciał go odsunąć, koniec krwawej kariery Ławrientija Berii? Czy wciąż miał kontrolę nad tajnymi służbami? Co prawda Stalin pozornie osłabił władzę swojego „Himmlera" nad jakże wrażliwym sektorem bezpieczeństwa państwowego, ale Beria, który otrzymał honorowy tytuł marszałka Związku Radzieckiego, był nieodzowny do zachowania trudnej równowagi radzieckiego systemu władzy. Stanowił główny element machiny represji i kontroli wewnętrznej. Zachował nadzór nad wszystkimi tajnymi służbami jako członek Politbiura i wiceprezes Rady Ministrów. Wiedział o wszystkim. Zwłaszcza o sprawie „Mit".

W połowie lutego 1946 roku zaczęły się przesłuchania. Przyjęto inne metody niż te stosowane przez „Smiersz" w maju i czerwcu. Brutalniejsze, drastyczne.

W raportach śledczych NKWD nie ma oczywiście żadnej wzmianki o brutalności. Prawie żadnej. To i owo można wyczytać między wierszami, można przeanalizować godziny wybierane na przesłuchania. Przeważnie działo się to w środku nocy, między dwudziestą trzecią a piątą rano. Niektóre przesłuchania kończyły się po niespełna dwóch godzinach, inne ciągnęły się przez sześć bez przerwy. Czasem nawet dłużej.

Złamać ciało i ducha, uczynić przeciwnika słabym, unicestwić wszelki opór – w tej dziedzinie oficerowie radzieckich tajnych służb nie mieli się czego wstydzić przed nazistami, od których niczego już by się nie nauczyli. Przez te lata, kiedy torturowali „kontrrewolucjonistów", a także innych „wrogów ludu", doprowadzili do perfekcji niełatwą sztukę przesłuchania. Zadając wciąż to samo pytanie, dzień w dzień, a raczej noc w noc, można doprowadzić więźnia do granic szaleństwa.

Były lokaj Hitlera przekonał się o tym na własnej skórze.

Śledczy Schweitzer. Przesłuchanie więźnia Lingego. 19 lutego 1946 roku, od 3.30 do 5.30. Na oświadczenie śledczego, iż wcześniejsze zeznania zostały zweryfikowane i uznane za niepoprawne, Linge oświadczył, że wszystko, co powiedział trzykrotnie w czasie śledztwa i co opisał w zeznaniach, jest zgodne z prawdą. Nie ma już nic do dodania ani do skorygowania.

A oto jego scenariusz śmierci Hitlera:

30 kwietnia 1945 roku około 15.45 Hitler poszedł do swojego przedpokoju. Dołączył tam do Ewy Braun. Linge przez cały czas stał pod drzwiami. Po kilku minutach usłyszał strzał. Pobiegł wezwać Bormanna, sekretarza Führera. Razem otworzyli drzwi i stwierdzili zgon małżonków Hitler. On zginął od kuli, ona się otruła. Następnie wynieśli ciała do ogrodu i spalili je.

Nadzieja więźnia Lingego na to, że uda mu się jak najmniejszym kosztem przejść przez radzieckie przesłuchania, rozwiała się. Rosyjskie śledztwo zaczęło się od nowa. Pierwsze spotkanie z agentem Schweitzerem trwało tylko dwie godziny. To był przedsmak wielu kolejnych nocy. Czy to się podobało majordomusowi Hitlera, czy nie, wciąż pytano go o ostatnie dni dyktatora.

Przesłuchanie więźnia Linge w więzieniu Butyrki, 19 lutego, godz. 23.00 – 20 lutego 1946 roku, godz. 5.00.

Linge zeznaje ponownie o ostatnim dniu Hitlera w bunkrze Kancelarii Rzeszy, 30 kwietnia 1945 roku.

Sześć długich godzin powtarzania tej samej opowieści. Linge wytrzymał i przedstawił identyczną wersję jak minionego lata, w pierwszych dniach po zatrzymaniu. Zeznawał po niemiecku, w obecności tłumacza. Wiele pytań zadawano kilkakrotnie. Tym razem śledczego interesowało, czy w ostatniej chwili Goebbels nie zdołał przekonać Hitlera do ucieczki. Linge wysłuchał pytania i przyznał, że mogłoby się tak stać, jednak potrzebny byłby czołg, żeby przebić się przez mur rosyjskich żołnierzy, którzy okrążyli bunkier.

Przesłuchanie Lingego prowadzone przez śledczego Schweitzera od 20 lutego, godz. 23.30 do 21 lutego 1946 roku, godz. 4.45.

Więzień Linge był pytany o osoby obecne w bunkrze Kancelarii Rzeszy od wieczoru 29 do 30 kwietnia 1945 roku.

Zgodnie z jego zeznaniem przebywało ich tam jeszcze pięćdziesiąt osiem. Był tego pewien, potwierdzał to z przekonaniem.

Po powrocie do celi Linge chwalił się towarzyszowi niedoli, że okłamał śledczych. Szpieg „Bremen" nie uronił ani słowa z tej opowieści i przekazał ją przełożonym: „Linge nie składa szczerych zeznań, ponieważ wie, że radzieckie władze nie mogą przyłapać go na kłamstwach. A to z prostej przyczyny – są tylko dwie osoby, które znają okoliczności »śmierci« Hitlera – on i Bormann. A ten drugi jest poza zasięgiem Rosjan". W tym okresie Martin Bormann był wciąż intensywnie poszukiwany. Nikt nie wiedział, czy żyje. Okazało się, że zginął 2 maja 1945 roku podczas próby ucieczki z bunkra.

Trzy nieprzespane noce. Linge nie był już w stanie zmrużyć oka w celi. Wracał wyczerpany z ciągnących się godzinami przesłuchań, a w ciągu dnia strażnicy nie dawali mu spać. Nic nie zapowiadało, żeby sytuacja miała się wkrótce zmienić.

Śledczy Schweitzer przesłuchiwał więźnia Linge od 21 lutego, godz. 23.30 do 22 lutego 1946 roku, godz. 4.20.

Podczas przesłuchania Linge, odpowiadając na pytanie o liczbę osób obecnych w bunkrze, skorygował zeznanie z 20 lutego 1946 roku.

W zeznaniach lokaja zaczęły się ujawniać pierwsze niezgodności. Padały ciosy, a od wrzasków i gróźb pękały mu bębenki. Po raz pierwszy wycofał wcześniejsze zeznania – te z poprzedniego dnia.

Zamiast o pięćdziesięciu ośmiu osobach przebywających w bunkrze mówił już tylko o dwunastu, które faktycznie widział wieczorem 29 kwietnia i 30 kwietnia 1945 roku.

Przesłuchania wciąż trwały.

23 lutego od 12.30 do 16.00.

24 lutego dano mu chwilę wytchnienia.

25 lutego znów zabrano go nocą. Od 00.30 do 4.00.

26 lutego Linege się załamał. Tydzień wystarczył, żeby metody śledczych przyniosły pożądany skutek. Kiedy strażnicy przyszli o 23.00 zabrać go z celi, zareagował jak szaleniec i zaczął wyć. Agent NKWD opisał tę scenę w raporcie.

> Linge krzyknął: „Błagam, zabijcie mnie, tylko mnie już nie torturujcie. Jeżeli nie przestaniecie, sam się zabiję". Powiedziano mu, że będzie znacznie lepiej, jeśli w końcu zdecyduje się mówić prawdę. Linge wpadł w histerię i krzyczał: „Mówię prawdę na każdym przesłuchaniu! Innej wam nie wymyślę!". A potem zaczął płakać. Kiedy się uspokoił, śledczy podjął zgodnie z procedurą czynności i zaczął przesłuchanie.

W radzieckich raportach nigdy nie rozwodzono się nad metodami stosowanymi przez śledczych. Żeby dowiedzieć się czegoś na ten temat, trzeba sięgnąć do świadectw więźniów. Linge opisał traumatyczne przeżycia z pobytu w radzieckich więzieniach, a zwłaszcza przemoc fizyczną.

> Ponieważ nie mówiłem tego, co chciał usłyszeć komisarz, zmuszono mnie, żebym się rozebrał i nago pochylał nad kozłem. Komisarz ostrzegł mnie, że jeśli nie „zacznę gadać",

będą mnie bili. Goły i poniżony, wciąż trzymałem się mojej wersji: „Adolf Hitler odebrał sobie życie 30 kwietnia 1945! Spaliłem jego ciało!". Komisarz zwrócił się do barczystego lejtnanta, który trzymał bat, i rozkazał: „Daj mu to, na co zasłużył!". Wyłem jak zarzynana świnia. A on rzucił cynicznie: „Powinieneś znać tę technikę lepiej niż ja, nauczyliśmy się jej od SS i Gestapo"*.

Hans Baur, i tak już osłabiony po amputacji, został potraktowany w ten sam sposób.

Nocne przesłuchania następowały jedno po drugim, a pytanie było wciąż to samo: czy Hitler nie żyje?

Początkowo niemiecki pilot starał się zachowywać z godnością. Narzekał nawet na zbyt dobre warunki w nowym więzieniu i prosił, żeby odwieziono go na Łubiankę.

Ta prośba została oczywiście odrzucona. Słyszał tylko wrzaski: „Łżesz! Łżesz! Łżesz!...". Wyczerpany i przerażony, Baur przyznał, że rzeczywiście kłamie. Nie wiedział co prawda, kiedy skłamał, ale przyznał się do wszystkiego. Marzył tylko o jednym – żeby to się wreszcie skończyło.

Mój główny śledczy zawsze zataczał wokół mnie szerokie kręgi, a kiedy na chwilę siadał, łykał jakieś pigułki, chyba po to, żeby nie zasnąć. [...] Pewnej nocy doznałem potwornego wstrząsu. Kiedy jak zwykle szedłem na przesłuchanie, śledczy wrzasnął do mnie triumfalnie: „Baur, teraz powiesz nam wszystko, co wiesz. Za dzień albo dwa trafi tu twoja żona. Jeżeli nie zaczniesz gadać, na twoich oczach ściągniemy jej majtki. A jeżeli to nie wystarczy, będziemy ją bić. A jeżeli i tego będzie za mało, zrobimy z niej kurwę"**.

---

* Heinz Linge, *With Hitler to the End...*, s. 212.

** Hans Baur, *I was Hitler's Pilot...*, s. 211.

Groźba zadziałała. Pilot zaczął mówić. Samobójstwo Hitlera? Nie było go przy tym. Znalezienie zwłok Hitlera i Ewy Braun w przedpokoju apartamentu w bunkrze? Nie było go przy tym.

Kremacja obu ciał w ogrodzie? Nie było go przy tym.

Skąd ta wieczna nieobecność w tak dramatycznych chwilach historii człowieka, któremu służył z oddaniem?

Byłem zbyt zajęty szykowaniem rzeczy do próby ucieczki z rejonu. A poza tym wychodzenie w środku dnia do parku wokół Kancelarii Rzeszy, żeby patrzeć na palące się ciała, było zbyt niebezpieczne. Cała dzielnica była pod ostrzałem artyleryjskim.

Baur nie próbował już niczego koloryzować. Przedstawiał fakty takimi, jakie były, bez patosu.

Szczegóły śmierci Hitlera poznał w rzeczywistości znacznie później. „To było 22 albo 23 października 1945 roku, w obozie jenieckim w Poznaniu". Opowiedzieli mu o wszystkim dwaj ludzie odpowiedzialni za ochronę osobistą Hitlera.

Baur podał oczywiście nazwiska tych dwóch żołnierzy: „To Bergmüller i Höfbeck".

Sowieci powątpiewali jeszcze w szczerość zeznań pilota. Wiedzieli, że Hitler osobiście polecił mu zająć się spaleniem jego ciała po samobójstwie i zadbać, żeby nikt nigdy nie mógł go znaleźć. Mimo to Baur nie zrobił absolutnie nic.

Czy można mu było ufać?

– Kiedy widzieliście Hitlera po raz ostatni?

– 30 kwietnia 1945 roku około osiemnastej–dziewiętnastej. Poinformował mnie o zamiarze odebrania sobie życia. Potem opuściłem jego apartament, żeby przygotować rzeczy i uciec.

– Kiedy wróciliście do bunkra Hitlera?

– Po dwóch godzinach. [...] Zapytałem tych, którzy tam byli: „Już po wszystkim?." Odparli, że zastrzelił się z pistoletu wojskowego kalibru 8 mm.

Zeznanie Baura nie zgadzało się z tym, co powiedzieli Linge czy Günsche.

Ten ostatni powtarzał podczas wszystkich przesłuchań te same informacje. Hitler zabił się 30 kwietnia około szesnastej. Znalazł go Linge. Natomiast Günsche, mimo że znajdował się w odległości kilku metrów od przedpokoju Hitlera, nie słyszał żadnego strzału. W tym czasie w bunkrze nie było hałasu, pracowała tylko wentylacja. Jak to możliwe, żeby młody esesman nie słyszał wystrzału?

Rosjanie porównywali, porządkowali i analizowali wyniki przesłuchań.

W oczy rzucały się dwie najpoważniejsze rozbieżności – godzina popełnienia samobójstwa: według Lingego i Günschego stało się to między piętnastą a szesnastą; według Baura między dziewiętnastą a dwudziestą pierwszą; – przyczyna śmierci: strzał z broni palnej według Lingego i Baura; niepewna według Günschego.

Po miesiącu przesłuchań trzeba było stwierdzić, że śledztwo w sprawie „Mit" się nie posuwało. Wciąż było wiele wątpliwości, może nawet – coraz więcej.

Na tym etapie śmierć Hitlera pozostawała dla radzieckich tajnych służb zagadką.

Czy odnalezione zwłoki były naprawdę jego? Jeśli tak, to dlaczego lekarze sądowi nie zauważyli rany postrzałowej głowy? A może Linge i Baur kłamali?

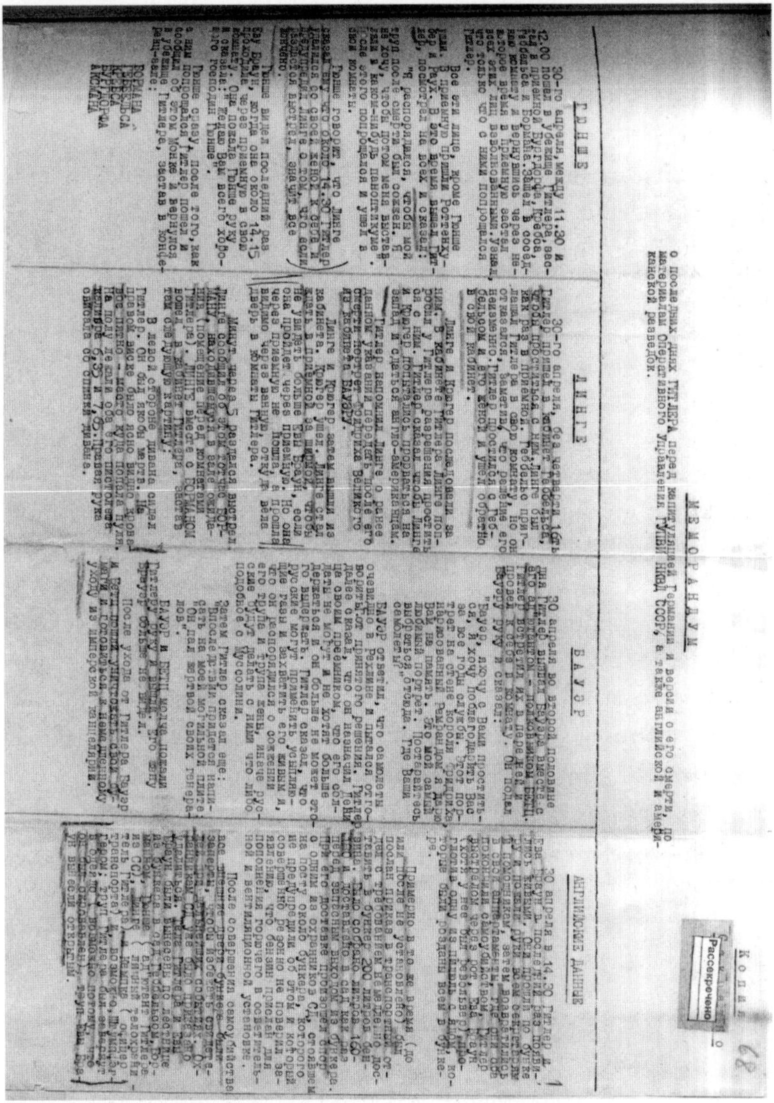

Różne wersje śmierci Hitlera opisane przez radzieckich śledczych. Od lewej wersje Günschego, Lingego, Baura i wnioski z dochodzenia angielsko--amerykańskiego. Sowieci podkreślili najważniejsze fragmenty (GARF).

CZĘŚĆ IV

KONKLUZJE?

Moskwa, marzec 2017 roku

Mieliśmy tylko dwa dni. Zaledwie tyle dały nam rosyjskie władze. Dwa dni na przeprowadzenie ekspertyzy naukowej. Uzyskaliśmy zezwolenie po zaciekłej walce. „Nigdy nie myśleliście o poddaniu testom naukowym szczątków Hitlera? To znaczy – ewentualnych szczątków Hitlera?" Aleksander Orłow, nasz kontakt w Ministerstwie Spraw Zagranicznych, nie spodziewał się tego pytania. Rozmowa odbyła się w grudniu poprzedniego roku. Skontaktował się z nami tylko po to, żeby się dowiedzieć, jak przebiegło spotkanie w archiwum FSB. Miał nadzieję, że wreszcie się od nas uwolni. Zęby, czaszka i poufne akta – czy to nie dość? „Chcemy to ostatecznie rozstrzygnąć, rozwiać wszelkie wątpliwości..." Takie argumenty słyszał wiele razy, padały z ust wielu dziennikarzy, historyków, naukowców. Testy, nowoczesne technologie, żadnego uszczerbku dla kości czaszki i zębów. Aleksander dobrze znał francuski, ale kiedy był zestresowany, wolał odpowiadać w języku ojczystym, po rosyjsku. Rozmowę prowadziła z nim więc Lana. Aleksander stawiał opór. Twierdził, że nie wie.

> Drogi Aleksandrze, mamy tylko jeden cel – chcemy skończyć z mitami, pogłoskami o ewentualnej ucieczce Hitlera. Rosja chce chyba wiedzieć, czy naprawdę ma szczątki Hitlera? Chyba że się boicie, że tak długo tkwiliście w błędzie?! Jest tylko jeden sposób, żeby raz na zawsze zamknąć ten rozdział – pozwolić doktorowi medycyny sądowej Philippe'owi Charlier, by zbadał czaszkę i zęby.

Cisza.

Jego głos rozbrzmiał ponuro: „Rozumiem. Wkrótce udzielę wam odpowiedzi".

Na tę odpowiedź czekaliśmy do pierwszych dni marca. Brzmiała: „Dwa dni! Po jednym dniu na archiwum. Przyjdźcie pod koniec miesiąca".

Doskonale się złożyło. Niedawno uzyskaliśmy także zezwolenie w archiwach wojskowych. Mogliśmy upiec dwie pieczenie na jednym ogniu.

Doktor Philippe Charlier miał do nas dołączyć na te dwa cenne dni. Wybór tego francuskiego lekarza sądowego i archeologa-antropologa był dla nas oczywisty. To człowiek, który w ciągu zaledwie kilku lat wyrobił sobie doskonałą reputację, dowodząc, że potrafi rozwikłać zagadkę historii. Najsłynniejsi „zamordowani" w dziejach przemawiają w jego zręcznych rękach. Trucizna, broń biała, pistolet – nic mu nie umyka. Jego osiągnięcia imponują nie tylko innym specjalistom, są znane na całym świecie. Przez jego ręce przeszły szczątki królów – Henryka IV, Ludwika Świętego, Ryszarda Lwie Serce, a także postaci, które otacza legenda – Joanny d'Arc czy trybuna rewolucji francuskiej, strasznego Robespierre'a. Philippe Charlier dba, by publikacje na temat jego „pacjentów" ukazywały się w najlepszych światowych periodykach naukowych. Ten czterdziestolatek jest pełen entuzjazmu, uwielbia podróże (wyrusza w najodleglejsze zakątki świata, żeby uprawiać swoją sztukę), potrafi popularyzować wiedzę, skrupulatnie przestrzegając klasycznych zasad nauki. Nic więc dziwnego, że media widzą w nim „Indianę Jonesa cmentarzy" i szczegółowo opowiadają o każdej przeprowadzonej przez niego historycznej autopsji. Sprawa Hitlera nie mogła trafić w inne ręce.

A zatem dwa dni. Jeden na czaszkę w GARF-ie, drugi na zęby w towarzystwie mrocznych szpiegów z FSB. Przedstawiciele GARF-u i CA FSB przeciągali sprawę jak zawsze i dyskutowali o warunkach. Wszyscy zareagowali tak samo: „W naszym kraju pełno jest doskonałych specjalistów medycyny sądowej.

Nie potrzebujemy cudzoziemca". I mieli rację. Rosjanin przeprowadziłby badania równie fachowo, nie mieliśmy co do tego wątpliwości. Jednak z troski o bezstronność należało wybrać zagranicznego specjalistę. Ku naszemu wielkiemu zaskoczeniu ten argument szybko przekonał Rosjan. Aby uniknąć wszelkich podejrzeń czy nacisków ze strony rosyjskiej, wyrażono zgodę, by analizy powierzyć wyłącznie wybranemu przez nas francuskiemu lekarzowi. Pozostawało ustalić dogodny dla wszystkich termin. Badania miały zostać przeprowadzone 29 i 30 marca.

27 marca, Moskwa. Miałem dwadzieścia cztery godziny na upewnienie się, że wszystko będzie gotowe na przybycie doktora Charlier. Stolica Rosji była spokojniejsza niż zwykle. Mury Kremla rozbrzmiewały tylko głosami turystów. W mauzoleum Lenina nie było wielbicieli mumii komunisty. Na placu za to zgromadziły się dziesiątki policjantów z pałkami. Na ich szarych czapkach widniała odznaka sił porządkowych. Mieli zastygłe twarze ludzi, którzy otrzymali ścisłe rozkazy. Dwa dni temu na manifestację opozycji wobec rządu przybyło około 10 tysięcy osób. Takie zgromadzenie w sercu miasta to policzek dla Putina. Władza się z nimi nie patyczkowała – zamknięto 700 manifestantów. Te sceny emitowały raz po raz telewizje całego świata. Rosja przeżywała poważny kryzys polityczno-ekonomiczny, do jakiego nie doszło od dziesięciu lat. Kraj się usztywniał, w miarę jak skupiał się na sobie. To niedogodne warunki do prowadzenia śledztwa w sprawie Hitlera. W najlepszym razie należało założyć, że władze nie mają ani czasu, ani energii, żeby rozpatrywać nasze podania, w najgorszym zaś, że uznają je za nowe źródło problemów. Właściwie nie byłem nawet zaskoczony, kiedy zobaczyłem Lanę w tej kawiarni, gdzie zwykliśmy pracować. Była zasępiona, unikała mojego spojrzenia. Nie musiała nic mówić – zrozumiałem. Odwołali! Nie wszystko. Tylko CA FSB. Bez powodu, bez uzasadnienia. Został GARF z fragmentem czaszki. Oni nie zmienili zdania. Jeszcze.

Dyrekcja GARF-u nie odpowiadała! Czekaliśmy w holu już od godziny. Był 29 marca, godzina piętnasta, i samolot

Philippe'a Charlier właśnie wylądował na międzynarodowym lotnisku Szeremietiewo, o godzinę jazdy od centrum miasta. Wczoraj Aleksander osobiście potwierdził spotkanie w rozmowie z Laną. FSB odwołało naszą wizytę, „przesunęło" ją, ale nie GARF. „Idźcie tam, czekają na was". Czy naprawdę to powiedział? Jeszcze raz zapytałem o to Lanę. Westchnęła: „Użył dokładnie tych słów". Czyli dyrekcja archiwum państwowego wiedziała, że czekamy, a francuski ekspert przyleciał z Paryża specjalnie po to, żeby zbadać czaszkę, tę, którą przechowują w nędznym pudełku na dyskietki! Dlaczego więc nikt nie odbierał telefonu? Nie przygotowano dla nas nawet przepustek! Potwierdziliśmy termin w rozmowie z doktorem Charlier. Termin badania czaszki, bo uprzedziliśmy go, że zęby zobaczy później, innym razem. „Kiedy?", zaniepokoił się nie bez podstaw. Wkrótce. Owszem, stosowaliśmy te same metody co rosyjskie władze: mętne obietnice, nadzieje. Philippe Charlier uspokoił nasze obawy: „Nie ma problemu, znajdę czas, kiedy będzie trzeba, proszę się nie niepokoić. Ten projekt bardzo mnie interesuje, możecie na mnie liczyć. Czyli na czaszkę jest zgoda?". W zasadzie tak było. Ale teraz kipieliśmy złością w pustej poczekalni. Czy przynajmniej uprzedzono ich, że przyjdziemy? A może dla zabawy grali nam na nerwach? Albo to tylko dowód wrodzonej niekompetencji postkomunistycznej biurokracji? Przy jedynym okienku w sali zasiadała sześćdziesięcioletnia kobieta. To ona wydawała przepustki. Pełniła niezwykle ważną funkcję, która zapewniała jej przewrotną rozkosz nieokazywania choćby szczypty uprzejmości. Krótko mówiąc, ta pani mogła być tak antypatyczna, jak chciała. A odwiedzający GARF nigdy nie ośmielą się na nią poskarżyć czy choćby krzywo spojrzeć. W tej chwili jadła kebab, czytając pismo ilustrowane i kompletnie nas ignorując. „Dostanie telefoniczne polecenie przygotowania dokumentów dla nas", domyśliła się Lana, nie chcąc tracić optymizmu. „To kwestia kilku minut".

Wreszcie Nikołaj, archiwista o cerze jak wosk, zdecydował się nas oswobodzić. Przyniósł nasze przepustki. Pani z okienka już dawno zjadła kebab i zabrała się do czytania kolejnego pisma. Nawet nie uniosła głowy, kiedy wyszliśmy. Zachować spokój i uprzejmość, to wszystko tylko test. Nie należało się niczym przejmować, skoro czaszka na nas czekała i mogliśmy ją badać. Philippe Charlier powinien do nas dołączyć za nieco ponad pół godziny. Mieliśmy więc tylko tyle czasu, żeby sprawdzić, czy wszystko zostało odpowiednio przygotowane.

„Czaszka nie jest przygotowana?!" Nie mogłem uwierzyć w to, co oznajmił nam Nikołaj. Lecz on potwierdził z typową dla siebie nonszalancją. Nic nie było przygotowane. Jego jasne oczy nigdy nie wydawały mi się tak żywe jak w tej chwili. „Zaczekamy na doktora Charlier, żeby wszystko przygotować", ciągnął, idąc z nami przez dziedziniec GARF-u w stronę budynku dyrekcji. „Nie zaczniemy przed jego przyjściem. I pamiętajcie, że wszystko musi się zakończyć przed zamknięciem biur, czyli do 17.30".

I znów znaleźliśmy się w pokoju, w którym w ubiegłym roku pokazano nam czaszkę. Zmieniły się tylko dekoracje na ścianach. Zamiast rewolucyjnych plakatów z roku 1917 wisiały na nich czarno-białe fotografie rodziny Mikołaja II, ostatniego cara Świętej Rosji. Czy należało uznać to za wyraz woli rosyjskich władz, które pragnęły na pierwszym miejscu postawić carską przeszłość kraju? Nie śmiałbym obarczyć dokonaniem takiego wyboru Nikołaja, a tym bardziej Diny, która właśnie do nas dołączyła. Szefowa departamentu tajnych zbiorów najwyraźniej nie spodziewała się nas znowu zobaczyć. Jak zwykle jej maniery odzwierciedlały humor, jaki miała danego dnia. A dziś, przed końcem pracy, wyraźnie była w kiepskim nastroju i nie odpowiedziała na przywitanie. Poznałem duże pudło na buty, w którym spoczywają kości przypisywane Hitlerowi. Lekko wystawało z małego wózka ze sklepu samoobsługowego, tego wózka, z którym Nikołaj chyba nigdy się nie rozstawał. Wózek stał tuż obok stołu. Tego dużego drewnianego stołu. „Czy istnieje możliwość otwarcia pudła?" Lana przetłumaczyła moje pytanie, ale żadne z archiwistów nie odpowiedziało. Jakby nie słyszeli albo już nie rozumieli po rosyjsku. W końcu Nikołaj zareagował. Bez słowa stanął przed swoim wózkiem, splótł ręce na piersi, jakby rzucał nam wyzwanie, i zmierzył nas wzrokiem. Atmosfera tego spotkania stała się krępująca. A ta cisza była ciężka. Lana postanowiła ją przerwać. „Czy Larysa, wasza dyrektorka, też do nas dołączy?" Zaniepokojeni, właściwie chcieliśmy, żeby tu była. Wyraźnie było widać, że Dinie i Nikołajowi nie podobał się pomysł przeprowadzenia ekspertyzy. Musieliśmy się dowiedzieć, czy to tylko ich niesubordynacja, gniew dwojga pracowników, którzy nie życzą sobie, żeby cudzoziemcy dotykali ich „skarbu", czy raczej to dyrekcja GARF-u na swój sposób przeciwstawiała się naszej pracy.

Skontaktował się z nami Philippe Charlier. Był już w holu, oko w oko z panią z czasopismem. Oczywiście, ta nie chciała go wpuścić. Nikołaj łaskawie po niego poszedł. Wolno, bardzo wolno, wkładał kapelusz i poprawiał go na rzadkich, jasnych jak słoma włosach. Potem włożył palto i ruszył wraz ze mną. Z kamiennym spokojem powitał francuskiego eksperta lodowatym *zdrawstwujtie*. Poinformowałem doktora Charlier o skomplikowanej sytuacji. Mówiłem półgłosem, ponieważ wielu Rosjan zna francuski ze szkoły. W Związku Radzieckim często uczono tu francuskiego zamiast angielskiego jako obowiązkowego języka obcego. A Nikołaj był w takim wieku, że z pewnością kończył szkołę pod godłem sierpa i młota. „Rozumiem, dostosuję się", szepnął lekarz. „Przywykłem do tego". Wreszcie pozytywne fale. Philippe Charlier samą swą obecnością podnosił na duchu. Wchodząc do pokoju, w którym czekały Lana i Dina, dodał: „Będę miał dostęp do czaszki. A już to jest nadzwyczajne".

Domyślaliśmy się, komu zawdzięczaliśmy chłód naszych rosyjskich rozmówców. Podziękowania należały się profesorowi Nicholasowi – zwanemu Nickiem – Bellantoniemu z amerykańskiego uniwersytetu Connecticut. Ten amerykański profesor archeologii badał czaszkę w 2009 roku i oznajmił, że to szczątki młodej kobiety! Już po pierwszej ubiegłorocznej rozmowie z pracownikami GARF-u zorientowaliśmy się, że przygoda z tym

Amerykaninem była ciężką traumą dla Diny i Nikołaja. Po tym skandalu żaden naukowiec nie miał dostępu do kości. Philippe Charlier był pierwszy. Dlatego stale patrzyli mu tu na ręce. Nikołaj stał kilka centymetrów od niego, gotów interweniować w razie potrzeby. Etap pierwszy: obserwacja. Francuski ekspert sięgnął po pudełko na dyskietki, w którym leżał fragment czaszki. Pochylił się nad nim i obejrzał go pod każdym możliwym kątem. Nikołaj szeroko otworzył usta i niemal odruchowo wyciągnął ręce. Był oburzony. Zwykle tylko jemu wolno dotykać tego pudełka. Grymas na twarzy Diny świadczył o jej dezaprobacie. Philippe Charlier nie dostrzegał ich reakcji. Skupił się bez reszty na kościach. Jego spokój i pewność siebie w końcu zbiły z tropu rosyjskich archiwistów – nie mieli odwagi mu się przeciwstawić. Na razie… „Pierwsza ważna informacja: nie da się określić płci wyłącznie na podstawie oglądu tych kości czaszki". Ekspert powiedział to bez wahania. Ciągnął: „Czy należy do kobiety, czy do mężczyzny? Tego nikt nie może stwierdzić. Opieranie diagnozy na tak drobnych szczątkach kostnych wydaje mi się co najmniej ryzykowne. Dysponujemy tylko częścią lewą potylicy, a ta w żadnym razie nie daje podstaw do określenia płci. Stwierdzam to kategorycznie". W ciągu kilku minut Philippe Charlier podważył część teorii swojego amerykańskiego kolegi, który stwierdził, że struktura kości – zbyt delikatna i cienka nie odpowiada czaszce mężczyzny w dojrzałym wieku. „Nieprawda!" Francuz nie miał wątpliwości. „Jeśli badamy szkielet, określamy płeć na podstawie miednicy. Ale to nie do pomyślenia, żeby ustalić ją na podstawie czaszki, kości udowej czy żuchwy. A poza tym trzeba by mieć całą czaszkę. Tu trudno o tym mówić". A wiek? Bellantoni doszedł do wniosku, że była to czaszka osoby między dwudziestym a czterdziestym rokiem życia. A Hitler miał pięćdziesiąt sześć lat. Jak Amerykanin się do tego zabrał? „Zapewne opierał się na stopniu zrośnięcia szwów czaszkowych", snuł przypuszczenia Charlier. Właśnie tak było. W licznych wywiadach archeolog z Connecticut przedstawiał tok swojego rozumowania.

Mówił o szwach, tych, które łączą kości czaszki. W nagraniu wideo dla kanału uniwersytetu Connecticut, UConn, Bellantoni powiedział: „Zwykle w miarę starzenia się szwy czaszkowe się zrastają, te natomiast są jeszcze wyraźnie uwypuklone. To typowe dla jednostki w wieku od dwudziestu do czterdziestu lat"*. Szwy, o których mowa, Philippe Charlier mógł dokładnie obejrzeć. „Nie podjąłbym się określenia wieku kości takich jak te, na podstawie szerokości szwów. Występują tu duże różnice indywidualne. Nie wykluczam, że moje szwy są w tej chwili całkowicie zrośnięte jak u człowieka starego, a szwy mojej babki nie zrosły się do chwili jej śmierci. Powtarzam – nie można podać wieku tej czaszki na podstawie szwów. Zwłaszcza jeśli ma się tylko jej jedną trzecią. To się nie trzyma kupy".

Niet! Dina była niezadowolona. *Niet!* Nikołaj ją poparł. Lana tłumaczyła: mamy zezwolenia. *Niettt!* Doktor Charlier zamierzał właśnie założyć sterylne rękawiczki. Chciał, żeby otwarto pudełko na dyskietki, żeby wyjąć fragmenty czaszki. Lana przetłumaczyła jego prośbę, wyraźnie zdenerwowana. Odpowiedź padła z ust obojga archiwistów, lodowata jak syberyjska zima. Nie będzie żadnego otwierania. Na pewno nie dla zagranicznego naukowca i dziennikarzy. Dina powtórzyła to ostro, prawie niegrzecznie. Negocjacje były wykluczone, napięcie w pokoju wzrosło. Philippe Charlier włączył się, zachowując niezmącony spokój: „To nic. Poradzimy sobie i bez tego. Czy mimo wszystko mogę nadal oglądać tę czaszkę?". Nikołaj nie spodziewał się tak spokojnej reakcji. Lekarz odwrócił się, patrząc na niego. Przewyższał go o głowę. „Chcę tylko patrzeć, niczego nie dotknę". W końcu Dina rzuciła *da*. Tak.

„W takim razie kontynuuję obserwację. Nie zamierzam się spieszyć i nie obchodzi mnie, że któreś z nich mogło chcieć wyjść dziś wcześnie z pracy". Lana skorzystała z okazji, żeby wymknąć się na korytarz i zadzwonić do Aleksandra z prośbą o pomoc. Za

---

* https://www.youtube.com/watch?v=ZqrrjzfnsVY.

dziesiątym razem odebrał telefon. Sytuacja, odmowa, problemy z archiwistami – Lana nie kryła rozpaczy. Aleksander miał już dość. Odpowiedział, że nic więcej nie może dla nas zrobić. „Radźcie sobie sami!" Zbliżała się osiemnasta. Nikołaj patrzył na zegarek. Zniecierpliwiony, przytupywał. Francuski ekspert wyczuł narastające napięcie, ale zignorował to i spokojnie zapisywał w laptopie wszystkie zebrane informacje. Posłużą mu do opracowania raportu. Wysokiej jakości zdjęcia czaszki i wszystkich elementów leżących na stole uzupełnią jego pracę i pozwolą udokumentować ekspertyzę. „Ujście naczyniowe (otwór ciemieniowy wypustowy prawy), ubytki substancji gwiaździstej kości ciemieniowej lewej..." W swej pracy znawca zmarłych nie potrzebuje żywych, którzy go otaczają, nawet tych wrogich rosyjskich archiwistów. „Proszę na to zerknąć, to bardzo ciekawe..." Wskazał palcem doskonale widoczny otwór na szczycie czaszki. „To oczywiście otwór postrzałowy. Pocisk przeszedł przez głowę i wyszedł na poziomie ciemieniowym. Tu mamy otwór wylotowy, nie wlotowy. Jego kształt jest charakterystyczny, rozszerza się na zewnątrz. Ma około 6 milimetrów średnicy. To wcale nie oznacza, że strzał oddano z kalibru 6 mm. Nie mogę określić kalibru na podstawie otworu wylotowego, bo pocisk mógł ulec fragmentacji albo się zdeformować". Jego zdaniem natomiast moment oddania strzału był niemal pewny. „Strzał padł, kiedy kość była jeszcze wilgotna", powiedział. Jeśli to naprawdę czaszka Hitlera, to strzał oddano albo kiedy żył, albo wkrótce po jego śmierci.

Badanie nabrało niesamowitego tempa. Teraz uwagę lekarza medycyny sądowej zwróciły czarne ślady na czaszce. „To pozostałości z miejsca pochówku, z pewnością ziemia. Widać też ślady zwęglenia. Świadczą o długiej ekspozycji na działanie wysokich temperatur. Ta osoba została spalona w bardzo wysokiej temperaturze." Z relacji ocalałych mieszkańców bunkra wynikało, że użyto prawie 200 litrów benzyny. „Wszystko się zgadza", stwierdził Charlier. „Spalenie zwłok jest bardzo trudne. Żeby ciało ludzkie zniknęło, trzeba co najmniej 100 kilogramów drewna albo setek litrów benzyny. Ciało zawiera bardzo dużo wody. Stąd tak częsta niejednorodność zwęglenia".

Nikołaj słuchał, jakby rozumiał każde słowo wypowiedziane po francusku. Miałem wrażenie, że się odprężył. Z jego oczu wyzierała odrobina podziwu. Za nim, w wózku, leżała cała dokumentacja sprawy Hitlera. Nie mogłem odmówić sobie ponownego przejrzenia tych zakurzonych akt. Z łatwością odczytywałem podpisy radzieckich dygnitarzy z tamtych czasów. Te nazwiska stały mi się znajome: Beria, „pierwszy gliniarz Stalina"; Mołotow, dyplomata; Abakumow, ambitny szpieg... Zależało mi na znalezieniu pewnego fragmentu protokołu przesłuchania Heinza Lingego, lokaja Hitlera. Raport pochodził z 27 lutego 1946 roku. Zeznania spisano na maszynie, a niemiecki więzień odręcznie parafował każdą stronę. Pokazałem protokół Philippe'owi Charlier.

Pytanie: Opowiedzcie o wydarzeniach, które miały miejsce 30 kwietnia 1945 w bunkrze dawnej Kancelarii Rzeszy.

Odpowiedź: Około szesnastej, kiedy znajdowałem się w pomieszczeniu przed przedpokojem Hitlera, usłyszałem strzał z pistoletu i poczułem zapach prochu. Zawołałem Bormanna, który był w sąsiednim pokoju. Razem weszliśmy do pokoju Hitlera i zobaczyliśmy następującą scenę: przed nami Hitler leżał po lewej stronie, na kanapie, z której zwisała jego ręka. W prawej skroni miał dużą ranę od strzału z pistoletu. [...] Na podłodze, obok kanapy, zobaczyliśmy dwa należące do Hitlera pistolety: walthera kaliber 7,65 i [walthera] kaliber 6,35. Po prawej, na kanapie, siedziała z podkulonymi nogami Ewa Braun. Nie miała żadnej rany od kuli ani na ciele, ani na głowie. Oboje, Hitler i jego żona, nie żyli.

Pytanie: Czy tak dokładnie pamiętacie, że Hitler miał ranę postrzałową prawej skroni?

Odpowiedź: Tak, pamiętam dokładnie. Miał ranę postrzałową prawej skroni.

Pytanie: Jak duża była ta rana skroni?

Odpowiedź: Otwór wlotowy pocisku był wielkości monety trójmarkowej [w innych raportach Linge mówił: „duża rama wielkości feniga" – przyp. aut.].

Pytanie: Jakiej wielkości była rana wylotowa?

Odpowiedź: Nie widziałem rany wylotowej. Ale pamiętam, że czaszka Hitlera nie była zdeformowana i pozostała w całości.

Opis rany był zgodny z wynikami oględzin przeprowadzonych przez Charliera. Choć na tym etapie nie mieliśmy możliwości identyfikacji czaszki, to szczegóły się zgadzały. Co więcej, zeznania lokaja wniosły nowe dla eksperta elementy, zwłaszcza informację, że czaszka pozostała w całości mimo strzału. „Jeżeli naprawdę strzelił sobie w prawą skroń, to jest logiczne, że kula wyleciała przez lewą kość ciemieniową. I mamy możliwość sprawdzenia, czy Linge kłamał, czy nie. Możemy zweryfikować hipotezę strzału w usta". Jak? „Badając zęby! Jeżeli wykryjemy ślady prochu na zębach albo dziąsłach, będzie to silny argument przemawiający na rzecz strzału w usta". A zatem zęby, które spoczywają w archiwum FSB i na razie są dla nas niedostępne.

Dina miała już dość, chciała wyjść z pracy. Jest 18.30, przekroczyliśmy o godzinę porę zamknięcia GARF-u! „A czy moglibyśmy przyjść jutro? Żeby kontynuować analizę czaszki oraz szczątków kanapy?" Lana posunęła się za daleko. Jej pytanie zdenerwowało starą archiwistkę. „Nie! Na jutro nie macie zgody. Skończcie dzisiaj. Dam wam jeszcze kilka minut". Philippe Charlier nie znał rosyjskiego, nie zdawał sobie więc sprawy z konsekwencji rozmowy dwóch pań. Ostry ton archiwistki nie zapowiadał jednak niczego dobrego. Mimo to Charlier zachował spokój i skupił się na pozostałych elementach układanki, które miał przed sobą. Poza fragmentami czaszki mógł też obejrzeć drewniane części kanapy, w tym podłokietnik. Jest tam również fotograficzny raport z czasu kontrśledztwa w sprawie śmierci Hitlera, przeprowadzonego w kwietniu i maju 1946 roku. Ta seria czarno-białych zdjęć, które widzieliśmy w ubiegłym roku, pokazywała miejsce samobójstwa ze śladami krwi na kanapie i na ścianie. „Nie możemy mówić o śladach krwi", stwierdził ostrożnie Charlier. „Na tym etapie możemy mówić tylko o brunatnych śladach". Choć upłynęło ponad pół wieku, one wciąż były widoczne na jasnym, zapewne sosnowym, drewnie z kanapy Hitlera. Czas i bardzo złe warunki, w jakich pracownicy GARF-u przechowywali te dowody, nie zdołały ich zatrzeć. To autentyczne elementy, nie ma mowy o manipulacji radzieckich tajnych służb. Prowadząc to śledztwo, musieliśmy się liczyć ze wszystkim, także z najgorszym. „Wydaje mi się, że trudno byłoby zrobić taką podróbkę", uznał Philippe Charlier. „Wszystkie te ślady są widoczne i wyglądają identycznie na fotografiach z 1946 roku. Byłby to niezwykły wyczyn fałszerza, gdybyśmy mieli przed sobą kopię". Lana poinformowała Charliera: „Jeżeli pan chce, może pan tego dotykać, obracać to, oglądać każdy ślad...". Lekarz sądowy aż krzyknął, widząc, że dziennikarka wyciąga rękę. „Nie! Proszę nie dotykać! Skazi pani materiał dowodowy swoim DNA". Lana przeprosiła, dziwnie się śmiejąc. „Właśnie tego nie wolno robić", ubolewał francuski ekspert. „Ale i tak robiono to już wielokrotnie. Dlatego nie spodziewam się wiele po tych kawałkach kanapy. Były bardzo niewłaściwie przechowywane, zawinięte w niesterylny gałgan. Widać, że to drewno przeszło przez wiele rąk, dotykane bezpośrednio, bez rękawiczek ochronnych. Pomijam już kropelki śliny tych wszystkich, którzy je oglądali. Jedyne DNA, jakie tu znajdziemy, pochodzi z ostatnich kilku minut, a to należące do Hitlera na pewno dawno już zniknęło". Po chwili namysłu dodał: „Nie ma tu na co liczyć, chyba że...".

Kiedy pochylał się, zachowując odpowiednią odległość (to znaczy taką, żeby uniknąć dorzucenia własnego DNA z potu albo śliny) nad jednym z kawałków kanapy, miał już inny pomysł. Skupił się na fotografiach ze śledztwa przeprowadzonego przez Sowietów, potem znowu zajął się materiałem dowodowym.

Coraz szybciej krążył między tymi rzeczami. Sięgnął po stojące przy stole krzesło i przeprowadził osobliwą prezentację. „To bardzo ciekawe. Pasjonujące. Popatrzcie..." Jego zaraźliwy entuzjazm udzielił się nawet dwójce archiwistów. Podeszli niemal wbrew sobie, jakby przyciągnął ich magnes. „Wyobraźmy sobie, że ofiara siedzi na tym krześle. Właśnie strzeliła sobie w głowę, która teraz leży na podłokietniku. Krew spływa, ścieka na podłogę, chlapiąc". Mówił szybko, wspierał słowa gestami. „Rany głowy wciąż obficie krwawią. Krwi musiało wypłynąć bardzo dużo, nawet w ciągu kilku minut – tych, które dzieliły strzał od wejścia Bormanna i Lingego do przedpokoju. Gęsta, ciężka, ciemna krew rozlała się po podłodze, czyli albo po betonie, albo po leżącym na nim dywanie. Dywan czy beton, mniejsza o to. Krwi było tyle, że powstała kałuża, a krople, które jeszcze skapywały, chlapały na dywan, ale nie byle gdzie, tylko pod kanapą. To te plamy!" Na jednym z kawałków mebla maleńkie ciemne plamy zlały się z naturalnymi przebarwieniami drewna. Zależnie od oświetlenia były widoczne albo prawie znikały. Scena zbrodni, a raczej samobójstwa, rysowała się nieco wyraźniej. Czy hipoteza Charliera da się pogodzić z zeznaniami świadków? Linge, lokaj Hitlera, i Günsche, jego osobisty adiutant, byli w tym pomieszczeniu. To, co zobaczyli, przekazali sowieckim śledczym, których byli więźniami.

> Przesłuchanie jeńca wojennego Lingego Heinza, byłego Sturmbannführera SS z 26–27 lutego 1946 roku.
>
> Linge: Na dywanie było dużo krwi, podobnie jak na ścianie przy kanapie.

> Przesłuchanie jeńca wojennego Sturmbannführera SS i sługi Hitlera, Günschego Ottona, 18–19 maja 1945 r.
>
> Pytanie: Kiedy po raz pierwszy weszliście do pomieszczenia, w którym doszło do samobójstwa, i co tam zobaczyliście?

Odpowiedź: Wszedłem do pomieszczenia o 16.45. Zobaczyłem, że dywan na podłodze był lekko przesunięty i że była na nim plama krwi.

Po zwolnieniu z radzieckich obozów w roku 1955 Linge wspominał niekończące się przesłuchania w komunistycznych więzieniach: „Jaka ilość krwi znajdowała się na dywanie? W jakiej odległości od stóp Hitlera utworzyła się kałuża krwi? Gdzie dokładnie znajdował się pistolet? Jakiego pistoletu użył? Jak i gdzie dokładnie siedział? Oto kilka typowych i powtarzanych bez końca pytań, na jakie musiałem odpowiadać"*.

Tych odpowiedzi mógł udzielić Philippe Charlier. W każdym razie – części z nich. Zostawił drewniane elementy kanapy, nieprzydatne do testów DNA, i skupił się na fragmencie czaszki. Uniósł pudełko.

Ustawiał je do światła tak, żeby jak najdokładniej przyjrzeć się widocznym na kościach ciemnym plamom. „Tak jak myślałem...", powiedział półgłosem, jakby do siebie. „To nie są szczątki organiczne denata. Nie skóra ani mięśnie. Wszystko uległo spaleniu. Wyraźnie widzę ślady zwęglenia. To dowodzi, że [kość] była długo wystawiona na działanie wysokich temperatur". Eksperta bardziej zainteresowały inne ślady. „Myślę, że widzimy tu resztki ziemi. Może nawet osady rdzy i ślady korozji. Czy wiadomo, gdzie znaleziono tę czaszkę?"

Dzięki dokumentom odkrytym w archiwach znaliśmy dokładną odpowiedź. Cofamy się o siedemdziesiąt lat. Do 30 maja 1946 roku. Trzynaście miesięcy po samobójstwie Hitlera odbyła się kolejna inspekcja w rejonie Kancelarii Rzeszy w Berlinie. Przeprowadzono ją w ramach ściśle tajnej misji „Mit", zapoczątkowanej 12 stycznia 1946 roku przez następcę Berii w Ministerstwie Spraw Wewnętrznych, Krugłowa. Grupy śledcze skierowane

---

* Heinz Linge, *With Hitler to the End...*, s. 213.

tu specjalnie z Moskwy pracowały w kwaterze głównej Führera. Rozkazy z góry były ścisłe:

Ściśle tajne

ZATWIERDZONO

Wiceminister Spraw Wewnętrznych
Związku Socjalistycznych Republik Radzieckich
Generał armii I. Sierow
dn. 16 maja 1946 roku

Plan działań operacyjnych w śledztwie w sprawie okoliczności zniknięcia Hitlera.

Aby wyjaśnić okoliczności zniknięcia Hitlera, konieczne jest podjęcie następujących działań:

I

1. Wykonanie planu (z natury) w lokalizacji nowej i starej Kancelarii Rzeszy, a także schronów (bunkrów) Hitlera; sfotografowanie tych miejsc.
2. Przeprowadzenie inspekcji wewnątrz schronów Hitlera w następujący sposób:
   a) sporządzenie planu układu pomieszczeń w bunkrze;
   b) sfotografowanie pomieszczeń zajmowanych przez Hitlera i Ewę Braun;
   c) przeprowadzenie oględzin wszystkich sprzętów zachowanych w tych pomieszczeniach, a także ścian, podłóg i sufitów w celu wykrycia ewentualnych śladów, które mogłyby wyjaśnić kwestię okoliczności zniknięcia Hitlera;
   d) zebranie informacji o tym, gdzie znajdują się obecnie sprzęty wcześniej zabrane z bunkra, i poddanie ich takim samym oględzinom;
   e) w celu rozpoznania zachowanych mebli i ustalenia ich usytuowania w pokojach zajmowanych przez Hitlera

i Ewę Braun należy sprowadzić na miejsce Lingego, dawnego kamerdynera Hitlera, uprzednio przesłuchawszy go w tej sprawie;

f) przeprowadzenie badania miejsca odnalezienia zwłok mężczyzny i kobiety przy wyjściu ze schronu do ogrodów Kancelarii Rzeszy w celu ewentualnego wykrycia przedmiotów, które mogłyby mieć znaczenie dla sprawy.

3. Zebranie informacji o miejscu, gdzie znajdują się rzeczy osobiste należące niegdyś do Hitlera i Ewy Braun, a zabrane z bunkra. Poddanie ich analizom.

II

1. Przeprowadzenie ponownej sekcji sądowej zwłok mężczyzny i kobiety, odkrytych w ogrodach Kancelarii Rzeszy w pierwszych dniach maja 1945 roku w celu ustalenia wieku zmarłych, oznak i przyczyny ich zgonu.
2. W tym celu konieczna jest ekshumacja zwłok i ich przewiezienie do specjalnie urządzonych pomieszczeń w szpitalu w Buch.

Na podstawie wyników powyższych działań oraz zgromadzonego wcześniej materiału przeprowadzić należy śledztwo według nowego planu.

Głównym celem działań zespołów Ministerstwa Spraw Wewnętrznych było odnalezienie brakującej części ciała odkrytego w maju 1945 roku. W protokole sekcji z 8 maja 1945 roku lekarze sądowi odnotowali brak lewej tylnej części czaszki. Bardzo szybko, bo już w maju 1946 roku, w ogrodzie wykopano dwa fragmenty czaszki. Znajdowały się 3 metry od wejścia do bunkra Führera. Dokładnie tam, gdzie 4 maja 1945 roku natrafiono na domniemane zwłoki Hitlera i Ewy Braun. Jeden z fragmentów kości był przebity kulą. Czy to brakujący element puzzli?

Podważałoby to teorię samobójstwa przez zażycie trucizny. A jeśli prawdą było, że Hitler nie otruł się cyjankiem, ale zastrzelił? Odkrycie tych dwóch fragmentów czaszki mogło położyć kres spekulacjom dotyczącym jego śmierci. Wystarczyło sprawdzić, czy te kości „pasują" do zwłok przypisywanych Hitlerowi. Nic prostszego, ponieważ Ministerstwo Spraw Wewnętrznych wspierało śledztwo. Ale zwłoki, o których mowa, pozostawały w pieczy Ministerstwa Obrony.

Od kilku miesięcy szef radzieckiego kontrwywiadu Wiktor Abakumow mógł czuć się całkowicie bezkarny, ponieważ Stalin wybrał go na swojego zaufanego człowieka. Abakumow wykorzystał sytuację i realizował własną politykę.

Z jego osobistej inicjatywy 21 lutego 1946 roku stacjonujący w Niemczech ludzie ze „Smierszu" przenieśli ciała Hitlera oraz Ewy Braun, a także Goebbelsów (rodziców i dzieci) oraz generała Krebsa. Dotąd były one zakopane w zagajniku pod miasteczkiem Rathenow. W żaden sposób nie uzasadnił tej decyzji ani nie konsultował jej z władzami radzieckimi.

Ściśle tajne

PROTOKÓŁ

21 lutego 1946 roku
3 Armia Uderzeniowa Radzieckich Wojsk Okupacyjnych w Niemczech

Komisja [„Smierszu"– przyp. aut.] sporządziła niniejszy protokół, stwierdzając, że w wyżej wskazanym dniu, zgodnie z instrukcjami naczelnika zarządu kontrwywiadu „Smiersz" Grupy Radzieckich Wojsk Okupacyjnych w Niemczech, generała lejtnanta [Pawła] Zielenina, w rejonie miasta Rathenow, przeprowadziliśmy ekshumację zwłok następujących osób:

– Kanclerza Rzeszy Niemieckiej Adolfa Hitlera,
– jego żony Ewy Braun,
– ministra propagandy Rzeszy doktora Josefa Goebbelsa,

– jego żony Magdy Goebbels i ich dzieci: syna Helmuta oraz córek Hildegardy, Heidrun, Holdine, Hedwig [wymieniono tylko pięcioro dzieci, brakuje najstarszej córki Helgi – przyp. aut.]

– szefa sztabu generalnego armii niemieckiej generała Krebsa.

Wszystkie ciała, w stanie zaawansowanego rozkładu, znajdowały się w drewnianych skrzyniach i tak zostały przetransportowane do miasta Magdeburga, do siedziby Zarządu Kontrwywiadu „Smiersz", i tam ponownie pogrzebane. Złożono je na głębokości 2 metrów na podwórzu domu przy Westendstrasse 36, pod południowym kamiennym murem podwórza, w odległości 25 metrów od ściany garażu domu po stronie wschodniej.

Dół z ciałami zasypano ziemią, zrównano z poziomem podwórza, a miejscu nadano taki wygląd, jaki ma otoczenie.

Po co przenoszono tak ważne zwłoki? Abakumow uczynił to, żeby zachować kontrolę nad swoim „trofeum". Kwatera główna „Smierszu" w Magdeburgu, 150 kilometrów na południowy zachód od Berlina, doskonale chroniła wszelkie dowody przed wścibstwem ludzi przysłanych przez Ministerstwo Spraw Wewnętrznych. Nic więc dziwnego, że to tu przewieziono zwłoki – najważniejsze było, by nie trafiły do berlińskiego szpitala w dzielnicy Buch na ponowną autopsję.

Kreml popierał Abakumowa, ten kilka tygodni później został bowiem ministrem bezpieczeństwa państwowego w randze generała. Następnie stał się członkiem Komitetu Biura Politycznego KC WKP(b) do spraw Sądowych. W wieku zaledwie trzydziestu ośmiu lat stał się nie tylko „nietykalny", ale i niezwykle groźny dla każdego, kto odważyłby się rzucić mu wyzwanie. I nie wahał się wykorzystywać swej siły.

Złożony przez zespół prowadzący sprawę „Mit" wniosek o przeprowadzenie ponownej sekcji zwłok przeniesionych do

Magdeburga został przez kontrwywiad odrzucony bez uzasadnienia, choć przecież wytyczne Ministerstwa Spraw Wewnętrznych były jasne. Podpułkownik Klausen, który prowadził śledztwo w Berlinie, otrzymał pisemny rozkaz i uważał go za wystarczający, by podjąć stosowne działania.

Maj 1946 roku
Ściśle tajne

Do Zastępcy Naczelnika Zarządu Operacyjnego GUPW MWD (Ministerstwa Spraw Wewnętrznych) ZSRR podpułkownika Klausena.

Wypełnić rozkaz jako priorytetowy.

Wyjedziecie do miasta Berlina pod dowództwem generała lejtnanta Sierowa, wypełniając zadanie specjalne powierzone przez Ministerstwo Spraw Wewnętrznych Związku Socjalistycznych Republik Radzieckich.

Zwracamy się do wszystkich struktur wojskowych MWD oraz radzieckiej administracji okupacyjnej o udzielenie podpułkownikowi Klausenowi wszelkiego możliwego wsparcia, od chwili dotarcia do celu aż do powrotu do Moskwy.

Wiceminister Spraw Wewnętrznych ZSRR
generał lejtnant Czernyszow

Ten rozkaz nie zrobił większego wrażenia na agentach „Smierszu", którzy podlegali Ministerstwu Obrony i nie musieli reagować na polecenia innych. Ich odmowa sprawiła, że nikt nigdy nie mógł porównać dwóch kości czaszki ze szczątkami pogrzebanego w Magdeburgu mężczyzny. Ani w roku 1946, ani w żadnym innym. Nigdy. Wiosną 1970 roku wszystkie szczątki ludzkie zakopane w Magdeburgu i pozostające pod kontrolą kontrwywiadu zostały definitywnie zniszczone. Taką decyzję podjął na najwyższym szczeblu państwowym Jurij Andropow, późniejszy przywódca ZSRR (od 1982 do 1984 roku). W 1970 roku Andropow zajmował już niezwykle istotne stanowisko w strukturze tajnych służb. Był wszechwładnym przewodniczącym Komitetu Bezpieczeństwa Państwowego przy Radzie Ministrów ZSRR. Krótko mówiąc – kierował wszystkimi radzieckimi szpiegami. Żadna operacja „specjalna" nie mogła zostać przeprowadzona bez jego zgody. Jak ta, której nadano kryptonim „Archiwum".

> **Cel operacji:** Wydobycie i **fizyczne zniszczenie szczątków** pogrzebanych w Magdeburgu w dniu 21 lutego 1946 roku na terenie wojskowym przy Westendstrasse obok domu nr 36 (dziś Klausenerstrasse), a należących **do zbrodniarzy wojennych.**

Dlaczego ćwierć wieku po upadku Trzeciej Rzeszy postanowiono zniszczyć te szkielety? Czy Kreml obawiał się, że pewnego dnia tajemnica państwowa wyjdzie na jaw, a zwłoki Hitlera – o ile to było jego ciało – wpadną w ręce innych? A może po prostu radzieckie władze chciały zamknąć ten stary rozdział i na dobre pozbyć się pokonanego wroga? Moskwa nie musiała uzasadniać swoich działań, ponieważ były one tajne.

Tą niezwykle delikatną i tajną misją kierował pułkownik z departamentu KGB. Na początku lat siedemdziesiątych sytuacja geopolityczna w Europie była napięta. W 1949 roku radziecka strefa okupacyjna w Niemczech przeobraziła się w niezależny od reszty Niemiec kraj, który przyjął nazwę Niemieckiej Republiki Demokratycznej. Państwo to było podporządkowane Moskwie. To czasy świata dwubiegunowego (po jednej stronie obóz kapitalistyczny zdominowany przez Stany Zjednoczone, po drugiej obóz komunistyczny pod wodzą ZSRR) i lęku przed trzecią wojną światową. Oficjalnie Moskwa zaprzeczała, by zwłoki Hitlera znajdowały się w jej posiadaniu. Operacja „Archiwum" została przeprowadzona w tej skomplikowanej sytuacji geopolitycznej, dlatego tak ważne było utrzymanie jej w ścisłej tajemnicy. Kreml jak zwykle nie ufał nikomu, przede wszystkim swoim ludziom, i w związku z tym wydano bardzo precyzyjne polecenia.

Prowadząc operację, postępować jak poniżej:

1. Dwa do trzech dni przed rozpoczęciem prac na miejscu pochówku ludzie z grupy ochrony Oddziału Specjalnego KGB ustawią namiot, którego wielkość pozwoli przeprowadzić pod osłoną czynności przewidziane w planie działania.

2. Ochronę okolic namiotu po jego rozstawieniu zapewnią żołnierze, natomiast podczas prowadzenia prac personel operacyjny specjalnie wyznaczony do operacji „Archiwum".

3. [Należy] zorganizować zamaskowane stanowisko do obserwacji domu sąsiadującego z miejscem operacji i zamieszkanego przez ludność lokalną, w celu wykrycia ewentualnej obserwacji wizualnej. W przypadku wykrycia takiej obserwacji podjąć działania zapobiegawcze stosowne do sytuacji.

4. Przeprowadzić poszukiwanie nocą, złożyć odnalezione szczątki w specjalnie przygotowanych skrzyniach, wywieźć pojazdami regimentu saperów i wojsk pancernych GSWG [Grupa Wojsk Radzieckich w Niemczech – przyp. aut.] w rejon „zgniłego" jeziora (Fall See) (dystrykt Magdeburg, NRD), tam spalić, a popioły rzucić do jeziora.

5. Udokumentować wykonanie wymienionych w planie działań poprzez sporządzenie protokołów:

a) protokołu ekshumacji (określić w protokole stan skrzyń i ich zawartości i procedurę złożenia tejże do przygotowanych skrzyń);

b) protokołu spalenia materiału ekshumowanego.

Protokoły muszą zostać podpisane przez wszystkich niżej wymienionych agentów [...].

6. Po zabraniu szczątków miejsce, w którym znajdowały się dotąd, musi zostać doprowadzone do pierwotnego stanu.

Namiot należy usunąć po 2–3 dniach od wykonania głównych prac.

7. „Legenda przykrycia": Uwzględniając, że operacja zostanie przeprowadzona na terenie bazy wojskowej, do której miejscowej ludności wstęp jest zakazany, konieczność

wyjaśnienia przyczyn i charakteru prac może zaistnieć tylko wobec oficerów, członków ich rodzin i cywilnych pracowników sztabu armii, zamieszkujących na terenie bazy.

Uzasadnienie „legendy": prace (rozstawienie namiotu, poszukiwania) przeprowadzono, aby zweryfikować zeznania przestępcy aresztowanego w ZSRR, według którego w tym miejscu mogły znajdować się cenne dokumenty archiwalne.

[...]

Rzadko mamy możliwość wglądu do takich dokumentów radzieckich tajnych służb. Nawet te, które liczą ponad siedemdziesiąt lat, pozostają tajne. To nie przypadek, że ten znajduje się do dziś w archiwach FSB (dawnego KGB). Pokazuje on wewnętrzny mechanizm operacji specjalnych z wykorzystaniem „legend", czyli scenariuszy mających stanowić wiarygodne przykrycie dla szpiegów. W tym konkretnym przypadku dziwi, że „legenda" miała zmylić własnych żołnierzy ZSRR.

Operacja „Archiwum" została oficjalnie doprowadzona do końca. Domniemane zwłoki Hitlera i jego bliskich – Ewy Braun, Goebbelsów i generała Krebsa – zostały całkowicie zniszczone. Taką wersję przedstawiły w każdym razie radzieckie służby specjalne, a do dziś podtrzymują ją rosyjskie władze. Oto kopia raportu w tej sprawie.

Ściśle tajne
W jednym egzemplarzu
Seria „K"
m. Magdeburg (NRD)
J[ednostka] W[ojskowa] nr 92626
5 kwietnia 1970
RAPORT
(Dotyczy fizycznego zniszczenia szczątków zbrodniarzy wojennych)

Zgodnie z planem operacji „Archiwum" grupa specjalna w składzie: dowódca Jednostki Specjalnej KGB przy Radzie Ministrów ZSRR JW nr 92626 pułkownik Kowalenko N.G. i żołnierze tejże jednostki, major Szirokow W.L. i lejtnant Gumieniuk W.G., dnia 5 kwietnia 1970 roku dokonała spalenia szczątków zbrodniarzy wojennych, wydobywszy je z miejsca pochówku usytuowanego w bazie wojskowej przy Westendstrasse w pobliżu domu nr 36 (obecnie Klausenstrasse).

Zniszczenia szczątków dokonano poprzez spalenie ich na stosie rozpalonym na ugorze pod miastem Schönebeck, 11 kilometrów od Magdeburga.

Szczątki zostały spalone, zmiażdżone na popiół wraz z węglem, zebrane i rzucone do rzeki Biderin, co potwierdza niniejszy akt.

Dowódca Jednostki Specjalnej KGB JW nr 92626

Jak za czasów „Smierszu" i NKWD, różne instytucje państwowe w dzisiejszej Rosji są między sobą zwaśnione. Sztandar się zmienił, mentalność została. Dowodził tego choćby stosunek archiwistów GARF-u do uzyskanych przez nas zezwoleń na przeprowadzenie ekspertyzy kości czaszki. Philippe Charlier oglądał fotografie wykonane w ogrodzie Kancelarii w maju 1946 roku, gdy odnaleziono fragmenty czaszki. Metalowe odłamki zaściełały ziemię zrytą pociskami artyleryjskimi, które spadły na ten teren podczas bitwy o Berlin. Krzyżyk zrobiony ołówkiem na zdjęciu wskazywał dokładnie miejsce, gdzie znaleziono te dwa fragmenty kości. Tuż przy wejściu do bunkra. Radzieccy badacze dopiero potem połączyli te fragmenty w jeden. Ten, który trafił do GARF-u.

„Kości leżały więc pod gruzami, między odłamkami metalu... To ważna informacja. Proszę mi przypomnieć, jak długo kawałki czaszki pozostawały pod ziemią?" Każda informacja ma znaczenie. „Ponad rok w tym stosie żelastwa?! To by się zgadzało. W każdym razie taki scenariusz jest możliwy", zastanawiał się francuski badacz. „Wyjaśnię, że fragmenty kości, które

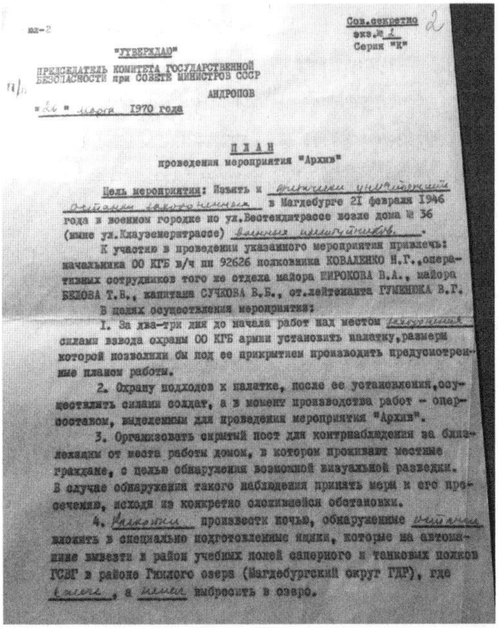

вл-2

Сов.секретно 2
экз.№ 1
Серия "К"

"УТВЕРЖДАЮ"
ПРЕДСЕДАТЕЛЬ КОМИТЕТА ГОСУДАРСТВЕННОЙ
БЕЗОПАСНОСТИ при СОВЕТЕ МИНИСТРОВ СССР

АНДРОПОВ

"26" марта 1970 года

П Л А Н
проведения мероприятия "Архив"

Цель мероприятия: Изъять и физически уничтожить останки захороненных в Магдебурге 21 февраля 1946 года в военном городке по ул.Вестендштрассе возле дома № 36 (ныне ул.Клаузенерштрассе) военных преступников.

К участию в проведении указанного мероприятия привлечь: начальника ОО КГБ в/ч пп 92626 полковника КОВАЛЕНКО Н.Г., оперативных сотрудников того же отдела майора ШИРОКОВА В.А., майора БЕЛОВА Т.В., капитана СУЧКОВА В.Б., ст.лейтенанта ГУМЕНЮКА В.Г.

В целях осуществления мероприятия:

1. За два-три дня до начала работ над местом захоронения силами взвода охраны ОО КГБ армии установить палатку, размеры которой позволили бы под ее прикрытием производить предусмотренные планом работы.

2. Охрану подходов к палатке, после ее установления, осуществлять силами солдат, а в момент производства работ – оперсоставом, выделенным для проведения мероприятия "Архив".

3. Организовать скрытый пост для контрнаблюдения за близлежащим от места работы домом, в котором проживают местные граждане, с целью обнаружения возможной визуальной разведки. В случае обнаружения такого наблюдения принять меры к его пресечению, исходя из конкретно сложившейся обстановки.

4. Раскопки произвести ночью, обнаруженные останки вложить в специально подготовленные ящики, которые на автомашине вывезти в район учебных полей саперного и танковых полков ГСВГ в районе Гнилого озера (Магдебургский округ ГДР), где сжечь, а пепел выбросить в озеро.

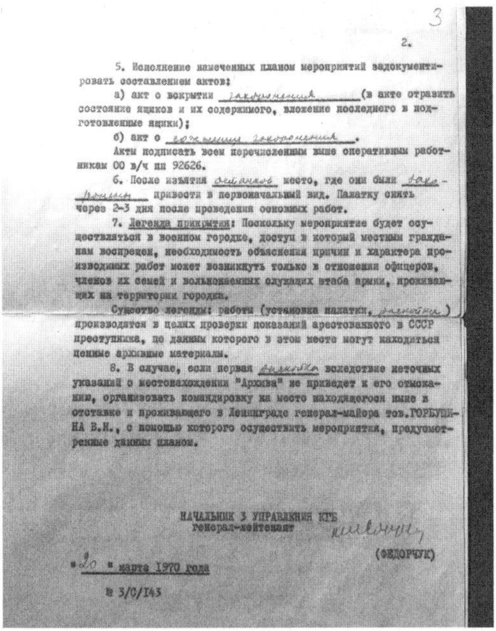

3

2.

5. Исполнение намеченных планом мероприятий задокументировать составлением актов:

а) акт о вскрытии захоронения (в акте отразить состояние ящиков и их содержимого, вложение последнего в подготовленные ящики);

б) акт о сожжении захоронения.

Акты подписать всем перечисленным выше оперативным работникам ОО в/ч пп 92626.

6. После изъятия останков место, где они были захоронены привести в первоначальный вид. Палатку снять через 2-3 дня после проведения основных работ.

7. Легенда прикрытия: Поскольку мероприятие будет осуществляться в военном городке, доступ в который местным гражданам воспрещен, необходимость объяснения причин и характера производимых работ может возникнуть только в отношении офицеров, членов их семей и вольнонаемных служащих штаба армии, проживающих на территории городка.

Существо легенды: работы (установка палатки, раскопки) производятся в целях проверки показаний арестованного в СССР преступника, по данным которого в этом месте могут находиться ценные архивные материалы.

8. В случае, если первая раскопка вследствие неточных указаний о местонахождении "Архива" не приведет к его отысканию, организовать командировку на место находящегося ныне в отставке и проживающего в Ленинграде генерал-майора тов.ГОРБУШИНА В.И., с помощью которого осуществить мероприятия, предусмотренные данным планом.

НАЧАЛЬНИК 3 УПРАВЛЕНИЯ КГБ
генерал-лейтенант

(ФЕДОРЧУК)

"20" марта 1970 года

№ 3/С/143

Rozkaz przeprowadzenia tajnej operacji KGB „Archiwum", polegającej na całkowitym zniszczeniu szczątków Hitlera i Ewy Braun, 26 marca 1970 roku. Dokument przechowywany w archiwum FSB w Moskwie.

tu mamy, wykazują cechy typowe dla szczątków pozostających długo w podłożu, gdzie dużo jest rdzy".

Tyle pozytywów. A teraz negatywne strony naszej sytuacji. „Badać czaszkę pod waszym nadzorem – chyba po to tu przyszliśmy?" Philippe Charlier także podjął próbę przełamania oporów archiwistów. Dina nie chciała sama o niczym decydować. Zwróciła się do Nikołaja. Ten w odpowiedzi chwycił pudełko z kośćmi. „Innym razem", rzucił, nie patrząc na nas. Kiedy? Jutro? Wkrótce?" Głos zabrała Dina: „Nie wiemy, czy będziemy mieli czas na spotkanie z wami. Musicie uzyskać nowe zezwolenie". Ale przecież mamy zezwolenie! Lana nalegała. Nikołaj odszedł już ze swoim wózkiem. Właściwie uciekł na korytarz. Była dwudziesta. I tak nadużyliśmy ich cierpliwości.

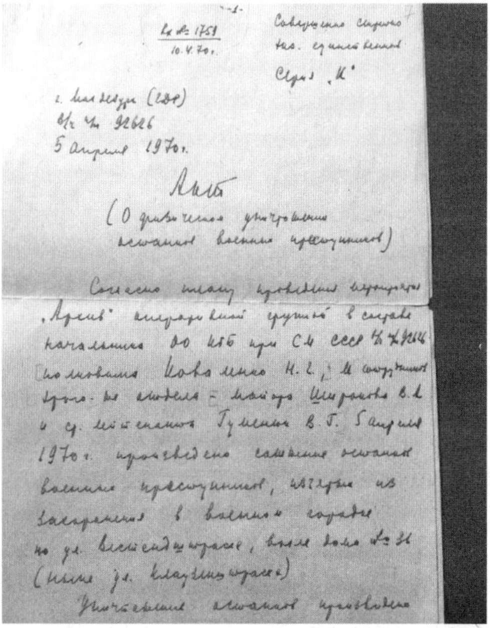

-1-

Вх. № 1751
10.4.70 г.

Совершенно секретно
Экз. единственный

Серия „К"

г. Магдебург (ГДР)
В/ч 92626
5 апреля 1970 г.

Акт
(О физическом уничтожении
останков военных преступников)

Согласно плану проведения мероприятия „Архив" оперативной группой в составе начальника ОО КГБ при СМ СССР в/ч 92626 полковника Коваленко Н. Г., и сотрудников этого же отдела – майора Широкова В. Л. и ст. лейтенанта Гуменюк В. Г. 5 апреля 1970 г. произведено сожжение останков военных преступников, которые из захоронены в военном городке по ул. Вестендштрассе, возле дома № 36 (ныне ул. Клаузенерштрассе)

Уничтожение останков производено

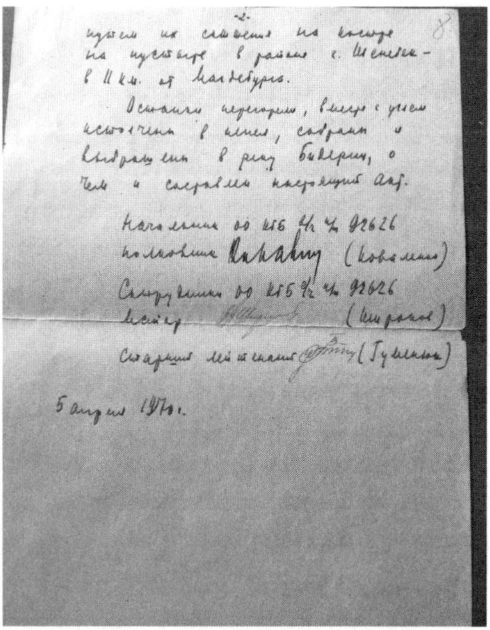

-2-

путем их сожжения на костре на пустыре в районе г. Шенебек – в 11 км. от Магдебурга.

Останки перегорели, вместе с углем истолчены в пепел, собраны и выброшены в реку Бидериц, о чем и составлен настоящий акт.

Начальник ОО КГБ в/ч 92626
полковник [подпись] (Коваленко)

Сотрудник ОО КГБ в/ч 92626
майор [подпись] (Широков)

Старший лейтенант [подпись] (Гуменюк)

5 апреля 1970 г.

Jedyny egzemplarz raportu z realizacji operacji „Archiwum", przeprowadzonej przez KGB, opatrzony datą 5 kwietnia 1970 roku, przechowywany w archiwum FSB w Moskwie.

Berlin, 30 maja 1946 roku

Operacja „Mit" była zagrożona. Szeroko zakrojone kontrśledztwo w sprawie śmierci Hitlera natrafiło na poważną przeszkodę: Ministerstwo Bezpieczeństwa Państwowego ZSRR (MGB), którym kierował Wiktor Abakumow. Przedstawiciel Abakumowa w Niemczech, generał lejtnant Zielenin, wydał swoim ludziom rozkaz, by otwarcie przeciwstawili się ekipie przysłanej do Berlina przez Ministerstwo Spraw Wewnętrznych (MWD). Śledczy nie spodziewali się tak wrogiej postawy. Musieli pogodzić się z faktami – ich minister, Siergiej Krugłow, znaczył za mało, żeby stawić czoło zaufanemu człowiekowi Stalina, groźnemu Abakumowowi. Po pięciu miesiącach śledztwa i brutalnych przesłuchań natknęli się na mur! A przecież czaszka odnaleziona przed bunkrem Hitlera dawała tak wielkie nadzieje!

Także nazistowscy więźniowie, którzy byli świadkami ostatnich godzin życia Führera, czuli, że dzieje się coś dziwnego. Siedmiu z nich przewieziono z moskiewskich cel do Berlina. Znalazła się wśród nich trójka esesmanów: lokaj Heinz Linge, pilot Hans Baur i Otto Günsche, adiutant. Brakowało tylko generała SS Rattenhubera, a stało się tak z ważnej przyczyny – generał pozostawał w rękach MGB. Domyślając się, że towarzysze z Ministerstwa Bezpieczeństwa Państwowego udzielą odpowiedzi odmownej, ludzie z Ministerstwa Spraw Wewnętrznych nawet nie wystąpili o jego przeniesienie do Berlina. A ostatni świadkowie śmierci Hitlera pojechali do stolicy Niemiec bez generała. Stało się to 26 kwietnia 1946 roku. Wywleczono ich z Butyrek, wepchnięto do pociągu specjalnego i wysłano do Brześcia, dawniej Brześcia Litewskiego na zachodnich krańcach ZSRR, przy granicy z Polską. Tam dołączyli do drugiego tajnego konwoju kolejowego i pojechali do Berlina. Podróż trwała ponad tydzień. Żeby zapobiec kontaktom między więźniami, każdego z nich umieszczono w innym wagonie. Oczywiście żaden nie wiedział o obecności pozostałych w pociągu. Linge po latach, kiedy w 1955 roku zwolniono go z radzieckiego obozu, tak opisał tę uciążliwą podróż: „Mniej więcej rok po zakończeniu wojny wrzucili mnie do wagonu bez okna i przetransportowali jak zwierzę do Berlina"*. Hans Baur położył z kolei nacisk na jakość pożywienia. „Podróżowaliśmy dziewięć dni i przez cały ten czas nasze dzienne racje ograniczały się do cuchnącej wody z lokomotywy, połówki suszonego śledzia i funta chleba. Przyjechaliśmy do Berlina półzagłodzeni"**.

W stolicy Niemiec natychmiast zamknięto ich w dawnym więzieniu dla kobiet Lichtenberg. „Wydawało nam się, że wiemy już sporo o złych warunkach więziennych, ale więzienie Berlin-Lichtenberg pod zarządem Rosjan przerastało wszelkie wyobrażenia", narzekał Baur. „Strażnicy byli sadystami, którzy czerpali radość z katowania więźniów. Pewnego dnia drzwi mojej celi otworzyły się – pobito mnie i półprzytomnego zostawiono na posadzce. Oszołomiony potwornym bólem, miałem wrażenie, że zarzucają mi, że usiadłem na brzegu łóżka"***. To, że bicie i upokorzenia zaczęły się na nowo w Berlinie, nie było przypadkowe. Radziecka obsługa została zobowiązana do wywierania presji na więźniów, żeby złamać ich ewentualny opór psychiczny. Należało zmusić ich do bezwarunkowej współpracy, ponieważ przywieziono ich tu po to, żeby rozwikłać jedną z ostatnich tajemnic końca wojny – pomóc w identyfikacji zwłok Führera. Radziecki oficer kazał Baurowi trwać w gotowości. „Powiedział mi, że ciała

---

* Heinz Linge, *With Hitler to the End...*, s. 213.

** Hans Baur, *I was Hitler's Pilot...*, s. 221.

*** *Ibidem.*

Hitlera i jego żony wcale nie zostały spalone i że były w dobrym stanie, a mnie wysłano do Berlina, żebym je zidentyfikował". Ale nic nie potoczyło się zgodnie z planem. W ostatniej chwili wszystko odwołano. „W rzeczywistości nigdy nie wezwano mnie na oględziny żadnego ciała", napisał osobisty pilot Hitlera. I nie bez powodu – sprzeciwił się temu Abakumow, minister bezpieczeństwa państwowego.

Co robić? Czy grupa z Ministerstwa Spraw Wewnętrznych miała wrócić do Moskwy i przyznać się Stalinowi, że nie potrafiła wypełnić zadania? Ani Krugłow, ani Beria nie podźwignęliby się po takiej porażce. Trzeba było „obejść" mur wzniesiony przez Abakumowa i kontynuować śledztwo. Nie mając dostępu do ciała, grupa operacyjna „Mitu" skoncentrowała się na sprowadzonych z Moskwy więźniach. Śledczy wiedzieli, że rzucają na stół ostatnie karty. I że za kilka dni muszą przedstawić ostateczny raport, by przekazać go najwyższym kremlowskim władzom. Stawką była ich kariera. Bez zwłoki podjęli kolejne przesłuchania, organizowali konfrontacje kluczowych świadków i wizje lokalne w bunkrze. Wzywali więźniów pojedynczo. Ze względu na czas protokoły pisano odręcznie i po niemiecku. Twardy i wojowniczy Günsche jak zwykle nie dawał się zastraszyć. Jak przystało na zaprawionego w boju esesmana, były adiutant Hitlera ledwie otwierał usta.

> Pytanie: Podczas poprzednich przesłuchań składaliście sprzeczne i nieprecyzyjne zeznania w sprawie domniemanego samobójstwa Hitlera. Sędzia śledczy ponownie domaga się od was prawdziwych i rzetelnych zeznań, w których zobowiążecie się mówić prawdę.
>
> Odpowiedź: Pragnę, aby cała prawda o samobójstwie Hitlera mogła zostać upubliczniona, i nie mam żadnego powodu, by w zeznaniach przed sędzią śledczym podawać niedokładne albo kłamliwe informacje. Moje wcześniejsze zeznania są zgodne z prawdą. Składałem je w dobrej wierze.

Na to samo pytanie Linge, lokaj Hitlera, odpowiedział tak jak Günsche:

Odpowiedź: Potwierdzam zeznania złożone w Moskwie w lutym i marcu tego roku jako zgodne z faktycznym przebiegiem zdarzeń.

Potwierdzam, że Hitler zmarł i że zmarł w okolicznościach, które już przedstawiłem: 30 kwietnia 1945 roku Hitler popełnił samobójstwo w bunkrze, który znajduje się pod ogrodem Kancelarii Rzeszy (*Reichskanzlei*), a uczynił to, strzelając sobie w głowę, jak mi się wydaje – w prawą skroń.

Kiedy przyszła jego kolej, generał lotnictwa Hans Baur, wyglądający na najbardziej spiętego, okazał się znacznie rozmowniejszy:

Pytanie: Wasze zeznania dotyczące losu Hitlera z lutego i marca tego roku są sprzeczne i kłamliwe. Oczekujemy od was szczerych odpowiedzi na to pytanie.

Odpowiedź: Mówiłem tylko prawdę. Potwierdzam, że Hitler wraz z Ewą Braun popełnił samobójstwo w swoim bunkrze pod Kancelarią w dniu 30 kwietnia 1945 roku. Stało się to w następujących okolicznościach: dwie godziny po pożegnaniu z Hitlerem wróciłem do bunkra Führera. Bunkier był już pełen dymu papierosowego, co wprawiło mnie w zdumienie, ponieważ nie było wolno palić w pobliżu Hitlera. Doktor Goebbels, reichsleiter Bormann, generał Rattenhuber i od 15 do 20 esesmanów prowadzili nerwową rozmowę. Natychmiast skierowałem się do dr. Goebbelsa, Rattenhubera i Bormanna, którzy stali razem, i zapytałem, czy to już po wszystkim. Odpowiedź: Tak jest (*Jawohl*). „Gdzie zwłoki?" „Jest już na górze, pali się". Usłyszałem głos esesmana, który dodał: „Jest już mocno przypalony". Zapytałem generała Rattenhubera, jak Hitler się zabił. Odpowiedział: z pistoletu kalibru 0,8.

Śledczy wiedzieli, że nie będą mogli przesłuchać Rattenhubera, bo ludzie Abakumowa nigdy się na to nie zgodzą. Na szczęście Baur był człowiekiem wrażliwym, wyniszczonym psychicznie. Nie pozbierał się po nieudanej próbie ucieczki z bunkra, którą przypłacił utratą prawej nogi. Był w fatalnym stanie fizycznym i psychicznym. Radzieccy szpicle, którzy siedzieli z nim w celi, regularnie donosili o postępującym pogarszaniu się jego zdrowia psychicznego. Według radzieckich oficerów Baur już „dojrzał". Jeżeli za śmiercią dyktatora kryje się jakiś sekret, on nie zdoła go dochować. Żeby zmusić go do zeznań, powtarzali mu kłamstwa, chcąc w ten sposób poznać prawdę.

Pytanie: Jesteśmy w posiadaniu dokumentów, z których wynika, że w maju 1945 roku Hitlera nie było już w Berlinie. Dlatego uważamy wasze zeznania za odmowę mówienia prawdy i wzywamy, żebyście zaczęli mówić prawdę.

Odpowiedź: To zwyczajne kłamstwo. Osobiście pożegnałem się z nim tuż przed jego śmiercią. To było 30 kwietnia 1945 roku między szóstą a siódmą wieczorem [Tylko Baur podaje godzinę 18.00–19.00. Według Lingego i Günschego Hitler zadał sobie śmierć około 15.00 – przyp. aut.]. Wezwano mnie do Führera równocześnie z pułkownikiem Betzem [drugi pilot osobisty Hitlera; został zabity przez Sowietów podczas próby ucieczki z bunkra na początku maja – przyp. aut.]. Jest absolutnie wykluczone, żebym mógł rozmawiać z kimś innym niż prawdziwy Hitler. Poza tym znałem Hitlera zbyt dobrze, żeby mógł go przede mną odegrać ktoś do niego podobny.

Baur nieświadomie dotknął kwestii, która wzbudzała najpoważniejszą wątpliwość radzieckich śledczych: sobowtóra!

Od upadku Berlina 2 maja 1945 roku po całym świecie rozeszły się pogłoski o „fałszywym Hitlerze". Jak każdy szanujący się dyktator, władca nazistowskich Niemiec miał chyba do swej

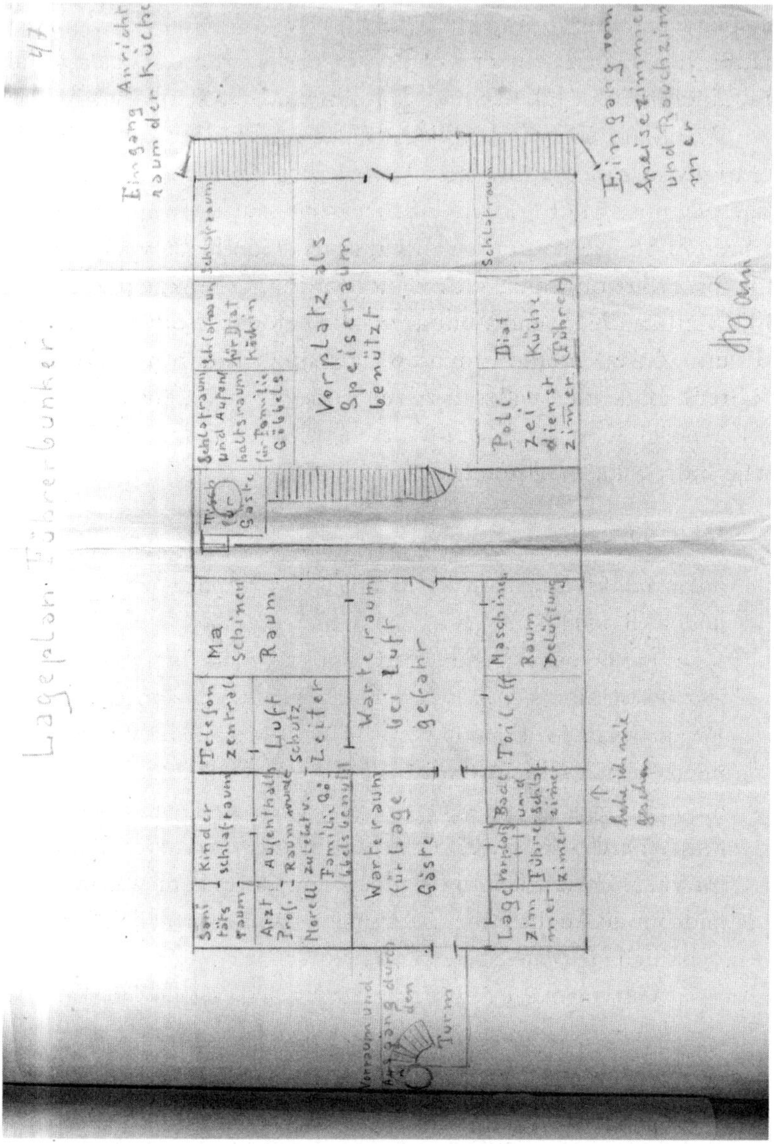

Szkic bunkra Führera wykonany przez Hansa Baura na rozkaz radzieckich śledczych. Na dole, po prawej, zaznaczył, że nigdy nie był w prywatnym pokoju Führera (GARF).

dyspozycji sobowtórów, którzy zajmowali jego miejsce w przypadku zagrożenia zamachem? Inni dyktatorzy często uciekali się do takich metod. Jak Stalin ze swoimi sławnymi sobowtórami.

Ale Baur zaprzeczył, by istniał „inny Hitler". Przysięgał, że nigdy o nikim takim nie słyszał. Śledczy zabawiali się, burząc pewność pilota. Hans Höfbeck był zwykłym untersturmführerem SS (sierżantem), jednym z siedmiu kluczowych świadków przewiezionych z Moskwy do Berlina. On także przebywał 30 kwietnia 1945 roku w bunkrze jako członek osobistej gwardii Hitlera. Został mianowany dowódcą służby ochrony schronów Führera. Baur nie wiedział, że ten podoficer ujawnił informację o obecności w bunkrze sobowtóra Hitlera. Urządzono konfrontację Höfbecka z Baurem.

Pytanie do Höfbecka: Powtórzcie wasze wcześniejsze zeznanie na temat istnienia w Kancelarii Rzeszy osoby uderzająco podobnej do Hitlera.

Odpowiedź: W Kancelarii był człowiek zatrudniony jako portier ministra Rzeszy dr. Lammersa, szefa Kancelarii. Wykazywał pewne podobieństwo do Hitlera. Składały się na nie następujące cechy: nosił włosy zaczesane lekko ukośnie na skroń, miał czarne wąsy i szpiczasty nos. Ale był trochę niższy i szczuplejszy. Chodził w brunatnej marynarce, biurowym uniformie koloru partyjnego munduru. Ponieważ był podobny do Adolfa Hitlera, czasami, może dla żartu, koledzy zaczepiali go, mówiąc do niego „Führer".

Widziałem tego człowieka. Z daleka był podobny do Hitlera, ale z bliska zauważało się, że to pomyłka. Nie potrafię podać jego nazwiska.

Pytanie do Baura: Zaprzeczyliście, by w bunkrze była osoba podobna do Hitlera. Co możecie powiedzieć o złożonym w waszej obecności oświadczeniu Höfbecka?

Odpowiedź: Nic mi nie wiadomo o tym, żeby w Kancelarii była zatrudniona osoba podobna do Hitlera. Zgodnie z tym, co mówił generał Rattenhuber w mojej obecności, jest w Breslau [Wrocławiu] człowiek podobny do Hitlera. Rattenhuber mówił mi o tym dziesięć, dwanaście lat temu. Ale osobiście nie widziałem tego człowieka.

Sprawdzić, czy naziści upozorowali śmierć Führera, paląc jego sobowtóra, to marzenie Rosjan. Zeznania Baura nie były w stanie ich przekonać. Żeby potwierdzić, że zwłoki odnalezione w maju 1945 roku w ogrodach Kancelarii Rzeszy to rzeczywiście ciało Hitlera, starali się ustalić jak najwięcej fizycznych cech dyktatora Rzeszy. Identyfikacja zwłok Josefa Goebbelsa nie stanowiła problemu. Bardzo charakterystyczna ułomność (jego prawa noga była krótsza o kilka centymetrów na skutek przebytego w dzieciństwie zapalenia kości i szpiku), wykluczała możliwość pomyłki. W przypadku Führera nic jednak nie było oczywiste. W maju 1946 roku nie znano informacji o jakichkolwiek charakterystycznych patologiach jego układu kostnego. Ale nigdy nic nie wiadomo – może najbliższe otoczenie zna szczegóły, które wszystko zmienią?

Pod tym kątem przesłuchiwano Hansa Baura:

Pytanie: Czy wiadomo wam o jakimś defekcie fizycznym Hitlera albo o znaku szczególnym?

Odpowiedź: Jeśli chodzi o defekty fizyczne Hitlera, to o niczym takim nie słyszałem. Wiem natomiast, że podczas [pierwszej] wojny światowej Hitler był ofiarą użycia gazów. Nie słyszałem, żeby odniósł jakieś rany. Ponoć po tym zatruciu gazem zmuszony był stosować specjalną dietę i tak stał się wegetarianinem. Poza tym Hitler miał protezę zębową.

Günsche udzielił radzieckim ofiarom takiej samej odpowiedzi – nie znał żadnych szczególnych cech fizycznych Führera.

Hitler sam mi powiedział, że od połowy roku 1944 cierpiał na chorobę nerwową, co dawało o sobie znać także drżeniem jego lewej ręki. Nie wiem o innych niedomaganiach fizycznych. Wiem, że Hitler wyniósł dwie rany z wojny światowej 1914–1918, w tym raz zatruł się gazem. Nic nie wiem o innych ranach.

Pytanie: Znacie grupę krwi Hitlera?

Odpowiedź: Nie, nie znam grupy krwi Hitlera.

Podczas gdy Baur i Günsche byli zasypywani pytaniami w pokojach przesłuchań, Linge spotkał się ze szczególnym traktowaniem. Ponieważ jako pierwszy zobaczył zwłoki Hitlera w jego apartamencie, kazano mu drobiazgowo opowiadać o wszystkim, co ujrzał 30 kwietnia 1945 roku. Ale tym razem mówił o tym na miejscu, w bunkrze. Dzięki temu można było wychwycić każdą niespójność. Zaprowadzono go w ruiny Nowej Kancelarii Rzeszy, gdzie czekało już wielu radzieckich oficerów, a wśród nich marszałek Sokołowski, dowódca okupacyjnych sił radzieckich w Niemczech.

Sprowadzono was dziś do tego schronu znajdującego się pod Kancelarią Rzeszy, do pomieszczeń, które zajmował Hitler. Czy pomieszczenia, które widzieliście, są urządzone i udekorowane identycznie jak wtedy, kiedy przebywał tu Hitler?

Linge: Tak. W pomieszczeniach, które Hitler zajmował w schronach pod Kancelarią Rzeszy, urządzenie pokazane mi dziś na miejscu jest takie samo jak używane przez Hitlera. Wśród elementów tego umeblowania były przede wszystkim te meble, które widziałem w dawnej sypialni Hitlera: prosta szafa z jasnego drewna i otwarty ogniotrwały sejf, a także w jego gabinecie kanapa i biurko z takiego samego drewna jak szafa. Kanapa jest obita jasnoniebieską tkaniną z kwiatowym nadrukiem. Kanapa i biurko stoją dokładnie tam, gdzie znajdowały się, kiedy Hitler mieszkał w schronie, czyli kanapa stoi pod ścianą na wprost drzwi wejściowych, a biurko pod drugą ścianą, na prawo od drzwi.

Żeby ten opis zilustrować, Linge musiał narysować plan apartamentu Hitlera. Lokaj starannie wykonał polecenie.

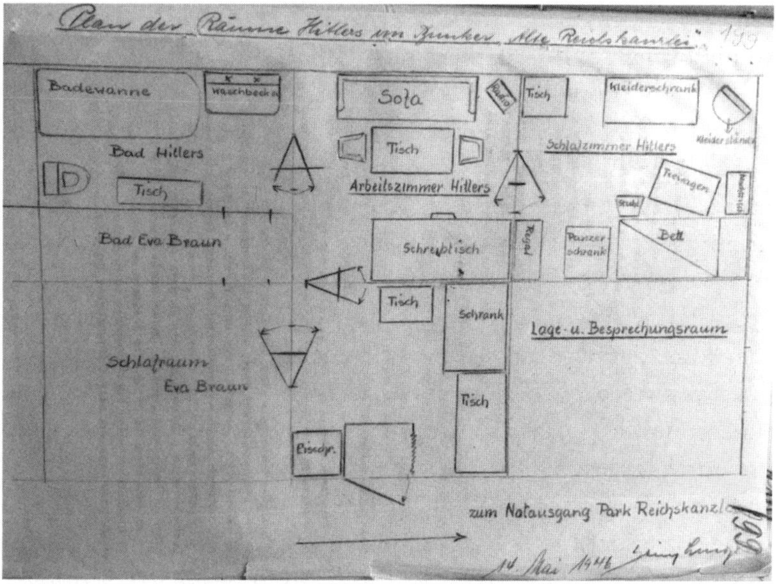

Plan apartamentu Hitlera w bunkrze – szkic wykonany przez Heinza Lingego na polecenie radzieckich śledczych (GARF).

Po wyjściu Lingego do gabinetu Hitlera wtargnęli radzieccy specjaliści kryminalistyki. Szukali śladów, przede wszystkim krwi. Zwłaszcza jeden spośród nich z wielką uwagą, nie patrząc na zegarek, rozglądał się po pokoju. Nazywał się Piotr Siergiejewicz Siemienowski. Ten sześćdziesięcioczteroletni lekarz był w Związku Radzieckim autorytetem. Absolwent znanego uniwersytetu w Tartu, w dzisiejszej Estonii, swobodnie władający niemieckim, cieszył się w swojej ojczyźnie doskonałą opinią. To on stworzył radziecką kryminologię. Jego sława wykraczała poza granice ZSRR, był bowiem honorowym członkiem Międzynarodowego Instytutu Antropologii w Paryżu. Błyskotliwy, skuteczny, znany z siły charakteru, stworzył metodę klasyfikacji linii papilarnych. Radzieckie władze bardzo ceniły jego osiągnięcia, tak przydatne przy tworzeniu i rozbudowie kartotek obywateli. Kiedy Ministerstwo Spraw Wewnętrznych zechciało powierzyć mu tę tajną misję, nie wahał się nawet przez chwilę – poszukiwanie Hitlera było zadaniem na miarę jego talentu.

Od prawdopodobnego samobójstwa Hitlera do inspekcji prowadzonej przez Siemienowskiego minął rok. Dziesiątki, może nawet setki żołnierzy i radzieckich urzędników przewinęły się przez ten czas przez miejsce zdarzeń. Dla każdego szanującego się kryminalistyka to dramat. Na miejscu, w bunkrze, Siemienowski rwał włosy z głowy. Co prawda zdawał sobie sprawę, że zadanie będzie trudne, domyślał się, w jakich warunkach przyjdzie mu pracować. Ale czy mógł narzekać? Nawet on – najwyższy autorytet w swojej dziedzinie, sława reżimowej policji śledczej, nie miał prawa do pomyłki, za którą drogo by zapłacił. Miał słuchać i odnosić sukcesy. Stary lekarz drobiazgowo oglądał pomieszczenia. Przedpokój ma zaledwie kilka metrów kwadratowych, najwyżej dziesięć. Oczy Siemienowskiego oswajają się z fatalnym oświetleniem. Przekazano mu protokoły przesłuchań Lingego. Nie wszystkie. Tylko te mówiące, w którym miejscu na kanapie znajdował się Hitler, w jakiej pozycji leżało jego ciało, gdzie oddano strzał… Krew, należało znaleźć ślady krwi. Lekarz szukał. Jeżeli samobójczą śmierć spowodował strzał, to musiała być krew. Kanapa nie została ukradziona ani zniszczona. Była szansa. Siemienowski polecił zabrać podłokietniki. Ciemne zacieki były na nich doskonale widoczne. Także na ścianach widać było plamy – prawdopodobnie krew. Te ślady nie powstały w chwili strzału w głowę, ale wówczas, gdy przenoszono ciało. Ekspert odtwarzał w myśli tę scenę. Jeszcze ciepłe zwłoki dyktatora. Obfite krwawienie. Co prawda ciało owinięto kocem, ale ten szybko nasiąkł krwią. Spieszono się, krople krwi spadały na posadzkę, chlapały na ściany. Siemienowski wyszedł z przedpokoju, odepchnął otaczających go żołnierzy. Już ich nie widział, skupiony wyłącznie na przeszłości. Przymknął oczy, żeby się skoncentrować. Był

30 kwietnia 1945 roku, kiedy ostatni wierni Führera wynieśli jego zwłoki do ogrodu. Lekarz znalazł jeszcze trochę krwi dalej, w korytarzu, i nie tylko tam. Ślady krwi ciągnęły się od przedpokoju Hitlera do szczytu schodów prowadzących na zewnątrz.

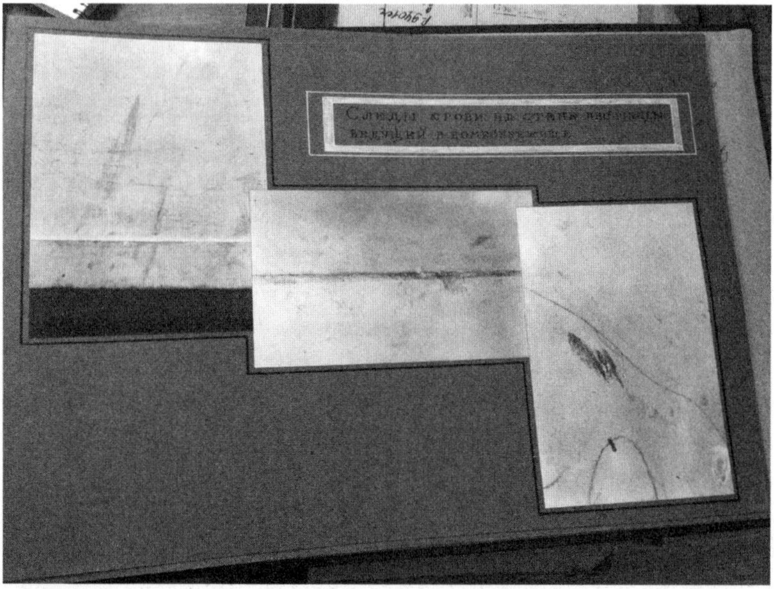

Zdjęcia śladów krwi widocznych na ścianach przy schodach prowadzących do wyjścia z bunkra. Materiały śledztwa z maja 1946 roku (GARF).

Lekarz sądowy zapoznał się z protokołami przesłuchań osób uczestniczących w wynoszeniu zwłok Hitlera 30 kwietnia 1945 roku.

> Günsche: Natychmiast udałem się do sali konferencyjnej bunkra, aby powiadomić obecnych tam o śmierci Hitlera. Poszli ze mną do przedpokoju, gdzie znajdowały się dwie martwe osoby – Führer i jego małżonka. Zawinęliśmy ich ciała w koce. Potem [zwłoki] zostały wyniesione przez salę konferencyjną, a dalej przez pomieszczenie główne, do schodów i nimi do wyjścia z bunkra.

Linge: Ciało Hitlera zostało zawinięte w koc, następnie Bormann i ja wynieśliśmy je. Trzymałem je za nogi, on za głowę.

Zeznania przystawały do śladów znalezionych w bunkrze. Wyniki badań potwierdziły, że jest to krew.

Poza krwią był inny dowód szczególnie istotny w tym kontrśledztwie: dwa fragmenty czaszki znalezione przy wejściu do bunkra Hitlera. Natrafiono na nie w tym samym miejscu, gdzie rok wcześniej znaleziono domniemane ciała Hitlera i jego żony. Te fragmenty kości kryły się na głębokości 60 centymetrów. Siemienowski poddał je analizie i doszedł do wniosku, że to fragmenty jednej czaszki. Połączył je tak, że tworzą całość. Jego zdaniem były to kości dorosłego mężczyzny. Oczywiście otwór w górnej części nie umknął uwadze lekarza, który w związku z tym rozważał hipotezę śmierci od strzału w głowę. Kąt wylotu kuli wskazywał na strzał od dołu w górę, z prawej w lewo, do tyłu. Z pewnością był to więc albo strzał w usta, albo pod brodę, a nie w skroń, jak utrzymywał Linge. Czy lokaj Hitlera kłamał w tej sprawie? Radzieccy śledczy mieli poważne wątpliwości co do wiarygodności jego zeznań. Już raz go złamali i wtedy przedstawił inną wersję samobójstwa Führera. Chodziło przede wszystkim o strzał oddany przez Hitlera. Było to podczas przesłuchania z 28 lutego 1946 roku.

We wcześniejszych zeznaniach mówiliście, że 30 kwietnia około godziny szesnastej znajdowaliście się przed apartamentem Hitlera, że słyszeliście strzał i czuliście zapach prochu. Pamiętacie, ile strzałów słyszeliście: jeden czy dwa?

Linge: Muszę wyznać, że moje poprzednie zeznania w tej sprawie były nieścisłe. Nie słyszałem strzału. Wyczułem tylko proch. Właśnie zapach prochu sprawił, że poszedłem powiedzieć Bormannowi, że do samobójstwa już doszło.

Pod koniec lutego 1946 roku Linge był już wrakiem człowieka. Schudł 10 kilogramów, skórę zżerało mu robactwo. Od kilku tygodni prawie nie sypiał. Właśnie tego chcieli radzieccy oficerowie. Nie przez przypadek prowadzili przesłuchania w niespodziewanych porach, zwykle między dwudziestą drugą a piątą rano. Dumny lokaj Hitlera już nie był taki jak dawniej. Cuchnął tak, że nie mógł znieść własnego smrodu. Takie traktowanie więźniów miało ich złamać. Powiodło się. Po kolejnych bezsennych nocach spędzonych w towarzystwie radzieckich oficerów, którzy zadawali pytania, przeplatając je groźbami śmierci, Linge zaczął błagać o łaskę. Jego oczy były mroczne jak dymiące zgliszcza, usta wykrzywiły się w niekontrolowanym uśmiechu. Nie chciał już strzec tej tajemnicy. Tak ciężkiej tajemnicy. Podważającej tezę „podwójnego" samobójstwa Hitlera – trucizny, a potem strzału.

Śledczy nie wierzyli własnym uszom. Czy to kolejna próba manipulacji ze strony tego żałosnego nazisty? Posypały się pytania.

> Jak wyjaśnicie, że będąc tak blisko pomieszczenia, mogliście nie usłyszeć strzału? Zwłaszcza jeżeli został oddany z walthera [powszechnie używany przez nazistów pistolet niemiecki – przyp. aut.], jak sami powiedzieliście?
>
> Linge: Strzał musiał paść, kiedy opuściłem moje miejsce, żeby wyjść na korytarz. Kiedy wróciłem po kilku minutach, poczułem proch i natychmiast udałem się do sali narad, gdzie czekał Bormann. Powiedziałem mu, że już po wszystkim.

30 kwietnia 1945 roku około szesnastej Linge przysięgał ostatnim mieszkańcom bunkra, że słyszał wystrzał. A w każdym razie taką wersję podał radzieckim śledczym Günsche.

> Pytanie: Kto jako pierwszy dowiedział się o samobójstwie Hitlera?
>
> Günsche: Linge. Stał przed drzwiami apartamentu Hitlera, w pobliżu przedpokoju. Około szesnastej usłyszał strzał.

[...]

Pytanie: Jak Hitler odebrał sobie życie?

Günsche: Według Lingego strzelił sobie w skroń.

Otóż Linge okłamał wszystkich. Właśnie się do tego przyznał. Nie wiadomo tylko, czy skłamał wyłącznie w sprawie strzału... Czy to naprawdę możliwe, żeby tak wyraźnie czuć zapach prochu po pojedynczym strzale oddanym za drzwiami, które miały stanowić ochronę w razie ataku bronią chemiczną?

Przesłuchanie Lingego trwało nadal.

Pytanie: Czy apartament Hitlera miał dobry system wentylacji?

Linge: Tak. Była zainstalowana we wszystkich pomieszczeniach apartamentu Hitlera, który nie znosił zapachu papierosów. Generalnie był bardzo wyczulony na zapachy.

Pytanie: Jakie drzwi dzieliły go od was i czy były zamknięte?

Linge: To były drzwi do dwóch pokoi. Wszystkie były podwójne, a w chwili samobójstwa pozostawały zamknięte.

Pytanie: Jak mogliście poczuć proch po jednym strzale z pistoletu, skoro padł za kilkorgiem drzwi, w dobrze wentylowanym pomieszczeniu, którego podwójne drzwi były zamknięte?

Linge: Potwierdzam zapach prochu. W jaki sposób ten zapach do mnie dotarł, nie potrafię wyjaśnić.

Odpowiedzi lokaja były coraz mętniejsze. Śledczy zauważyli ich niespójność.

Pytanie: Dlaczego podczas wcześniejszych przesłuchań wielokrotnie powtarzaliście, że słyszeliście wystrzał, który padł w przedpokoju Hitlera, i dlatego powiadomiliście Bormanna o samobójstwie?

> Linge: Mówiłem tak, ponieważ moje zeznania w sprawie samobójstwa Hitlera mogły wydać się wam niepewne z powodu takich niejasności. To wzbudziłoby waszą podejrzliwość. Właśnie dlatego utrzymywałem, że przez cały czas stałem pod drzwiami apartamentu Hitlera i że słyszałem strzał.

To istotne kłamstwo wyszło na jaw dopiero trzy miesiące przed kontrśledztwem w Berlinie. Lekarz sądowy Siemienowski odnotował je w swoim raporcie. I bez wahania odszedł od wersji Lingego w sprawie strzału w skroń. Podtrzymał natomiast wersję dawnego lokaja, potwierdzając fakt, że osobnik siedzący na kanapie zginął od strzału w głowę.

> Biorąc pod uwagę dużą liczbę plam krwi i strug zaschniętych na kanapie, można dojść do wniosku, że rana obficie krwawiła. Należy uznać ją za potencjalnie śmiertelną. W chwili zadania rany ofiara siedziała w rogu kanapy, tuż przy oparciu. [...] Rozkład plam i zacieków na kanapie, a także ich charakterystyczny wygląd wskazują, że rana była zlokalizowana w głowie, a nie na torsie czy brzuchu. [...]
>
> Ranę głowy spowodował strzał z broni palnej, a nie cios zadany ciężkim przedmiotem. Dowodem na to jest brak wycieku krwi na oparcie, na kanapę i na obramowanie oparcia kanapy. Na skutek rany głowy ranny stracił przytomność i przez pewien czas trwał w bezruchu z głową przechyloną w stronę prawego podłokietnika kanapy.

Siemienowski miał podstawy, by obalić wyniki śledztwa „Smierszu" z czerwca 1945 roku. Nic jednak nie dowodziło, że była to krew Hitlera. Analiza, której poddano materiał z podłokietników kanapy, wykazała, że była to krew grupy A. Z zeznań osobistego lekarza Hitlera, doktora Morella, wiadomo, że Hitler miał krew grupy A – jak miliony innych Niemców. Ponieważ Siemienowski nie mógł zbadać zwłok, bo Ministerstwo

Bezpieczeństwa Państwowego nie chciało się na to zgodzić, jego praca pozostawała niepełna. Rozwścieczony kryminolog odważył się zaatakować samego ministra Wiktora Abakumowa. W raporcie napisał bez ogródek:

> Ze względu na zaniedbania podczas pierwszej sekcji – nie badano zmian miażdżycowych aorty, nie pobrano próbek narządów, by wykryć ślady cyjanku potasu – a także dlatego, że nie udostępniono zwłok do ponownej, bardziej szczegółowej autopsji, pierwszy raport sporządzony w maju 1945 roku traktować można jedynie jako wstępny. W związku z tym obecna komisja uznaje, że nie jest możliwe ostateczne rozstrzygnięcie sprawy.

System polityczny ZSRR nie zwykł tak jawnie mówić o błędach swoich rządzących. Skutki berlińskiej misji okazały się groźne, zwłaszcza w takim czasie, jakim była wiosna 1946 roku. W Moskwie trwała nowa fala czystek. Stalin jak zwykle działał sam i był bezwzględny. Jednych obalał, innych wynosił na szczyt, podsycał waśnie między swoimi ludźmi, żeby skuteczniej ich kontrolować. Spadały głowy, nawet te najważniejsze, a właściwie – głównie najważniejsze, generałów, a także wybitnych przedstawicieli inteligencji. Wśród ofiar znalazł się bardzo popularny generał Żukow. 3 czerwca 1946 roku ten żołnierz, który stoczył z nazistami wiele zwycięskich batalii, został pozbawiony funkcji głównodowodzącego sił lądowych i usunięty z urzędu wiceministra obrony ZSRR. Oskarżono go między innymi o to, że „zatracił wszelką skromność i dał się ponieść osobistym ambicjom". Doskonały przykład dialektyki, którą można by odnieść do samego Stalina. Tylko jeden człowiek wyszedł z tej czystki wzmocniony – Abakumow.

Kiedy Krugłow, minister spraw wewnętrznych, otrzymał raport doktora Siemienowskiego, nie wiedział, co z nim zrobić. Właściwie wnioski wcale go nie zaskoczyły, a w „spokojniejszym" systemie politycznym uznałby go za satysfakcjonujący. Jego ministerstwo pracowało dobrze, dążyło do ustalenia prawdy historycznej. Ale Krugłow wiedział z doświadczenia, że atak na protegowanego Stalina to ogromne, wręcz śmiertelne ryzyko. Nie chciał skończyć jak jego kolega, minister przemysłu lotniczego Aleksiej Iwanowicz Szachurin, odwołany, a następnie skazany 11 maja 1946 roku na siedem lat gułagu. Jakiej zbrodni się dopuścił? Zawiódł oczekiwania Stalina jakością samolotów produkowanych dla lotnictwa wojskowego.

Po głębokim namyśle Krugłow postanowił zachować ostrożność. Praca starego lekarza sądowego poszła na marne. Raport spoczął na dnie szuflady, starannie ukryty tam, gdzie nie sięgało spojrzenie radzieckiego tyrana.

17 czerwca nazistowscy więźniowie zostali odesłani do Związku Radzieckiego. Operacja „Mit" dobiegła końca. Zagadka śmierci Hitlera pozostała nierozwikłana na kolejne dziesięciolecia.

Lato 2017 roku

W Moskwie padał deszcz.

Był koniec czerwca. Od tamtego fatalnego pobytu w rosyjskiej stolicy minęły ponad dwa miesiące. Dwa miesiące, podczas których próbowaliśmy przekonać Aleksandra, nasz kontakt w Ministerstwie Spraw Zagranicznych – MID – aby uzyskał dla nas zezwolenie na analizę zębów Hitlera. Jednak Aleksander wyparował. Nie mogliśmy się z nim skontaktować – ani telefonicznie, ani drogą mailową. Utknęliśmy w martwym punkcie. Czy tak miało się zakończyć nasze śledztwo? Półtora roku zmagań, żeby znaleźć się w ślepym zaułku? A przecież nasi rozmówcy wiele razy zobowiązywali się do czegoś, składali obietnice. „Tak, oczywiście, przychylnie odnosimy się do tych ekspertyz. Czaszka? Zęby? Chcecie? Przychodźcie, czekamy!" Tajemnicze akronimy (GARF, MID, CA FSB...), administracyjne subtelności, niejasne zależności hierarchiczne – wydawało nam się, że to wszystko już oswoiliśmy. Znosiliśmy wewnętrzne potyczki, przerost ego urzędników. A nawet nagłe znikanie różnych osób. Znikanie dosłownie i w przenośni, ponieważ osoba wspierająca nas w GARF-ie doznała zimą 2017 roku zawału serca. Na każdym kroku przekonywaliśmy się, że kiedy gdzieś otwierają się przed nami nowe drzwi, jakieś inne się zamykają. Ale nie przejmowaliśmy się tym, bo nie mogliśmy nic zrobić. Szczątki doczesnych szczątków Hitlera albo za takowe uważanych znajdowały się w Rosji. I tylko tam. Taka sytuacja dawała rosyjskim urzędnikom ogromną władzę. Decydowali, kto może badać te szczątki. Kto i kiedy.

Trwało to od 5 maja 1945 roku, czyli od dnia, gdy w ogrodzie Kancelarii Rzeszy Armia Czerwona odnalazła domniemane zwłoki Hitlera. Zdawaliśmy sobie sprawę, że nie byliśmy pierwszymi, którzy w ciągu tych siedemdziesięciu lat starali się uzyskać zgodę Moskwy. Lana i ja nazwaliśmy tę operację umizgiwania się „tańcem brzucha", bo podobnie jak w tej sławnej orientalnej choreografii musieliśmy się uśmiechać, mimo że nasi rozmówcy nas zbywali i czasem byli wręcz nieuprzejmi. Tak często odwoływali umówione wcześniej spotkania, w ostatniej chwili uznawali zezwolenia za nieważne... Musieliśmy zachowywać spokój i podtrzymywać w nich chęć dopuszczenia nas do materiału archiwalnego. To my byliśmy petentami, pozostawało nam więc znosić ciągłe wykręty. Inni byli traktowani tak samo, choć mieli silniejszą pozycję. Poczynając od aliantów, którzy zwracali się do Rosjan od maja 1945 roku. Wtedy w Berlinie brytyjskie, amerykańskie i francuskie sztaby „uśmiechały się" do radzieckich „sojuszników".

ADMINISTRACJA WOJSKOWA W NIEMCZECH (USA)
Szef służb wywiadu
A[rmy] P[ost] O[ffice] 742
8 stycznia

Drogi generale!

Z wielką przyjemnością przekazuję panu fotografie następujących dokumentów:

listu Martina Bormanna do admirała Dönitza;
świadectwa ślubu Hitlera i Ewy Braun;
testamentu prywatnego i testamentu politycznego Hitlera.

Dokumenty te odnaleziono ostatnio w strefie amerykańskiej. Nasi eksperci ustalili, że ponad wszelką wątpliwość są one autentyczne.

Jestem przekonany, że te dokumenty zainteresują pana i pańskich współpracowników.

Z wyrazami przyjaźni.
Szczerze oddany.
T.J. Koenig
Pułkownik, Dyrekcja Sztabu Generalnego
p.o. Szef Służb Wywiadu
Do generała majora A. SIDNIEWA
Komendantura Główna, Luisenstrasse 58, Berlin

Niezwykle przyjacielski ton listu adresowanego przez szefa jednego z wywiadów do jego odpowiednika nie oddaje rzeczywistej atmosfery tamtych czasów. W Berlinie relacje między aliantami a Rosjanami na początku roku 1946 były złe. Rosjanie nie chcieli przekazywać informacji, które posiadali w sprawie Hitlera, a ostateczne zerwanie kontaktów zdawało się nieuniknione. Amerykański pułkownik Koenig doskonale o tym wiedział. Jego list zdaje się być ostatnią próbą załagodzenia sytuacji, jeszcze jedną próbą wyciągnięcia ręki.

Ale srogiemu Aleksiejowi Sidniewowi nie zależało na zgodzie. Trzydziestodziewięcioletni radziecki generał, reprezentujący w Berlinie „Smiersz", a potem NKWD, częściowo znał już przekazane przez Amerykanów dokumenty, zwłaszcza testament Hitlera. Anglicy przekazali mu je tydzień wcześniej, najwyraźniej nie informując o swej inicjatywie amerykańskich przyjaciół.

Główny Sztab Dowodzenia
Komisja Kontroli w Niemczech
Sektor Brytyjski
Grupa wywiadu
31.12.1945, Berlin
Do: Generała majora SIDNIEWA
Szefa Służb Wywiadu
Kwatera Główna Armii Czerwonej
Berlin
Zawartość: Testament Hitlera.

W załączeniu fotokopia odnalezionego testamentu Hitlera. Poinformowano prasę brytyjską dnia 30 grudnia 1945.

Podpisał: Kapitan VOLIS

Wkrótce skończyły się takie prezenty od aliantów. 5 marca 1946 roku Winston Churchill wygłosił mowę w Westminster College w Fulton (w Missouri) w Stanach Zjednoczonych. Działo się to w obecności amerykańskiego prezydenta Harry'ego Trumana. Churchill nie był już premierem Wielkiej Brytanii. W lipcu 1945 roku poniósł porażkę w wyborach parlamentarnych. Wciąż jednak liczył się jako polityk na scenie międzynarodowej. To właśnie on jako pierwszy wyraził oficjalnie zaniepokojenie agresywną polityką Związku Radzieckiego.

> Na sceny, które opromieniło swym blaskiem niedawne zwycięstwo aliantów, padł cień. Nikt nie wie, co zamierza uczynić w najbliższej przyszłości Rosja radziecka i jej międzynarodowa organizacja komunistyczna ani gdzie znajduje się – o ile istnieje – granica jej ekspansjonistycznych dążeń i prozelityzmu. [...] Od Szczecina nad Bałtykiem po Triest nad Adriatykiem w poprzek kontynentu opadła żelazna kurtyna. [...] Jeżeli radziecki rząd próbuje teraz poprzez swe jednostronne działanie stworzyć na kontrolowanych przez siebie terenach prokomunistyczne Niemcy, to w ten sposób wywoła poważne problemy w strefach brytyjskiej i amerykańskiej, dając pokonanym Niemcom możliwość wystawienia się na licytację, w której udział wezmą Sowieci i zachodnie demokracje. Bez względu na wnioski, jakie można wyciągnąć z tych faktów – bo są to fakty – na pewno nie taka miała być wolna Europa, o której budowę walczyliśmy. I nie jest to też Europa, która ma cechy zapewniające trwały pokój*.

---

* Winston Churchill, *The Sinews of Peace*, North Atlantic Treaty Organization (NATO), 5 marca 1946 r.

Stalin natychmiast wykorzystał okazję, żeby przypieczętować zerwanie z obozem zachodnim. W wywiadzie udzielonym „Prawdzie" 14 marca 1946 roku dał wyraz niesłychanej brutalności wobec dawnych sojuszników:

> Pytanie dziennikarza: Czy można uznać, że mowa pana Churchilla godzi w pokój i bezpieczeństwo na świecie?
>
> Stalin: Bez wątpienia tak. W rzeczywistości Churchill stawia się obecnie w roli podżegacza wojennego. I nie jest w tym osamotniony. Ma przyjaciół nie tylko w Anglii, ale także w Stanach Zjednoczonych.
>
> Warto podkreślić, że pod tym względem Churchill i jego przyjaciel zadziwiająco przypominają Hitlera oraz jego przyjaciół. [...] Nie ma najmniejszej wątpliwości, że postawa, jaką przyjął Churchill, jest postawą prowadzącą do wojny, nawoływaniem do wojny przeciw ZSRR*.

Anglicy i Amerykanie porównani do Hitlera?! Stalin osiągnął to, co dziś nazwalibyśmy punktem Godwina, a uczynił to zadziwiająco szybko, posuwając się do granicy, zza której nie ma już odwrotu w relacjach między dwoma obozami. Od tego czasu wszelkie kontakty między tajnymi służbami ZSRR i zachodnimi przestały istnieć. Osławiona żelazna kurtyna zapadła, skrywając także sprawę Hitlera.

Mimo to wciąż badano okoliczności śmierci Führera. Każdy z obozów jak najlepiej wykorzystywał informacje, które posiadał. W tej rozgrywce Sowieci nadal mieli przewagę. Na przełomie kwietnia i maja 1945 roku jako pierwsi dotarli do Berlina. Nie czekali na Anglików i Amerykanów z przejęciem tysięcy dokumentów. Do ich niewoli trafiła też większość ludzi, którzy otaczali Hitlera w tych ostatnich dniach. Alianci także schwytali na zachodzie Niemiec kilku świadków i natrafili na dokumenty

* „Nouvelles Soviétiques", nr 86, 16 marca 1946 r.

o dużej wartości. To przede wszystkim lekarze Hitlera, jego dokumentacja medyczna, a nawet zdjęcia rentgenowskie twarzy. Odtajnione, te informacje są już dziś dostępne. Nie mogliśmy ich nie wykorzystać.

Pięć zdjęć rentgenowskich twarzy Hitlera znajduje się w amerykańskich archiwach. Na kliszach z końca 1944 roku dokładnie widać szczęki i zęby Führera. Dysponując tym źródłem, prawdopodobnie będziemy mogli dokonać identyfikacji zębów, które FSB pokazało nam w grudniu 2016 roku. Przede wszystkim jednak musimy się dowiedzieć, skąd pochodzą te zdjęcia i upewnić się, czy są autentyczne.

Hugo Johannes Blaschke był osobistym dentystą Hitlera od 1934 roku do 20 kwietnia 1945 roku. Doskonale wykształcony, pochodził z Prus i biegle władał angielskim. Był też żarliwym nazistą. Ukończył stomatologię w Filadelfii, następnie wrócił do kraju i uczestniczył w pierwszej wojnie światowej jako „lekarz polowy". W 1931 roku wstąpił do NSDAP, a w 1935 roku do SS, gdzie miał stopień majora. Dzięki rekomendacjom Göringa stał się dentystą nazistowskich elit. Do jego pacjentów należeli między innymi Himmler, Göring, Goebbels, Bormann, Speer, a przede wszystkim Hitler i Ewa Braun. W nagrodę za zasługi i lojalność nadano mu honorowy tytuł profesora i stopień oberführera (generała brygady) Waffen-SS. Amerykanie wzięli go do niewoli 20 maja 1945 roku w Berchtesgaden. Przesłuchiwano go w listopadzie i grudniu tego samego roku, aby uzyskać jak największą liczbę informacji o uzębieniu Hitlera, na wypadek gdyby trzeba było dokonać identyfikacji zwłok Führera.

Dentysta nie miał przy sobie ani rentgenów, ani karty pacjenta, ale mógł polegać na swej doskonałej pamięci. Dostarczył danych, które w naszym śledztwie okazały się wręcz bezcenne, zwłaszcza że Hitler miał poważne problemy z zębami. Miał zaawansowaną próchnicę, cierpiał na zapalenie dziąseł oraz halitozę (nieprzyjemny zapach z ust). Wykonano kilka mostków, które podtrzymywały jego zęby. Mimo leczenia nieustannie dokuczał mu ból. „Pod koniec września 1944 roku wezwano mnie do kwatery głównej", opowiadał Blaschke. „Hitler uskarżał się na dziąsła górnej szczęki. Leżał w łóżku. Jak mi powiedział jego lekarz, doktor Morell, cierpiał na zapalenie w obrębie nosogardzieli"*. W styczniu 1945 roku Hitler, który wciąż uskarżał się na zęby, poprosił dentystę, by urządził gabinet w Kancelarii, blisko bunkra. Führer odwiedził go tylko raz, w lutym. Był to zwyczajny przegląd.

Kiedy radzieckie wojska niebezpiecznie zbliżyły się do Berlina, dentysta uzyskał zgodę na ucieczkę nocą z 19 na 20 kwietnia 1945 roku. Cała jego dokumentacja medyczna, w tym karta Hitlera, przepadła w samolocie, który przewoził ją do Obersalzbergu. Lekarz leciał innym samolotem i bez problemów dotarł do Bawarii.

Na szczęście Amerykanie wkrótce odnaleźli inną dokumentację medyczną Hitlera, zwłaszcza pięć zdjęć rentgenowskich twarzy wykonanych po nieudanym zamachu z 20 lipca 1944 roku. Trzy z nich robił 19 września 1944 roku doktor Giesing w szpitalu wojskowym w Rastenburgu (Kętrzynie) w Prusach Wschodnich. Erwin Giesing był osobistym otolaryngologiem Hitlera. Zdjęcia przedstawiają zatoki czołowe (pozycja nos–czoło), zatokę klinową (pozycja usta–broda) i zatoki szczękowe, sitowe i czołowe (pozycja broda–nos).

Dwa inne zdjęcia, z 21 października 1944 roku, znaleziono w dokumentacji osobistego lekarza internisty Hitlera, doktora Morella. Lekarz powiedział Amerykanom, że nie pamięta, w jakich okolicznościach zostały wykonane. Ukazują zatoki szczękowe, sitowe i czołowe (pozycja broda–nos).

Żeby upewnić się, że obie serie zdjęć RTG dotyczą tej samej osoby, śledczy porównali kształt zatok czołowych, uzyskując

---

* US National Archives, n° 01FIR 31, [w:] Reidar F. Sognnaes, Ferdinand Ström, *The Odontological Identifications of Adolf Hitler – Definitive Documentation by X-Ray, Interrogations and Autopsy Finding*, „Acta Odontologica Scandinavica", t. 31, 1973, s. 57.

potwierdzenie. Zatoki Hitlera były bardzo duże, co wskazywało na częste zapalenia.

Przez dwadzieścia trzy lata te informacje na nic się nie przydały. Sowieci nigdy nie pozwolili Amerykanom zbliżyć się do domniemanych zwłok Hitlera i Ewy Braun, pozostających w znanym im miejscu. Jak zresztą mogliby się na to zgodzić, skoro oficjalnie nie znaleźli ciał. Tę wersję podważyła wydana w roku 1968 sensacyjna publikacja. Lew Biezymienski, dawny tłumacz wojskowy, a następnie dziennikarz, opublikował w Niemczech książkę pod tytułem *Der Tod des Adolf Hitler* (Śmierć Adolfa Hitlera). Po raz pierwszy od zdobycia Berlina w maju 1945 roku ujawniono skrywaną przez tyle lat tajemnicę odnalezienia zwłok przez Rosjan, pokazując także dokumentację fotograficzną. Podkreślmy, że znalazły się tam także zdjęcia zębów przypisywanych Hitlerowi – mostka z dziewięcioma zębami i dolnej szczęki z piętnastoma zębami.

Dzięki tej książce zeznania Blaschkego i zdjęcia rentgenowskie mogły wreszcie zostać wykorzystane.

W 1972 roku dwaj norwescy uczeni, Reidar F. Sognnaes, dziekan Harvard School of Dental Medicine w Bostonie (Stany Zjednoczone), oraz Ferdinand Ström, pionier stomatologii sądowej (wykorzystującej uzębienie do identyfikacji zmarłych), postanowili przeprowadzić pierwsze pełne badanie zębów Hitlera.

Przeprowadzono je w warunkach dalekich od ideału, ponieważ żaden z uczonych nie miał fizycznego dostępu do zębów, chronionych wtedy jeszcze tajemnicą wojskową w Moskwie. Norwescy dentyści pracowali wyłącznie na podstawie dokumentów – po pierwsze, materiałów uzyskanych przez amerykańskie tajne służby, czyli protokołów przesłuchań dentysty Hitlera oraz pięciu zdjęć RTG, po drugie, zdjęcia opublikowanego w książce byłego tłumacza Armii Czerwonej. W tamtym okresie weryfikacja wiarygodności Biezymienskiego była niemożliwa. Generalnie podchodzono do jego pracy z dystansem. Ale to nie miało dużego znaczenia. Sognnaes i Ström uznali, że mają dość informacji, żeby zaryzykować. Byli przekonani, że zdołają położyć kres mnożeniu szaleńczych scenariuszy ucieczki Hitlera i jego dalszego życia po upadku Trzeciej Rzeszy. Ich prace trwały w szczególnej sytuacji. Otóż na początku lat siedemdziesiątych naziści przypomnieli o sobie, a to za sprawą działań „łowców esesmanów", jak małżonkowie Klarsfeld, a także izraelskiej agencji wywiadowczej, Mosadu. Opinia publiczna dowiedziała się, że wysocy rangą funkcjonariusze reżimu hitlerowskiego wiodą spokojny żywot w autorytarnych państwach Ameryki Łacińskiej. Niektórych aresztowano, jak Eichmanna czy Barbiego, inni, w tym zwany „Aniołem śmierci" Mengele, który prowadził sadystyczne eksperymenty medyczne na więźniach, uniknęli odpowiedzialności. Skoro tacy ludzie mogli uciec z Niemiec w 1945 roku i znaleźć bezpieczne schronienie, to dlaczego nie miałby uciec także Führer?! W takiej atmosferze domysłów i pogłosek na scenę wyszli dentyści Sognnaes i Ström.

Na zdjęciach RTG widać brak ostatnich zębów po prawej stronie. Po lewej stronie szczęki dokładnie widać sztuczne zęby.

Na dolnej szczęce widać wyraźnie trzy korzenie wspierające długi mostek. Łącznie Hitler miał tylko cztery zęby bez korony, siekacze żuchwowe prawe i lewe.

Kiedy badanie zachowanego materiału umożliwiło wyciągnięcie ostatecznych wniosków, zauważyliśmy uderzającą trafność identyfikacji pojedynczych zębów własnych, przeprowadzonej na podstawie analizy danych amerykańskich i radzieckich. Do tego dodać należy zęby zachowane, brakujące, plombowane, zastępowane. Zauważyliśmy także inne cechy szczególne, a zwłaszcza pojedynczy pręcik, który tworzył mostek otaczający kieł i ząb przedtrzonowy dolny prawy, oraz resorpcję kości wokół korzeni siekaczy.

Na podstawie ogólnego porównania dokumentacji stomatologicznej ustaliliśmy, że osobnik zidentyfikowany na podstawie dokumentów Hitlera z 1945 roku, znajdujących się w roku

1972 w Archiwum Państwowym Stanów Zjednoczonych, to ta sama osoba, którą poddano sekcji w roku 1945. Raport opublikowano w 1968 roku na podstawie nieznanych dokumentów z 1945 roku pochodzących z archiwów radzieckich*.

Po raz pierwszy od zakończenia wojny nieradziecki raport naukowy uwiarygodnił śmierć Hitlera. W tamtymch latach wiele się o nim mówiło. Ponieważ jednak wciąż nie było bezpośredniego dostępu do szczątków ciała, wątpliwości nie zostały rozwiane. Czterdzieści pięć lat po Sognnaesie i Strömie Philippe Charlier miał okazję przedstawić analizę tego uzębienia. Podobnie jak norwescy specjaliści, nie widział ich. Miał jednak do dyspozycji zdjęcia i wideo z naszej wizyty w archiwum w grudniu 2016 roku. Mógł porównać ten materiał ze zdjęciami RTG twarzy Hitlera. Wydaje się, że przedstawiając wnioski, nie miał żadnych wątpliwości.

> Porównanie morfologiczne protez zębowych i elementów kostnych oraz zdjęć przedstawionych jako wykonane za życia Adolfa Hitlera.
>
> Elementy zębów i kości noszą ślady uszkodzeń typowych dla karbonizacji, nacięć, podziału, zużycia, a także mają strukturę górną i dolną w pełni zgodną z przekazanymi zdjęciami (RTG twarzy i szczegółów). Na obecnym etapie obserwacji elementów anatomicznych nie można określić płci ani wieku osobnika (poza wiekiem dorosłym). [...]
>
> Synteza: Pełna zgodność zdjęć RTG przedstawionych jako wykonane za życia Adolfa Hitlera z przedstawionymi elementami dentystycznymi. [...]

Ekspertyza doktora Charlier potwierdziła wnioski jego znanych poprzedników. To naprawdę zęby Hitlera. Nasze śledztwo

* Reidar F. Sognnaes, Ferdinand Ström, *The Odontological Identification of Adolf Hitler*, „Acta Odontologica Scandinavica", t. 31, nr 1, 1973, s. 43–79.

mogło się na tym zakończyć. Wystarczyłoby, żebyśmy przestali nękać Aleksandra. Żebyśmy porzucili nadzieję na wejście do siedziby FSB z Philippe'em Charlier, by zbadał te kawałki szczęki, tak starannie ukrywane od roku 1945. To byłoby takie proste!

12 lipca 2017 roku. Moskwa nie mogła doczekać się lata. Niebo zlewało się z szarymi chodnikami, horyzont był przytłaczająco smutny. Ulewny deszcz zmył z ulic nielicznych przechodniów. Byliśmy z Philippe'em Charlier w stolicy Putina. Mieliśmy ze sobą małą walizeczkę, a w niej dwuokularową lupę najnowszej generacji. Łubianka, jej ciężkie drzwi, kontrola dokumentów tożsamości, strażnik i jego podejrzliwe spojrzenie... Przeżywamy sceny, które widzieliśmy tu już w grudniu. Aleksandr lubił nagłe zwroty. Przed dwoma tygodniami przekazał nam decyzję FSB. „Możecie przyjść z doktorem Charlier. Wasza prośba została przychylnie rozpatrzona. Wiedzcie, że po was nie będzie już żadnych ekspertyz. Nie wyrazimy na nie zgody". Skąd ta zmiana? Woleliśmy o to nie pytać. Nie chcieliśmy dać im żadnych pretekstów do wycofania się.

Za drzwiami Łubianki, przy stanowisku kontroli, dość młody mężczyzna z jasną brodą czekał na nas za plecami żołnierza. Miał na imię Denis i zastępował Dmitrija, oficera FSB, który towarzyszył nam w grudniu. Znaliśmy tylko imiona, żadnych nazwisk. Ale czy to prawdziwe imiona? Oba zaczynały się tą samą literą, „d". Prawdopodobnie to zwykły przypadek. Denis porozumiewawczo uśmiechał się do wartownika, który sprawdzał nasze paszporty. Wszystko w porządku. Ta sama winda. To samo piętro. Trzecie. Ten sam mały pokoik, numer 344, po prawej stronie korytarza bez okien.

W pokoju 344 nic się nie zmieniło. Brakowało tylko małej choinki. I tym razem pilnowała nas cała gromada funkcjonariuszy FSB, w tym młoda wysoka blondynka, która odnosiła się do nas z taką nieufnością. Tym razem była ubrana w nylonową sukienkę w kwiatki, tak krótką, że odsłaniała silne kolana. Naprężona twarz kobiety kontrastowała z radosnym strojem. Nasze uśmiechy nie robiły na niej żadnego wrażenia. Może miała ciekawsze zajęcia niż marnowanie popołudnia z cudzoziemcami? Na pewno. Lana przedstawiła Philippe'a Charlier pięciu mężczyznom i młodej kobiecie, którzy mieli stać wokół nas podczas ekspertyzy. Intrygowała ich walizeczka. Chcieli sprawdzić sprzęt lekarza sądowego. Umowa zawarta z Aleksandrem jasno stanowiła, że nie będzie pobierania materiału. Badanie miało ograniczyć się do oględzin. Ten warunek nie podlegał dyskusji. Chcąc uszanować rosyjskie wymagania, Philippe Charlier wybrał dwuokularową lupę. To urządzenie nie uszkadza badanych obiektów, pozwala natomiast obserwować je w nawet trzydziestopięciokrotnym powiększeniu. Poza tym robi zdjęcia i filmuje dzięki wbudowanej kamerze cyfrowej.

Lana przedstawiła rodakom charakterystykę techniczną lupy. Denis spytał, czy urządzenie ma światło. „Światło? Tak, małe..." Nie zdążyła skończyć zdania, gdy pokój wypełnił się chóralnym *Niet*. Wszyscy byli poruszeni. To światło bardzo ich zaniepokoiło. *Niet laser, niet!* Podbiegłem do Lany i poprosiłem, żeby rozwiała ich obawy. To tylko mała wbudowana lampka, nie laser. Przetłumaczyć to, szybko i precyzyjnie. Lana już mówiła. Urządzenie leżało na stole. Było włączone. Lampka świeciła. To nie laser. To nie laser. Powtarzaliśmy to wszyscy troje. Denis pochylił się nad lupą, potem odszedł i potwierdził naszą wersję przed kolegami. Wszystko w porządku. Philippe Charlier pytająco popatrzył na mnie i na Lanę. Była już czternasta i po półtorarocznym oczekiwaniu mogliśmy wreszcie dokonać ekspertyzy szczątków przypisywanych Hitlerowi.

Mimo poleceń dyrekcji FSB młoda kobieta w letniej sukience nie mogła się powstrzymać od okazania nam, że nie chce, żebyśmy dotykali zębów. Chwyciła pudełko po cygarach, w którym je złożono. Odsunęła je od doktora Charlier. Ten bardzo spokojnie zwrócił się do Lany, prosząc, żeby tłumaczyła: „Proszę jej powiedzieć, że przed dotknięciem tych zębów włożę sterylne rękawiczki. Moje. Proszę sprawdzić, są nowe, kładę je przed panią...”. Sięgnął po saszetkę, rozdarł ją, wyjął rękawiczki. Wsunął w nie dłonie, patrząc w oczy funkcjonariuszce FSB. „Teraz, kiedy jestem już przygotowany, najlepiej będzie, jeżeli będzie kładła pojedynczo elementy uzębienia na sterylnym papierze, który rozkładam przed sobą. W ten sposób nie dojdzie do skażeń”. Philippe Charlier mówił wolno. Jego głos świadczył o profesjonalizmie i w końcu przezwyciężył obawy młodej kobiety. Wbrew wszelkim oczekiwaniom spełniła jego prośbę.

W pokoju panowała niezmącona cisza. Słychać było tylko szelest papieru, na którym leżały już pierwsze zęby. Lekarz sądowy ostrożnie nimi manipulował, obracał je. Te wstępne oględziny służyły potwierdzeniu autentyczności zębów. Należało sprawdzić, czy to nie podróbka. Specjaliści z FSB byliby w stanie wykonać kopię na podstawie zdjęć rentgenowskich i dokumentacji stomatologicznej Hitlera. Ta skłonność do wątpienia we wszystko łączyła całą naszą trójkę. Znajdowaliśmy się w sercu jednej z najpotężniejszych i najbardziej kontrowersyjnych tajnych służb świata. Manipulacja była możliwa, a nie biorąc jej pod uwagę, popełnilibyśmy błąd zawodowy. Dlatego szukaliśmy śladów zużycia i patyny, oznak dowodzących wieku przedmiotu i autentyczności zębów. „To naprawdę ciekawe”, szepnął lekarz sądowy, robiąc zbliżenie. „Na tej protezie osady kamienia są szczególnie widoczne. Dostrzegam resztki organiczne, trochę dziąsła, być może śluzówkę i częściowo zwęglone tkanki miękkie. Liczne zarysowania na żółtym metalu protezy. Wyglądają jak ślady drobnych kryształków, które są w jedzeniu. Osobiście nie mam wątpliwości, te protezy dentystyczne są autentyczne. Były noszone wystarczająco długo, żeby osadził się na nich kamień. Ich wiek wydaje się odpowiadać latom drugiej wojny światowej. Mogę potwierdzić, że to nie falsyfikat!”

Zęby nie zostały odtworzone przez KGB ani jego następczynię, FSB. Były prawdziwe i wyglądały jak na zdjęciach rentgenowskich twarzy Hitlera. Zgadzały się kształty i protezy. Nie było wątpliwości. To naprawdę zęby nazistowskiego dyktatora. Nasze śledztwo nareszcie się posunęło. Mogliśmy potwierdzić, że Hitler umarł w Berlinie 30 kwietnia 1945 roku, a nie w Brazylii w wieku dziewięćdziesięciu pięciu lat albo w Japonii, albo w argentyńskich Andach. Dowody były naukowe, a nie ideologiczne. Beznamiętnie naukowe.

„Stan jego uzębienia był bardzo zły", stwierdził Charlier. „Ten osobnik cierpiał na parodontopatię [choroba przyzębia uszkadzająca aparat więzadłowy zęba] z utratą zębów wokół". Zgadza się to z zeznaniami jego dentysty, doktora Blaschkego. Dentysta mówił Amerykanom, że Hitler cierpiał na chroniczne zapalenie dziąseł. „Przyczyn tej dobrze znanej choroby jest wiele", podjął Charlier. „Palenie papierosów, niedożywienie, toksyny, infekcje w obrębie jamy ustnej i wegetarianizm". Hitler nie palił, nie dotknął go brak pożywienia – ani jakościowy, ani ilościowy, ale był wegetarianinem. W tamtych czasach niedobory powodowane przez wegetarianizm nie były znane, toteż nie uzupełniano ich odpowiednimi odżywkami. Puzzle układały się w spójną całość. Ale musieliśmy pójść jeszcze dalej, musieliśmy ustalić, jak umarł.

„Nie filmujcie mnie! Żadnych zdjęć!" Ten groźny ton nie pasował do kwiecistej sukienki. Funkcjonariuszce FSB nie spodobało się, że chciałem zrobić zdjęcie, na którym by się znalazła. Lana jak zwykle interweniowała, żeby uspokoić nastroje. Nie wolno było zapominać, gdzie się znajdowaliśmy. I że to wszystko mogło się skończyć, gdyby ta kobieta pstryknęła palcami. Albo wyjdzie, szeleszcząc sukienką. Moje gorące przeprosiny chyba wszystkich zadowoliły. Ekspertyza trwała.

Teraz poszukiwanie śladów kwasu albo prochu z broni palnej. Zależnie od wersji Hitler otruł się cyjankiem albo strzelił sobie w głowę z pistoletu (lub jedno i drugie). Jeżeli strzelił w usta, pozostałości prochu, a dokładnie antymonianu ołowiu albo baru, mogły przetrwać na uzębieniu.

Francuski ekspert uważnie oglądał kolejne części szczęki. Na wszystkich widać ślady karbonizacji. „Możemy uzyskać informacje o ekspozycji na ogień", wyjaśnił Charlier. „Te mocne, czarne ślady na kościach i śluzówce, a także korzeniach zębów świadczą o wysokim stopniu zwęglenia. Ogień musiał być silny, ponieważ spowodował pęknięcie części korzeni i doprowadził do obnażenia zębiny [zwanej także kością słoniową zęba – przyp. aut.]". Z zeznań Lingego i Günschego wiemy, że do spalenia zwłok Hitlera zużyto 200 litrów benzyny. Ogień był silny, gwałtowny, ale stosunkowo krótki. Taki scenariusz zgadzał się z konstatacjami lekarza sądowego. A ten stwierdził przede wszystkim, że doskonale widoczne są pozostałości dziąseł i mięśni. Oznaczało to, że ciało nie uległo całkowitemu spaleniu. 30 kwietnia 1945 roku nieustanne radzieckie bombardowania rejonu Kancelarii Rzeszy uniemożliwiły pełną kremację zwłok Hitlera. Nikt bunkrze Führera nie chciał narażać życia, pozostając w ogrodzie, żeby podsycać ogień, który trawił ciała dyktatora i jego żony. „Chyba coś znalazłem..." Philippe Charlier oglądał jedną z protez w maksymalnym powiększeniu. Obraz był widoczny na monitorze laptopa połączonego z dwuokularową lupą. Zamazana masa wolno nabierała kształtu. „Spójrzcie, stop metalu, z którego zrobiono protezę, podległ dziwnemu uszkodzeniu. Widać tu emalię zęba, który się pod nią znajduje". Rzeczywiście, płytka złoconego metalu uległa przedziurawieniu i odsłoniła biały ząb. „To ząb przedtrzonowy", podjął lekarz. „Co mogło do tego doprowadzić?" Możliwości jest wiele. Złe wykonanie protezy? Zła jakość materiału? Mało prawdopodobne, Hitlera leczył renomowany dentysta. Nie ryzykowałby, nie przykładając się do zabiegów wykonywanych u tego pacjenta. „W takim razie to może być działanie kwasu, metal się utlenił". Cyjanek? Na zębie przedtrzonowym? Czy to się trzyma kupy? Hitler rozgryzłby kapsułkę z trucizną tylnymi zębami, a więc trzonowymi albo przedtrzonowymi. Na innych zębach widać podobne ślady utlenienia. Podczas jedynej sekcji, jakiej poddano domniemane zwłoki Hitlera, Sowieci stwierdzili, że „w ustach znajdowały się okruchy szkła i niewielki kawałek czubka ampułki medycznej". Czy to możliwe, żeby po siedemdziesięciu latach odnaleźć jeszcze okruchy szkła?

Dwuokularowa lupa czyniła cuda. Pozwalała zobaczyć to, czego ludzkie oko nie widzi. Philippe Charlier jeszcze nigdy nie był tak zadowolony z tego narzędzia. Oglądając złogi kamienia, natknął się na kryształki, które natychmiast rozpoznał. „To ziarna kwarcu. Są tu, utknęły między zębiną a kostniwem [tkanka pokrywająca zębinę na wysokości korzenia – przyp. aut.]". Czy Hitler został pochowany w piasku? Kwarc to pospolity minerał, który możemy znaleźć w piasku i cemencie, służący także do produkcji szkła laboratoryjnego. Cechuje się odpornością na działanie wielu kwasów, w tym cyjanku. Wróćmy jednak do pytania doktora Charlier. Czy Hitler został pochowany na piaszczystym terenie? Trudno na to odpowiedzieć. W zasadzie nie. Jego ciało odnaleziono w ogrodzie Kancelarii. Mogły natomiast znajdować się tam pewne ilości cementu, ponieważ było to bardzo blisko bunkra uszkodzonego już podczas bombardowań. A poza tym kwarc to minerał występujący niemal wszędzie w ziemi. Kiedy używa się go do produkcji szkła laboratoryjnego, jego struktura zdecydowanie różni się od tej naturalnej. Ten, który znalazł się na zębach, nie przypomina krzemu ze szkła laboratoryjnego. Według Philippe'a Charlier ten trop donikąd nie doprowadzi.

Znacznie bardziej interesowały lekarza sądowego niebieskie ślady. „Na powierzchni tego zęba widać sinawe złogi, które są dość dziwne i trudne do wyjaśnienia. Czy doszło do interakcji z czynnikiem zewnętrznym w chwili zgonu? A może w chwili zakopywania?" Kolor niebieski był intensywny, wyglądał prawie jak plama farby. Ślad był mały i gołym okiem można go było nie zauważyć. Ząb, na którym powstał, to jeden z nielicznych naturalnych zębów Hitlera. „Widać wyraźnie przyrosty, powierzchnię, szkliwo, szczątki tkanek, kamień nazębny… Doszło do interakcji czegoś z tym zębem, ale nie wiem czego. To nie kamień nazębny, tego jestem pewien". Lekarz zastanawiał się przez chwilę. Nigdy czegoś takiego nie widział. „Nie ma podstaw sądzić, że cyjanek wszedł w bezpośrednią reakcję ze szkliwem i spowodował jego niebieskawe zabarwienie, jak tu. Fizycznie ani chemicznie nie ma powodu, żeby tak się stało". Jednak ten niebieski ślad istnieje. „Muszę poszperać w literaturze sądowo-medycznej, przede wszystkim z dziedziny toksykologii, bo naprawdę nie wiem". Uwaga francuskiego eksperta skupiła się teraz na innych fragmentach szczęk. „Zobaczcie! Takie samo zabarwienie widać też w bruzdach innych zębów. Jest też na powierzchni tych protez". Znów pojawiły się drobniutkie złogi tego samego koloru. Częściowo pokrywały je inne osady. W pierwszej chwili Philippe Charlier myślał, że to kamień nazębny. I że w związku z tym te niebieskie ślady powstały wiele tygodni, a nawet miesięcy przed śmiercią Hitlera. Znawca zmarłych szybko dostrzegł swoją pomyłkę. To osady, a zatem mogły powstać w czasie, gdy ciało leżało w ziemi. Czy niebieskie plamy są dowodem otrucia Hitlera? Na tym etapie, nie mogąc pobrać żadnego materiału, lekarz nie potrafił udzielić odpowiedzi na to pytanie.

Badanie dobiegło końca. Wszystkie zęby zostały dokładnie obejrzane. Od kilku minut słyszałem, jak w drugim końcu pokoju Lana rozmawiała półgłosem z Denisem. Dałem jej znak, że

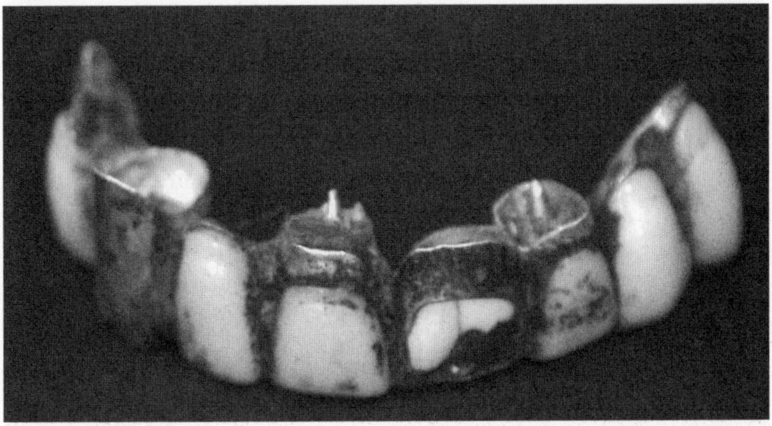

Uzębienie uważane za fragment ciała Hitlera zachowane w archiwum FSB.

skończyliśmy. Wystarczyły nam dwie godziny. Dalszą ekspertyzę Charlier miał przeprowadzić w Paryżu, pracując na obrazach zarejestrowanych dwuokularową lupą. Lana nie słuchała. Była podekscytowana. „Pokażą nam zęby Ewy Braun. Nikt dotąd ich nie oglądał!" Część uzębienia żony Führera! Philippe Charlier siedział jeszcze przy swoim sprzęcie. Spytał tylko: „Będę je mógł zbadać?". Lana podeszła do grupy funkcjonariuszy FSB, żeby im podziękować. Czyli mieliśmy zęby Ewy Braun. Domniemane zęby Ewy Braun. I, przeciwnie niż w przypadku Hitlera, nie dysponowaliśmy zdjęciami rentgenowskimi, na podstawie których moglibyśmy je zidentyfikować. Philippe Charlier sięgnął po nowe sterylne rękawiczki i nowy sterylny papier. Kiedy był już gotów, dał znak blondynce, a ta otworzyła pudełko. Było znacznie mniejsze od tego, w którym trzymano zęby Hitlera, ale równie „oryginalne". Wyglądało jak pudełeczko na klipsy. W środku, na wacie, leżały trzy zęby – trzonowe i przedtrzonowy, połączone mostem z żółtego metalu. *Spasibo*, rzucił Charlier, biorąc je do ręki. Delikatnie umieścił je przed lupą i wyregulował ostrość.

Wkrótce padły pierwsze uwagi: „Na powierzchni zębów widać takie same niebieskie złogi!". Charlier ostrożnie dodał: „Na tych zębach, o których powiedziano nam, że należały do Ewy Braun". Wiele zdawało się wskazywać, że te szczątki poddano pośmiertnie takiemu samemu procesowi jak zwłoki Hitlera, to znaczy spaleniu i zakopaniu w podobnym środowisku. „Były tak samo zwęglone. To sztuczne zęby z nalotem kamienia na protezie oraz drobinami kwarcu, jak na tamtych zębach. Doskonale widać po metalu, że były używane. Tak, mogę stwierdzić, że te zęby naprawdę były noszone. I nie mogą należeć do tego samego osobnika co poprzednie, ponieważ to ten sam obszar anatomiczny". Czyli nie był to falsyfikat zrobiony przez Rosjan.

Ewa Braun zmarła w wieku trzydziestu trzech lat. Oficjalną małżonką Führera była zaledwie jeden dzień. Ze śledztwa radzieckiego, a także angielsko-amerykańskiego wynikało, że

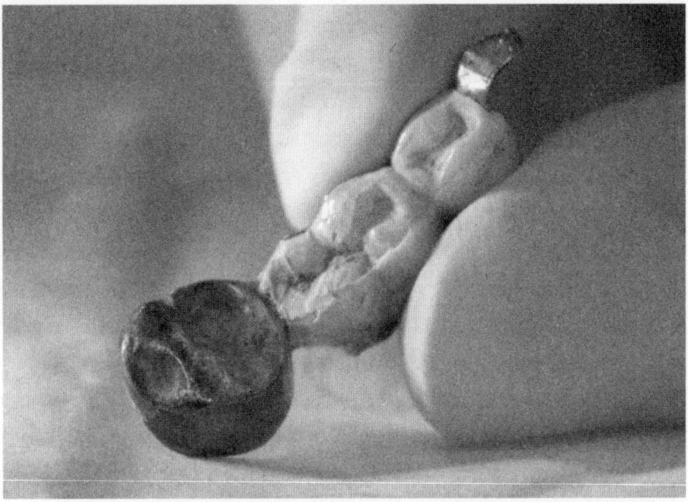

Fragment uzębienia przypisywany przez Rosjan Ewie Braun, zachowany w archiwum FSB.

odebrała sobie życie, trując się cyjankiem. „Będę musiał przeanalizować to wszystko na zimno", uznał Charlier, robiąc kolejne zbliżenia niebieskich plam. „To naprawdę bardzo dziwne..." Za pomocą wbudowanej kamery cyfrowej robił zdjęcia. To dzięki nim będzie mógł raz jeszcze przeprowadzić analizę uzębienia Hitlera w paryskim laboratorium i być może zamknąć sprawę śmierci niemieckiego dyktatora.

Paryż, wrzesień 2017 roku

Gołym okiem ledwie je widać. Ile ich jest? Dwa, może trzy. Kawałki, raczej okruchy, ciemne jak kurz. Philippe Charlier obracał przed oczyma plastikową fiolkę zamkniętą czerwonym korkiem. Na fiolce znajdowała się etykietka, na której napisano „kamień nazębny A.H.". Jak te okruchy z zębów Hitlera znalazły się w Paryżu? Przypadek, zbieg okoliczności. Po badaniu przeprowadzonym w lipcu 2017 roku w siedzibie FSB doktor Charlier, jak zwykle, starannie spakował sprzęt, którego używał. Tym razem były to dwie pary lateksowych rękawiczek i dwa arkusze papieru, na którym kładł zęby. Bardzo dokładny, niczego nie pomieszał: papier i rękawiczki używane przy szczątkach Hitlera zostały spakowane osobno, taki sam komplet wykorzystany przy zębach Ewy Braun – osobno. Po powrocie do Paryża, zanim wszystko wyrzucił, zauważył kilka drobin kamienia nazębnego Hitlera, które odpadły podczas oględzin. Niemal odruchowo zebrał je i zamknął we fiolce.

Co robić? Aleksander, nasz rozmówca z rosyjskiego Ministerstwa Spraw Zagranicznych, oraz oficerowie FSB, sprzeciwiali się pobieraniu jakichkolwiek próbek z tych zębów. Taki był ich warunek. Jak zresztą moglibyśmy zmylić czujność funkcjonariuszy FSB podczas badań mikroskopowych? Na Łubiance? Nawet Lana, zawsze skłonna próbować rzeczy niemożliwych, nie odważyła się niczego takiego planować. A teraz byliśmy w Paryżu, daleko od Moskwy. Rosyjskie tajne służby nie mogły już przeszkodzić nam w wykorzystaniu tego materiału. Mimo to działanie bez ich zgody było wykluczone, a to z dwóch dość prostych powodów – jeden z nich to względy moralne, drugi to etyka zawodowa. Dla Philippe'a Charlier zasady są niezwykle ważne. Poza tym nie mając przyzwolenia rosyjskich władz, nie można byłoby podać do wiadomości publicznej wyników analiz odprysków kamienia. Znaleźlibyśmy się w takim samym położeniu jak amerykański zespół History Channel, który w 2009 roku pokazał swój dokument. Ze względu na brak uzgodnień z rosyjskim archiwum (w tym przypadku GARF-em), te informacje o domniemanym fragmencie czaszki Hitlera wciąż zbudzą podejrzenia. W ich przypadku wiele pytań pozostało bez odpowiedzi. Kto i jak zdobył odpryski kości czaszki? Zagadki związane z pracą amerykańskiej ekipy sprawiły, że wyniki tamtych badań nie mają pełnej wartości naukowej. To nie przypadek, że doktor Nick Bellantoni nigdy nie opublikował swojej pracy w piśmie naukowym. W praktyce więc nigdy nie potwierdził jej naukowego charakteru.

Nie zamierzaliśmy powielać jego błędu.

Lana aż podskoczyła z radości. Odpadły jakieś kawałki? Niesamowite! Mieliśmy szczęście… Jej entuzjazm już mnie nie dziwił, podobnie jak nie dziwiła mnie jej niewyczerpana energia. I jak to zwykle z nią bywało, przeszkody znikały niczym za sprawą czarów. Moje obawy i wątpliwości zaczynały przypominać objawy nerwicy, która miała niewiele wspólnego z rzeczywistością. Mimo wszystko przedstawiłem jej mój punkt widzenia: prawdopodobny gniew Rosjan, z którymi mieliśmy kontakt, możliwość odmowy, represje, zwłaszcza wobec Lany, bo przecież miała rosyjski paszport i mieszkała głównie w Moskwie… Lanę bawiły moje fantazje. Śmiała się. Wyraźnie słyszałem w słuchawce jej śmiech. Czy przesadzałem, myśląc, że FSB może dość łatwo dokuczyć obywatelowi rosyjskiemu, który postawił służby w kłopotliwej sytuacji? „Nie martw się o mnie, jestem pewna, że będą zachwyceni, kiedy usłyszą, że mamy kawałki tych zębów". Przyjąłem jej logikę jak dziecko słuchające lekcji.

– Jaką mieliśmy umowę?

– Na przeprowadzenie wyłącznie badania wizualnego.
– Czy prowadzono stały nadzór nad naszą analizą?
– Pilnowało nas co najmniej pięć osób.

Do tego momentu Lana ma rację. Graliśmy tylko w grę, której reguły nam narzucili. „Czy Philippe Charlier zamierza podważyć autentyzm zębów?" Lana już znała odpowiedź. Zastosowała wobec mnie zasady majeutyki: wydobywała ze mnie odpowiedzi, wciągając w tok swego myślenia. I żądała, żebym odpowiadał. „Nie, nie będzie twierdził, że to nie są zęby Hitlera. Przeciwnie – zdecydowanie to potwierdza".

Więc? Wyczuwałem uśmiech w głosie Lany... „W takim razie wszystko jest w porządku, Jean-Christophe. Zaakceptują to, zaufaj mi".

Laboratorium Fizyki Ciał Stałych (LPS) uniwersytetu Paris-Sud przechodzi remont. Robotnicy od rana do wieczora kręcą się wokół budynku głównego. Kują, stukają, wiercą. Cichy las i mieszczańskie domki miasteczka Orsay na południowo-zachodnim przedmieściu Paryża ze stoickim spokojem znoszą to przejściowe zamieszanie. Również Philippe Charlier jakoś radzi sobie z tym hałasem. Najważniejsze, że może prowadzić analizy próbek, które tak starannie zebrał do fiolki. W swych medyczno-sądowych badaniach Charlier mógł liczyć na wsparcie ekspertów. Najlepszych. Był wśród nich Raphäel Weil. Ten inżynier z Laboratorium Fizyki Ciał Stałych specjalizuje się w badaniach pod mikroskopem elektronowym skaningowym. To sprzęt konieczny do analizy morfologii i składu chemicznego próbek. Oczywiście bez ich uszkodzenia. Dzięki tej maszynie i zdolnościom Raphaëla Weila „okruchy" kamienia nazębnego ze szczęki przechowywanej w CA FSB zdradzą nam wszystkie swoje tajemnice. Program był bogaty: szukanie tkanek roślinnych i zwierzęcych (ponieważ Führer od lat był wegetarianinem, jakakolwiek tkanka zwierzęca obaliłaby naszą hipotezę), a także śladów składników prochu (z pocisku broni palnej). Naszym głównym celem było ustalenie, czy Hitler naprawdę strzelił sobie w usta. Oczywiście badanie miało objąć także niebieskie plamy zauważone na powierzchni protez. „Dziś nie można już obejść się bez mikroskopu skaningowego, kiedy prowadzi się badania z zakresu antropologii historycznej", stwierdził Charlier. „Mam nadzieję, że analiza chemiczna pozwoli nam odnaleźć pierwiastki składające się na protezę.. I zrozumieć, co mogło w związku z tym doprowadzić do powstania tych niebieskich złogów. Czy to reakcja z cyjankiem?..."

Tym razem FSB zareagowało bardzo szybko. Jako pierwszy odpowiedzi udzielił Lanie Dmitrij, ten agent rosyjskich tajnych służb, który eskortował nas, kiedy po raz pierwszy byliśmy na Łubiance. „Oczywiście, nie ma problemu. *Niet problema!*" Lana miała rację. Tak jak myślała, zwyczajny mail Philippe'a Charlier powinien wystarczyć, żeby uspokoić obawy rosyjskich władz. Zwięzły, jasny i precyzyjny raport francuskiego lekarza sądowego został szybko wysłany. Potwierdzał on, że nie ma żadnych wątpliwości co do identyfikacji zębów, które należą do Hitlera. Jeżeli nic się nie wydarzy, w ciągu dnia, a najwyżej tygodnia powinniśmy otrzymać oficjalne pismo z FSB albo z Ministerstwa Spraw Zagranicznych: zgodę, zielone światło, pozytywny sygnał, choćby mglisty, choćby zdawkowy.

Cisza.

Dwa tygodnie.

A potem miesiąc.

I prawie dwa miesiące.

Żadnej odpowiedzi!

Znów zaczęła się ta absurdalna, iście kafkowska rutyna. Lana powtarzała mi, że nasi rozmówcy telefonicznie zapewniają, że możemy prowadzić analizy. Nalegałem, chcąc, byśmy uzyskali jakiś pisemny ślad tych rozmów. „A, ślad na piśmie?...", dziwiła się, jakby nagle zapadła na amnezję. „Oczywiście, ponaglę ich". I znowu czekaliśmy. Jeszcze kilka dni. Potem, kiedy wydawało się, że wszystko przepadło, nadeszła odpowiedź. Mailem. Aleksander Orłow, nasz drogi Aleksander z Ministerstwa

Spraw Zagranicznych Przeświętej Rosji, napisał do mnie mail po francusku.

Oto fragment jego pisma: „Sądzę, że jeżeli przeprowadzicie analizę drobin ze szczęki Hitlera, które pozostały na rękawiczkach, i wasze wnioski nie będą sprzeczne z oficjalnym stanowiskiem strony [sic!] rosyjskiej, nie będziemy mieli prawa wam.

Aleksander"

Był 7 listopada 2017 roku, liście żółkły na drzewach, ptaki cichły, oszczędzając siły przed nadciągającymi chłodami. Przyłapałem się na uśmiechu. Czy to zmęczenie, nerwy, a może utrata trzeźwości myślenia?

Miałem przed sobą mail Aleksandra. I uśmiechałem się do niego. Nareszcie prawie wszystko. „Nie będziemy mieli prawa wam". O jedno słowo za mało, a przez to wszystko może się zawalić. Ponad dwa miesiące czekania na taką odpowiedź! Dziesiątki telefonów do Rosji, próśb, przypomnień... I po co? Żeby odczytać niedokończone zdanie. Bezużyteczne. Czy to złośliwość? Perwersyjne upodobanie do sprawdzania naszej wytrzymałości? A może po prostu doprowadzona do perfekcji sztuka gry na zwłokę, prokrastynacja moskiewskiej administracji?

Trudno się dziwić, że Philippe Charlier nie był zadowolony z maila Aleksandra. „Nie będziemy mieli prawa wam". Ale co wam?!!

Drogi Aleksandrze,
Bardzo dziękuję za zezwolenie na wykorzystanie przez nas analizy fragmentów szczęki Hitlera.

7 listopada 2017 roku. Późne popołudnie. Postanowiłem ponaglić Aleksandra.

Nie drażnić go. Nie urazić. Taktownie dobrać słowa.

„Doceniam uprzejmość, jaką mi Pan okazał, odpisując po francusku. Jednak..."

Chwila namysłu.

„Jednak w Pańskiej odpowiedzi brak jednego słowa. Napisał Pan: »nie będziemy mieli prawa wam…«. Domyślam się, że zamierzał Pan napisać »wam przeszkodzić« lub »wam zabronić«. Czy zechciałby Pan rozwiać moje wątpliwości?"

Lana? Nic. Lana nie miała kontaktu z FSB ani z Aleksandrem. Sytuacja w Rosji była coraz bardziej napięta. Amerykańskie oskarżenia o rosyjską ingerencję w ostatnie wybory prezydenckie stawały się coraz bardziej niedwuznaczne. Syria i tamtejszy horror militarno-humanitarno-religijny nie znikały z czołówek wiadomości. Putinowski reżim coraz bardziej usztywniał się w swym agresywnym izolacjonizmie. Każde padające z Kremla słowo pachniało siarką jak za czasów stalinizmu. A my byliśmy zdani na dobrą wolę rosyjskich władz, które budzą lęk.

Siedem dni. Aleksander potrzebował całego tygodnia, żeby znaleźć właściwe słowo – najpoprawniejsze, najbliższe jego myśli, i żeby mi je przesłać. W końcu znalazł kilka takich słów. Napisał je wersalikami, jakby chciał wykrzyczeć mi to w twarz: NIE OSKARŻYMY WAS (NIE POSTAWIMY ZARZUTÓW, NIE BĘDZIEMY OBWINIALI).

Teraz już mogliśmy przeprowadzić analizy. O ile nam wiadomo, będą nowością, jako pierwsze wykonane przy użyciu mikroskopu skaningowego.

Światowa premiera.

I nadzieja, że uda się rozwiązać zagadkę śmierci Hitlera.

„Przy obecnej technice mamy szansę dotrzeć znacznie dalej niż w roku 1945 czy 1970", powiedział z zapałem doktor Charlier. „Mamy możliwość przeprowadzenia badań toksykologicznych i chemicznych tego kamienia. To atuty, które powinny nam pozwolić na odkrycie prawdy".

„Robiłeś już wszystko. Ludwika Świętego, Ryszarda Lwie Serce, Karola Wielkiego, Marię Magdalenę… A ten to kto?" Raphaël Weil doskonale znał Philippe'a Charlier. Pracował z nim od dziesięciu lat. Domyślał się, że i tym razem obiektem badań jest pierwszoplanowa postać historyczna.

„Podaj przynajmniej epokę".

„Druga wojna światowa", odpowiedział powściągliwie lekarz sądowy. „Podmiot jest Niemcem", ciągnął. „To ważna, nawet bardzo ważna postać historyczna".

Raphaël Weil zerknął na fiolkę i zauważył etykietkę z inicjałami A.H. O nic więcej nie pytał. „Mam czas tylko do południa", przypomniał z powagą. „Zaczynajmy". Z trzech zebranych odprysków tylko dwa miały zostać poddane badaniu. Te dwa większe. A raczej – nie takie małe. Pierwszy miał długość 2,5 mm i 1,3 mm grubości. Drugi był cieńszy. Ale nie o wielkość tu chodziło. Mikroskop był tak silny, że pozwalał na oglądanie drobin mierzonych w mikronach. Przede wszystkim zaś poda skład chemiczny tych maleńkich próbek. „Moim celem jest uzyskać potwierdzenie składu tego kamienia, diety osobnika, tego, czy znajdziemy tylko włókna roślinne, czy także zwierzęce. I jeszcze jedno, chciałbym, żebyś poszukał śladów trucizny".

Nie mogąc pobrać próbek niebieskich śladów, Philippe Charlier chciał uzyskać informacje dzięki badaniu kamienia nazębnego. Zależało mu także na ustaleniu składu protez. „Nie miałem możliwości przeprowadzenia badań tych protez na poziomie składu", wyjaśnił Raphaëlowi Weilowi. Jak w powieści kryminalnej, każdy szczegół mógł okazać się tym, który pozwoli rozwiązać sprawę. Charlier doskonale o tym wiedział. Dlatego udzielił współpracownikowi ważnych informacji: „Te protezy były dość zniszczone i nie wydaje mi się, żeby były wysokiej jakości. Oczekuję od ciebie, że spróbujesz ustalić ich skład chemiczny. To bardzo ważne, żeby określić ich ewentualną reakcję z cyjankiem". Innymi słowy, chodzi o to, czy niebieskie plamy mogły powstać w wyniku reakcji cyjanku z metalem protez. Czy Hitler popełnił samobójstwo, trując się, jak stwierdzili w maju 1945 roku radzieccy śledczy?

Czy cyjanek to skuteczna trucizna? Czy to bolesne? Hitler z pewnością zadał te dwa pytania lekarzom, którzy byli z nim w bunkrze. Wiadomo, że wypróbował działanie fiolek na suczce Blondi, ukochanym owczarku niemieckim. Zmusił ją, żeby połknęła truciznę. Tę scenę opisało wielu świadków. Stało się to 29 kwietnia 1945 roku, w środku nocy. Wtedy Hitler nie miał już żadnych złudzeń, wiedział, że bitwa o Berlin jest przegrana. Armia Czerwona znajdowała się zaledwie kilka ulic od jego bunkra. Samobójstwo uważał za jedyne możliwe wyjście. Ale Himmler dopuścił się zdrady, próbując negocjować bezpośrednio z Brytyjczykami i Amerykanami. A to Himmler dostarczył mu cyjanek, więc może ten zdrajca Rzeszy zmienił skład ampułek? W przystępie paranoi Hitler postanowił przetestować truciznę na suczce. Ten makabryczny obowiązek wziął na siebie kierujący szpitalem w bunkrze profesor Haase, a pomagał mu treser psów z Kancelarii. Zwierzę padło. Wersje tego wydarzenia różnią się nieco zależnie od świadka. Rattenhuber, szef straży osobistej Hitlera, opowiadał potem Rosjanom, którzy wzięli go do niewoli, że suczka cierpiała, przeraźliwie wyła, długo zdychała w konwulsjach. Hitlera nie było przy jej agonii, ale działanie trucizny głęboko nim wstrząsnęło. Linge, Günsche i Traudl Junge, jedna z sekretarek osobistych Hitlera, zgodnie przedstawiali inną wersję: po śmierci Blondi, przy której go nie było, Führer stwierdził po prostu, że trucizna jest skuteczna, i nie okazywał żadnych emocji. Pewne jest natomiast, że kapsułka doskonale zadziałała. Czy to uspokoiło Hitlera? Tak, jeśli wierzyć jego otoczeniu. Zdarzało mu się chwalić zalety tej trucizny w rozmowach z nimi. Traudl Junge opowiada: „Hitler wyjaśnił nam, że ta trucizna zabija całkiem bezboleśnie. Śmierć następuje w ciągu kilku sekund poprzez paraliż układów nerwowego i oddechowego"*. Czy okłamywał tych, którzy pozostali mu jeszcze wierni, żeby ich nie niepokoić, czy naprawdę nie zdawał sobie sprawy z efektów ubocznych działania cyjanku? Przez całe życie Hitler był bardzo nieufny wobec lekarzy i ostrożnie podchodził do zalecanych przez nich kuracji. Z pewnością znał straszną prawdę: trucizna jest faktycznie śmiertelna, ale śmierć nie jest bezbolesna. Zależnie od dawki cyjanku oraz wagi osoby,

* Traudl Junge, *Dans la tannière du loup...*, s. 243–244.

jej wieku i stanu zdrowia, a także faktu, czy jadła, czy nie (dowiedziono, że cyjanek działa szybciej na osoby będące na czczo), zgon następuje w różnym czasie. Jednak zawsze poprzedzają go silne bóle. Jako pierwsze pojawiają się dolegliwości neurologiczne i sercowo-naczyniowe. Bardzo szybko nadchodzi silna migrena. Potem zawroty głowy, dezorientacja, poczucie oszołomienia... Wreszcie pojawiają się problemy z oddychaniem. Jakby przedłużony bezdech. Do bólu dołącza lęk. Człowieka ogarniają drgawki, potem traci przytomność. Po kilku minutach następuje śmierć w wyniku zatrzymania akcji serca. Ile czasu mija do utraty przytomności? To wszystko kwestia dawki, rodzaju cyjanku i sposobu jego podania. Na przykład Himmler konał kwadrans od rozgryzienia kapsułki. Te informację podali brytyjscy żołnierze, którzy zatrzymali go przy granicy duńskiej i bezradnie patrzyli na jego samobójstwo 23 maja 1945 roku. Śmierć szefa SS otacza jednak tajemnica. Do dziś nie odtajniono wyników jego sekcji ani oficjalnego raportu w tej sprawie. Pozostają „tajemnicą wojskową" i spoczywają w brytyjskich archiwach. Prawdopodobnie zostaną odtajnione w roku 2045, czyli sto lat po jego śmierci.

Często słyszy się o silnej woni gorzkich migdałów, która unosi się po zażyciu cyjanku. W przypadku suczki Blondi świadkowie zgodnie mówili o tym zapachu wyczuwalnym w powietrzu. Zapach jest uporczywy i może utrzymywać się długo. W przypadku Hitlera i Ewy Braun radziecka ekipa medyczna poczuła gorzkie migdały podczas sekcji. Ale przecież zwłoki były zwęglone i przez kilka dni leżały w ziemi: „Wyraźny zapach gorzkich migdałów bijący od ciał [...] pozwolił komisji dojść do wniosku, że w tym przypadku śmierć spowodowana została substancją zawierającą cyjanek"*. Czy to możliwe, żeby zapach utrzymywał się tak długo po samobójstwie? A przede wszystkim, czy przetrwałby silne zwęglenie? Czy radziecki zespół lekarzy sądowych nie wyolbrzymił kwestii gorzkich migdałów jako potwierdzającej

* Lev Biezymenski, *The Death of Adolf Hitler...*, s. 67.

hipotezę zażycia cyjanku? Ta teoria, o czym przekonaliśmy się, badając rosyjskie materiały archiwalne, miała poparcie Stalina, w którego oczach samobójstwo przez zażycie cyjanku to czyn godny wzgardy, jeśli dotyczy wodza.

Niektórzy świadkowie śmierci Hitlera wspominali o zapachu gorzkich migdałów. Inni nie. Łatwo wytłumaczyć tę rozbieżność. Dziś wiemy, że nie wszyscy wyczuwają ten zapach. Ustalono, że 20–40 procent ludzi nie jest na niego wyczulonych. Czy to wystarczy, żeby uznać trafność hipotezy samobójstwa przez zażycie cyjanku? Czy woń gorzkich migdałów, o której mówili świadkowie, nie unosiła się tylko nad ciałem Ewy Braun? W jej przypadku nigdy nie kwestionowano zażycia cyjanku. Linge pamiętał, że widział na twarzy młodej kobiety zmiany świadczące o cierpieniach typowych dla tego rodzaju zatrucia. W swych wspomnieniach lokaj Hitlera dodał, że na stoliku przy kanapie, na której leżały zwłoki, znalazł małe pudełeczko. Twierdził, że w tym pudełeczku leżała kapsułka żony Führera. Trzeba jednak podkreślić, że to pudełeczko „już nie istnieje" w protokołach przesłuchań Lingego przez Rosjan.

Noc z 26 na 27 lutego 1946 roku:

> Radziecki śledczy: Czy znaleźliście na kanapie lub gdzieś obok, na podłodze, ampułkę albo pudełko po truciźnie, której mogłaby użyć Ewa Braun?
>
> Linge: Nie. Nie było żadnego śladu trucizny i żadna ampułka ani pudełko nie zostały przeze mnie znalezione, nawet kiedy wróciłem po spaleniu ciał Hitlera i jego żony, żeby się zająć ich rzeczami osobistymi.

Znowu sprzeczności, znowu wątpliwości. Czy Linge kłamał, zeznając przed oficerami radzieckich tajnych służb? A może kłamał we wspomnieniach? Te zmiany tonu, ciągłe modyfikacje szczegółów, sprzyjały powstawaniu teorii spiskowych i pogłosek, jakoby Hitler nie umarł w bunkrze i być może uciekł.

Radzieccy śledczy też mieli wątpliwości. Bardzo szybko wykryli lukę w scenariuszu Lingego. Dotyczyła ona stwierdzenia zgonu małżonków Hitler:

Śledczy: Jaki lekarz stwierdził zgon Hitlera i jego żony?

Linge: Ja i Bormann nie wzywaliśmy żadnego lekarza, ponieważ było dla nas jasne, że Hitler i jego żona nie żyją.

Śledczy: Czy wy albo Bormann macie dyplomy ukończenia studiów medycznych?

Linge: Nie, ani Bormann, ani ja nie jesteśmy dyplomowanymi lekarzami.

Śledczy: Jak w takim razie mogliście stwierdzić, że Hitler naprawdę nie żyje? Czy sprawdzaliście jego puls, słuchaliście bicia serca?

Linge: Nie. Nie zrobiliśmy żadnej z tych rzeczy. Po prostu doszliśmy do wniosku, że nie żyje, patrząc na niego.

Śledczy: Jak doszliście do wniosku, że żona Hitlera, Ewa Braun jest martwa?

Linge: Wywnioskowaliśmy, że nie żyje, z jej wyglądu. Nie poruszała się. Pomyśleliśmy, że się otruła. [...]

Śledczy: Czy w bunkrze Kancelarii Rzeszy byli jacyś lekarze?

Linge: Tak. Był tam osobisty lekarz Hitlera, standartenführer Stumpfegger, a także dawny lekarz osobisty Hitlera, profesor Haase.

Śledczy: Dlaczego nie wezwaliście tych lekarzy, żeby mogli stwierdzić ich zgon?

Linge: Nie potrafię wyjaśnić, dlaczego nie wezwaliśmy lekarzy i nie chcieliśmy, żeby potwierdzili zgon Hitlera i jego żony.

Joël Poupon dobrze znał efekty działania cyjanku. I w przeciwieństwie do Lingego miał odpowiednie dyplomy. Joël Poupon to specjalista analizy minerałów w laboratorium toksykologii biologicznej szpitala Saint-Louis-Lariboisière w Paryżu. Philippe Charlier od razu pomyślał o nim, szukając kogoś, kto pomógłby mu w rozwiązaniu zagadki niebieskich plam widocznych na zębach Hitlera i Ewy Braun. Na widok zdjęć tych plam doktor Poupon rzucił „nie do wiary!", reagując dość nietypowo jak na powściągliwego naukowca. Ten jasny, głęboki błękit nie pozostawiał obojętnym. Był jakby gęsty, ciężki, ciemny niemal jak błękit pruski. Tak nazywa się ten specyficzny kolor. Kolor stworzony chemicznie poprzez połączenie siarczanu żelazawego z żelazocyjankiem potasu. Nazwa tego błękitu nawiązuje do faktu, że wynalazł go na początku XVIII wieku niemiecki chemik z Berlina. To barwa uderzająco podobna do koloru widocznego na zębach przechowywanych w archiwum FSB. Ciemny niebieski – kuanos, jak nazywali go starożytni Grecy – od którego to słowa wzięło się słowo cyjanek.

Jak mówił Paracelsus, „wszystko jest trucizną i nic nie jest trucizną, bo tylko dawka czyni truciznę". Trudno o bliższą prawdy charakterystykę cyjanku. Bo choć w języku potocznym cyjanek automatycznie kojarzy się z groźną, zabójczą trucizną, często używaną w świecie szpiegów, w rzeczywistości ten związek chemiczny towarzyszy nam na co dzień. I wcale nie stanowi dla nas zagrożenia. Cyjanek czy też cyjanowodór (HCN) znajduje się w pestkach wiśni, moreli i jabłek. Chociaż rzadko jadamy te pestki, to lubimy gorzkie migdały. A cyjanku w nich nie brakuje. Na szczęście – o ile nie zjemy ogromnej ich ilości – nasz organizm doskonale radzi sobie z tym naturalnym cyjankiem.

Związek ten uzyskuje się także w reakcjach chemicznych i produkuje się go w różnych postaciach: gazowej (używanej przez nazistów w komorach gazowych), ciekłej, a także w postaci soli rozpuszczalnych. W tym ostatnim przypadku są to cyjanek potasu, amonu lub wapnia. Jeśli wierzyć opowieściom mieszkańców bunkra, rozdane im kapsułki zawierały cyjanek potasu. Czy tak było naprawdę? Żeby to sprawdzić, należałoby zdobyć jedną z tych kapsułek. Nie jakąkolwiek, ale którąś z przeznaczonych dla najwyższych dygnitarzy, bo takie właśnie rozdawano w w schronie. Po długich poszukiwaniach w europejskich muzeach i archiwach dowiedzieliśmy się, że muzeum farmacji w niemieckim Heidelbergu posiada taką kapsułkę. Niestety, informacja była prawdziwa, ale nieaktualna. Kiedy skontaktowaliśmy się z muzeum, powiedziano nam, że już nie przechowuje się tam kapsułki! Zdjęcie, niech będzie choćby zdjęcie, bo i ono da nam szansę sprawdzenia, czy cyjanek był płynny, czy miał postać soli. Nic z tego – nie ma zdjęcia. Pracownicy muzeum niczego nie zachowali. Żadnego zdjęcia, nawet czarno-białego, nawet niewyraźnego. Nic.

A raport? Dane, analiza, cokolwiek…? *Nein!* To *nein* zanadto przypominało nam *niet*, tak często padające z ust naszych moskiewskich rozmówców.

W Niemczech nie było kapsułek, podobnie w Rosji i we Francji. Pozostało nam sprawdzić w Wielkiej Brytanii i Ameryce.

Nadzieję przywrócił nam film nakręcony 4 czerwca 1945 roku. To brytyjski reportaż zatytułowany *The Last of Europe's Butcher*, czyli „Ostatni rzeźnik Europy". Ten rzeźnik to Himmler. Na filmie widać dom, w którym miał odebrać sobie życie, oraz jego zwłoki. Przede wszystkim jednak interesuje nas pokazana wyraźnie kapsułka z cyjankiem. Nosowy, rwący głos dziennikarza poinformował, że Himmler miał identyczną. Kamera zatrzymała się na kapsułce i mogliśmy z pewnością stwierdzić, że cyjanek w niej miał postać bezbarwnego płynu, a nie proszku. Tylko jedna z końcówek kapsułki, cieńsza od drugiej, jest nieprzezroczysta i zabarwiona. Najprawdopodobniej więc cyjanek zażyty przez Himmlera był cieczą szerzej znaną pod nazwą kwasu pruskiego czy też cyjanowodorowego. Pruskiego, ponieważ u schyłku XVIII wieku wynalazł go szwedzki chemik Carl Wilhelm Scheele, wykorzystując błękit pruski. Zresztą kwas pruski to po niemiecku *Blausäure*, czyli „niebieski kwas". Śmiertelna dawka wynosi 50 miligramów. Hitler i jego żona z pewnością dostali właśnie ten rodzaj cyjanku.

Pozostało zatem ustalić, czy dyktator zażył truciznę, by odebrać sobie życie.

Günsche w to nie wierzył!

W roku 1956 przysięgał przed niemieckim sądem, że tak nie było.

Dawny esesman został wówczas zwolniony z radzieckich obozów, gdzie spędził dziesięć lat. Wrócił 28 kwietnia 1956 roku. Zastał Niemcy podzielone w 1949 roku na dwa państwa. Na zachodzie z trzech stref okupacyjnych – amerykańskiej, brytyjskiej i francuskiej – powstała Republika Federalna Niemiec, a na wschodzie radziecka strefa okupacyjna istniała jako Niemiecka Republika Demokratyczna. Dowiedział się, że po tym, jak w 1950 roku został osądzony i skazany przez radziecki wymiar sprawiedliwości na dwadzieścia pięć lat więzienia (zwolniono go po sześciu latach po interwencji Konrada Adenauera, kanclerza RFN), będzie musiał stanąć przed niemieckim sądem. Nie chodziło jednak o to, by go ponownie sądzić, ale o to, by położyć kres sprawie Hitlera. Od upadku nazistowskiego reżimu minęło dziesięć lat – nadszedł czas, by ostatecznie rozstrzygnąć, czy dyktator zmarł. Günsche nie był jedyną osobą z bliskiego otoczenia Hitlera, która wróciła do Niemiec. W 1955 roku Adenauer negocjował z Rosjanami repatriację ostatnich niemieckich więźniów, tych skazanych za zbrodnie wojenne. Było wśród nich trzech świadków ostatnich godzin życia Hitlera: Günsche, Linge i Baur.

Zeznania Günschego i Lingego przyjął sąd w Berchtesgaden. Każdy z nich zeznawał osobno, a przesłuchań było po kilka – wszystkie w dniach od 10 lutego do 19 czerwca 1956 roku.

Aż do 2010 roku taśmy z zapisem tych zeznań spały sobie na półkach archiwum państwowego w Monachium (Staatsarchiv München). Z przyczyn technicznych nie dawało się ich odtworzyć. Starannie odrestaurowane, dziś już stały się dostępne.

Na nagraniach obaj mężczyźni zeznawali pod przysięgą, a przesłuchiwał ich sędzia, któremu towarzyszyli reprezentanci bawarskiej policji, w tym szef wydziału kryminologii i biegły z zakresu medycyny. Lingego i Günschego raz jeszcze pytano o ostatnie chwile Hitlera w bunkrze 30 kwietnia 1945 roku. Obaj byli wyniszczeni po latach pobytu w radzieckich więzieniach, a zwłaszcza ciągłych przesłuchaniach prowadzonych przez tajne służby ZSRR. Przez dziesięć długich lat kazano im raz po raz powtarzać to samo. Czy potrafili jeszcze dokładnie sobie przypomnieć to, co naprawdę się wydarzyło 30 kwietnia 1945 roku? Czy ich pamięć nie została „wyczyszczona" po tych wiecznych pytaniach i stałym zarzucaniu kłamstw?

Obaj zeznawali przed wymiarem sprawiedliwości swojego kraju, ale robili to niemal mechanicznie. A Günsche oznajmił: „Jak już powiedziałem, przeniosłem na rękach ciało Ewy Braun, które nie było okryte, i czułem niezwykle silną woń gorzkich migdałów. Od Hitlera nie czułem tego zapachu. Zwłaszcza gdy jego zwłoki zostały ułożone na ziemi w ogrodzie. Kiedy Bormann ściągnął koc [którym okryto Hitlera – przyp. aut.], podszedłem bardzo blisko, ale niczego takiego nie zauważyłem"*. Czy były adiutant Hitlera mówił prawdę? Czy w przeciwieństwie do Sowietów, którzy dążyli do potwierdzenia tezy śmierci przez otrucie, co świadczyłoby o tchórzostwie, Günsche nie chciał ukazać swego wodza jako mężczyzny zdolnego strzelić sobie w głowę? Z poszanowaniem całej militarnej symboliki tego gestu, zapewne ważnej w jego oczach? Zeznania, które złożył przed niemieckim wymiarem sprawiedliwości Günsche, choć bardzo szczegółowe, były jednak częściowo niezgodne z zeznaniami Lingego. I dotyczyło to ważnych kwestii. Oto co powiedział Günsche o odnalezieniu ciał małżeństwa Hitler w przedpokoju ich apartamentu:

> Bormann i Linge zamierzali właśnie wejść do gabinetu Hitlera. Poszedłem za nimi, a wtedy moim oczom ukazał się następujący widok: Hitler, patrząc zza drzwi w lewo, siedział

* Archiwalny zapis dźwiękowy przesłuchań Ottona Günschego, 1956, Staatsarchiv München, CD/DVD 71-74.

> w fotelu, mniej więcej na wprost drzwi, z głową pochyloną na prawe ramię, które opierało się o podłokietnik; prawa ręka bezwładnie zwisała. [...] Ewa Braun leżała na kanapie w głębi pomieszczenia, na wprost drzwi, z głową zwróconą w stronę Hitlera; leżała na plecach, z lekko ugiętymi i podkulonymi nogami – pantofle – lekkie damskie pantofle – leżały na kanapie*.

Niemieccy śledczy przyjęli to zeznanie ze zdziwieniem. Pytali o szczegóły. A Günsche ich nie szczędził:

> Hitler siedział – powiedziałbym – lekko skulony, ale to nie rzucało się w oczy, w fotelu, pochylony w prawo, z prawą ręką zwisającą przez prawy podłokietnik, jego głowa lekko pochylała się w prawo nad prawym ramieniem. O ile pamiętam, usta były lekko rozchylone, broda trochę opadała, ale nie jestem tego pewien...

A zatem Hitler popełniłby samobójstwo w fotelu, a nie na kanapie obok Ewy Braun. Wersja adiutanta przeczy wersji, którą niemieckim śledczym podał Linge.

> Kiedy wszedłem do pomieszczenia, Hitler siedział po lewej – patrząc od mojej strony – po lewej Hitler, a dokładnie w lewym rogu kanapy.
>
> Śledczy: Czyli z pana strony po lewej, a więc w prawym rogu kanapy?
>
> Linge: Tak, dokładnie w rogu...**

Kto mówił prawdę? Czy można było się tak pomylić? Jeśli się weźmie pod uwagę ustawienie mebli w pomieszczeniu, gdzie doszło do samobójstw, odpowiedź powinna brzmieć: nie! Niemieccy

---

* *Ibidem.*

** *Ibidem.*

śledczy wnikliwie analizowali urządzenie pomieszczenia. I prosili Lingego o potwierdzenie.

Śledczy: Powierzchnia pomieszczenia to około 8 metrów kwadratowych, było mniej więcej kwadratowe, miało drzwi wychodzące na główny korytarz, można też przypuścić, że ten przedpokój był miejscem spotkań osób z bezpośredniego otoczenia, można tam było też spać, stała tam kanapa.

Linge: Tylko ostatniego dnia...

Śledczy: [...] Z pomieszczenia były jeszcze dwa inne wyjścia – po prawej do sypialni Hitlera, a po lewej do łazienki. Na umeblowanie składały się kanapa długości około 2 metrów, normalna kanapa z podłokietnikami. Przed kanapą stół, niezbyt duży...

Linge: Mały stolik...

Śledczy: Po prawej i po lewej od tego stołu, jak pan wspomniał, fotele, po jednym z każdej strony. Kanapa stała pod ścianą na wprost wejścia, przed nią był stół, a także na prawo od drzwi duże biurko, przy nim zaś krzesło. Pan Linge mówił, że było tam tak ciasno, że ledwie dało się przejść między stołem a biurkiem, kiedy znajdowały się tam krzesła. Poza tym portret Fryderyka Wielkiego – który według pana nie odgrywał ważnej dla nas roli – nad biurkiem. Hitler bardzo cenił ten obraz.

Linge: To był obraz Menzla.

Śledczy: Tyle co do miejsca*.

Trudno o większą precyzję.

W przeciwieństwie do pisemnych protokołów radzieckich tu po raz pierwszy mamy do dyspozycji zeznania ustne Lingego i Günschego. Intonacja głosu, rytm mowy, dobór słów, to także informacje, dzięki którym można wykryć niespójności.

---

* *Ibidem.*

Linge i Günsche na tych nagraniach wydają się bardzo pewni swoich wspomnień. Żaden z nich nie szukał słów, nie wahał się. A jednak według Lingego Hitler siedział na wprost drzwi wejściowych, na kanapie, obok Ewy Braun. Według Günschego siedział przed tą kanapą, w fotelu.

To poważny dylemat. Komu uwierzyć? Którą wersję przyjąć? Kto kłamie? Albo się myli…

Czy Günsche mówił prawdę, twierdząc, że Hitler nie zażył trucizny?

Ten epizod dowodził, że opieranie się na twierdzeniach świadków ostatnich chwil życia Hitlera jest praktycznie niemożliwe. Aby uporać się z sytuacją i rozwikłać zagadkę, trzeba zastosować metody naukowe.

I stąd obecność Philippe'a Charlier w Laboratorium Fizyki Ciał Stałych na paryskim przedmieściu.

Już przeszło dwie godziny trwało oglądanie każdego mikrona dwóch okruchów kamienia nazębnego. Raphaël Weil działał metodycznie i cierpliwie. Nic nie mogło mu umknąć. Za kilka chwil miał wiedzieć wszystko o składzie chemicznym tych dwóch odprysków z archiwum FSB. Być może zdobędzie też informacje o składzie protez. Szukał przede wszystkim rtęci, ołowiu, arszeniku, miedzi i oczywiście żelaza, ponieważ cyjanek jest niewykrywalny. Jego ślady znikają między dwudziestą czwartą a siedemdziesiątą drugą godziną po zażyciu. Ale ten proces przyspiesza, jeżeli ciało jest palone lub przechowywane w temperaturze powyżej 20°C. Zegar wskazywał 12.30. Czas pracy ustalony przez Raphaëla Weila minął. Inżynier zapomniał o głodzie. Był maksymalnie skoncentrowany, chciał wykluczyć ewentualne błędy w interpretacji. Philippe Charlier zaczynał się niecierpliwić. Nieudolnie przepraszał za to kolegę. „Nie spiesz się…", powtarzał lekarz sądowy, starając się ukryć podniecenie, ale po chwili znów pytał: „I co… jest?". Tymczasem inżynier ze stoickim spokojem czekał na obliczenia maszyny i wymieniał wykryte pierwiastki chemiczne: wapń, potas, fosfor… Ale nie żelazo albo tak małe ilości, że nie da się ustalić, czy pochodzi z materiału badanego, czy też z „komory" mikroskopu, w której ułożone są odpryski kamienia. Philippe Charlier nie miał szansy już się tego dowiedzieć. Był głęboko rozczarowany.

Chociaż nie. Nie aż tak.

Raphaël Weil zwrócił oczy na Charliera. Oczywiście, nie miał informacji o protezach, ale znalazł coś lepszego.

Weil uzyskał jednoznaczny dowód naukowy autentyczności kamienia nazębnego.

Na ekranie kontrolnym skaningowego mikroskopu elektronowego pojawił się biało-czarny obraz. Był niewyraźny. Można by pomyśleć, że znajdowaliśmy się w centrum kontroli NASA za czasów lotów na Księżyc. Kamienisty teren, jak powierzchnia meteorytu, ukazywał się drobnymi fragmentami. Wreszcie górna część ekranu nabrała ostrości. „Sytuacja się klaruje, trzeba czekać", wtrącił Raphaël Weil, nie patrząc na mnie. Tworzyły się małe kulki, wypełniały cały ekran. Philippe Charlier natychmiast je rozpoznał: „To klasyczny wygląd kamienia nazębnego z tymi okrągłymi kształtami, jakby kuleczkami. Świadczy to o wapnieniu płytki nazębnej i formowaniu kamienia nazębnego". Inżynier potwierdził: „Te wszystkie kuleczki to jak sygnatura kamienia...".

Jednak analiza jeszcze się nie skończyła. Bardzo szybko pojawiło się włókno roślinne. Potem drugie. Nie było natomiast żadnych włókien zwierzęcych. Drobina mięsa o wielkości liczonej w mikronach wystarczyłaby do zakwestionowania twierdzeń, iż są to zęby Hitlera. W chwili śmierci dyktator miał za sobą wieloletnią dietę wegetariańską. Brak włókien zwierzęcych to dla lekarza sądowego dowód na autentyzm zębów.

Czy na podstawie tych dwóch okruchów kamienia nazębnego można dowiedzieć się więcej? Ustalić, czy Führer strzelił sobie w usta? Antymon o liczbie atomowej 51, bar o liczbie atomowej 56, ołów o liczbie atomowej 82. Tego szukał Raphaël Weil. Po szybkim sprawdzeniu na tablicy Mendelejewa, która przedstawia pierwiastki chemiczne według liczb atomowych, inżynier precyzyjnie skalibrował mikroskop. Philippe Charlier postanowił skupić się na tych trzech pierwiastkach, aby osiągnąć ściśle określony cel. Jeżeli Hitler strzeliłby sobie w usta, ślady tych trzech pierwiastków chemicznych musiałyby pozostać w kamieniu nazębnym.

Teza samobójstwa z użyciem broni palnej i strzału w usta została przedstawiona przez Anglików w listopadzie 1945 roku.

Prowadzić śledztwo w sprawie śmierci człowieka, nie mając dostępu do ciała i nie mogąc nawet przesłuchać naocznych świadków, to wyzwanie, którego nie odważyliby się podjąć nawet najlepsi śledczy. Jednak właśnie w takiej sytuacji znaleźli się alianci, kiedy na początku maja 1945 roku dowiedzieli się o samobójstwie Hitlera. Jak już pisaliśmy (część III, rozdział 5), brytyjskie i amerykańskie sztaby dowodzenia nie mogły po prostu przyjąć wersji podanej przez Rosjan. To znaczy wersji o bardzo prawdopodobnej ucieczce Hitlera. Dlatego alianci podjęli próbę dokonania rzeczy niemal niemożliwej. Zebrali jak najwięcej zeznań tych nielicznych jeńców, którzy trafili w ich ręce, a do końca przebywali w bunkrze Führera. Anglicy przedstawili swój raport siłom okupacyjnym w Niemczech (Amerykanom, Rosjanom i Francuzom) 1 listopada 1945 roku. Ten cechujący się pragmatyzmem i realizmem raport zaczynał się od przyznania do swoistej bezsilności: „Jedynym oczywistym dowodem śmierci Hitlera byłoby odnalezienie i pewna identyfikacja jego zwłok. W braku tego dowodu jedyne prawdopodobne poszlaki wynikają z zeznań świadków, którzy zostali poinformowani o jego zamiarach lub [z zeznań] naocznych świadków jego losu". Angielskie śledztwo opierało się na człowieku bliskim Hitlerowi. Nazywał się Erich Kempka. Miał trzydzieści pięć lat i był osobistym kierowcą dyktatora. Jednak o śmierci Führera dowiedział się od Ottona Günschego, adiutanta Hitlera. Tę scenę rozmowy z Günschem Kempka opisał w swoich pamiętnikach wydanych w 1951 roku: „To był potworny szok. Otto, jak to się mogło stać? Przecież rozmawiałem z nim [Hitlerem – przyp. aut.] jeszcze wczoraj! Czuł się dobrze, był spokojny!". Günsche był wciąż tak wzburzony, że nie mógł mówić. Z trudem uniósł prawą rękę tak, jakby trzymał w niej pistolet, i zwrócił ją w kierunku ust"*. Kempka tak samo przedstawił ten epizod brytyjskim śledczym w roku 1945. I po części ze względu na zeznania Kempki w brytyjskim raporcie z 1 listopada 1945 roku napisano czarno na białym: „30 kwietnia o godzinie 14.30 Hitler i Ewa Braun pojawili się po raz ostatni w swym życiu. Chodzili po bunkrze, ściskając dłonie członków bliskiego otoczenia, sekretarek i asystentów, a potem wrócili do swego apartamentu, gdzie oboje odebrali sobie życie – Hitler strzałem w usta, Ewa Braun (mimo że była w posiadaniu pistoletu), zażywając jedną z kapsułek trucizny dostarczonej wszystkim w bunkrze".

Czy autor raportu, angielski historyk Hugh Trevor-Roper, domyślał się, że Sowieci nie powiedzieli całej prawdy o śmierci Hitlera? Kiedy oficjalnie prezentował wyniki śledztwa oficerom wojsk okupacyjnych w Niemczech, uważnie obserwował zachowanie przedstawicieli ZSRR. O opinię na temat prac Anglika poproszono generała Armii Czerwonej. Czy wojskowy z czerwoną gwiazdą w końcu coś ujawni? Trevor-Roper na zawsze zapamiętał jego słowa: „Kiedy poproszono go o komentarz do raportu, odparł lakonicznie, głuchym głosem: »Bardzo interesujący...«"**.

Po ponad siedemdziesięciu latach od tamtego dnia mieliśmy szansę dowiedzieć się, czy Trevor-Roper miał rację. Czy Kempka nie skłamał. Czy Hitler strzelił sobie w usta?

– Antymon? – spytał Charlier.

– Nie – odpowiedział Raphaël Weil.

– Ołów?

Raphaël powtarzał: „Nie. Ani bar".

Taka wymiana krótkich zdań trwała jeszcze przez wiele minut. Aż do uzyskania wyniku ostatniej analizy.

– Czyli?

---

* Erich Kempka, *I was Hitler's Chauffeur...*, s. 77.

** Hugh Trevor-Roper, *The Last Days of Hitler*, London 1947, s. 6 [wyd. polskie: *Ostatnie dni Hitlera*, przeł. Kazimierz Fudakowski, Poznań 1960].

Charlier spojrzał na mnie. Prawie zapomniał, że tu jestem, i moje pytanie go zaskoczyło. Jego „nic" brzmi jak cała odpowiedź.

– Nic!

Natomiast mógł mi z pewnością obwieścić koniec zagadki Hitlera.

Już niedługo zima miała opaść na Paryż niczym ciężka zasłona. Prawie dwuletnie śledztwo dobiegało końca.

Lana została w Moskwie. Czekała.

Pojechałem na przedmieście Paryża, na zachód od miasta, tuż za Wersal, do pracowni antropologii medycznej i sądowo-medycznej Philippe'a Charlier na uniwersytecie w Versailles-Saint-Quentin.

Powitał mnie niezbyt gorąco, skrzywiony, przewracający oczyma. Był w kiepskim nastroju.

Wokół inne twarze też spoglądały na mnie nieżyczliwie, niektóre pokazywały nawet języki, jakby wzywały do rytualnej ofiary.

„Ten pochodzi z Oceanii, a tamten z Afryki Zachodniej..." Philippe Charlier nie wiedział już, gdzie pomieścić te maski i totemy. Jego gabinet bardziej przypominał magazyn muzeum sztuki prymitywnej niż pomieszczenie, w którym pracował ekspert medycyny sądowej. Czy Charlier bał się zapomnieć, że jest także antropologiem?

W gabinecie panowało pewne napięcie. Czy to biały kitel doktora, czy może ten groźny areopag otaczających nas prymitywnych masek? A może to po prostu znużenie wielomiesięczną batalią, jaką było to historyczno-polityczne śledztwo?

Philippe Charlier siedział i mówił z powagą człowieka świadomego, jak wielkie jest znaczenie tej chwili.

Zaczął: „Stosunkowo często śmierć postaci historycznej otacza nimb tajemnicy, ludzie wyobrażają sobie, że ta osoba nie umarła, że uciekła... Klasyczna śmierć nikomu się nie podoba – to zbyt proste, zbyt banalne. Zadaniem medycyny sądowej jest oddzielenie prawdy od fałszu i przedstawienie ostatecznych wniosków na miarę naszych naukowych możliwości. Podchodzę z taką samą powagą i obiektywizmem do przypadku rozpatrywanego przed sądem i do przypadku archeologicznego".

Olbrzymi portret Henryka IV stał na podłodze pod ścianą. To rekonstrukcja wykonana w technice 3D przez zespół Philippe'a Charlier. Stary francuski król zdawał się słuchać z pewnym zniecierpliwieniem.

– I? – rzuciłem, by przerwać przydługi wstęp lekarza sądowego. – Czy szczątki ludzkie przechowywane w Moskwie to szczątki Hitlera, czy nie?

Głucha cisza.

– Czaszka. Nie wiem.

Oględziny przeprowadzone przez Philippe'a Charlier, utrudnione przez brak współpracy ze strony ekipy GARF-u, nie pozwoliły na rozstrzygnięcie: nie da się ustalić wieku tego skrawka sklepienia czaszki. Wbrew twierdzeniom Nicholasa Bellantoniego, amerykańskiego archeologa i emerytowanego wykładowcy uniwersytetu w Connecticut w Stanach Zjednoczonych, szerokość szwów to za mało, żeby ustalić, czy te kości czaszki należały do osoby młodej. Philippe Charlier nie miał co do tego wątpliwości. Zdjęcia RTG twarzy Hitlera, wykonane jesienią 1944 roku, pozwoliły mu zakwestionować analizę amerykańskiego uczonego. „Na tych zdjęciach widać szwy na szczycie czaszki Hitlera", wyjaśnił francuski lekarz sądowy. „Te szwy są bardzo szerokie. To dowodzi, że nie można twierdzić, iż skoro szwy są szerokie, to cechują osobnika młodego. Tego argumentu nie da się obronić". Przypomnijmy, że Nick Bellantoni twierdził w 2009 roku: „Zwykle w miarę starzenia się szwy czaszki się zasklepiają, tymczasem te [na fragmentach czaszki zachowanych w GARF-ie w Moskwie – przyp. aut.] są wyraźnie otwarte. Odpowiadają [stanowi] u osobnika w wieku od dwudziestu do czterdziestu lat"*.

Philippe Charlier dodał z naciskiem: „To czaszka osoby dorosłej. Kropka. Natomiast co do zębów, wiem. To naprawdę zęby Hitlera!".

* https://www.youtube.com/watch?v=2qrrjzfnsVY.

Podchwyciłem. „Jest pan tego pewien w stu procentach?"

„Medycyna sądowa nie lubi takich liczbowych szacunków, mamy jednak pewność, że nie jest to historyczne fałszerstwo. I mamy pewność, że istnieje anatomiczna zgodność zdjęć RTG, protokołu sekcji, relacji świadków, wszystkich tych, którzy wykonali jego protezy dentystyczne, z tym, co mieliśmy w ręku. Wszystkie te analizy łącznie potwierdzają, że badaliśmy szczęki Adolfa Hitlera zmarłego w Berlinie w roku 1945. A to obala wszystkie teorie o przeżyciu tego indywiduum".

A strzał w usta? A cyjanek?

Czy odpryski kamienia nazębnego umożliwiły mu udzielenie odpowiedzi na te dwa pytania? Czy teoria angielskiego śledczego z roku 1945 na temat śmierci Hitlera jest błędna? Czy Trevor-Roper się mylił?

„Analiza chemiczna powierzchni kamienia nazębnego umożliwiła nam szukanie śladów metali, które znajduje się, kiedy dojdzie do strzału z broni palnej w usta. Zwykle są gazy powstające w wyniku spalania, proch, produkty żarzenia, które osadzają się w jamie ustnej, na języku, śluzówkach... A zatem i na kamieniu nazębnym. Ale niczego takiego nie znaleźliśmy".

Kempka kłamał, mówiąc, że Günsche, adiutant Hitlera, wykonał gest naśladujący taki strzał.

Nawet Günsche oświadczył w 1956 roku, przesłuchiwany przez niemiecki wymiar sprawiedliwości, że Kempka wszystko zmyślił. Oto jego zeznania:

> Wykluczam, by Hitler strzelił sobie w usta. Poza tym pragnę podkreślić, że nie rozmawiałem z nikim w bunkrze o tym, jak Hitler strzelił sobie w głowę, ani o okolicznościach tego czynu. Powiedziałem tylko niektórym obecnym wtedy osobom, że Hitler się zastrzelił i że jego zwłoki zostały spalone*.

* Archiwalny zapis dźwiękowy przesłuchań Ottona Günschego, 1956, Staatsarchiv München, CD/DVD 71-74.

Trzeba było czekać ponad pół wieku, żeby potwierdzić słowa Günschego. Bez cienia wątpliwości. Nauka wzięła górę nad wszystkimi zeznaniami, nad emocjami, nad próbami manipulacji. I potwierdziła wersję powtarzaną wiele razy przez człowieka, który jako pierwszy zobaczył zwłoki Hitlera i Ewy Braun: Heinza Lingego, wiernego lokaja dyktatora. Przesłuchiwany przez radzieckich śledczych, ale także w wywiadach dla prasy, w radio i różnych stacjach telewizyjnych i w pamiętnikach opublikowanych po jego śmierci w 1980 roku, przedstawiał zawsze tę samą wersję:

> Kiedy wszedłem, po lewej zobaczyłem Hitlera. Siedział w prawym rogu kanapy… Głowa Hitlera była lekko pochylona do przodu. Na jego prawej skroni była dziura wielkości monety dziesięciocentymowej*.

A cyjanek?

A te niebieskie ślady na zębach?

Philippe Charlier musiał przyznać się do bezsilności. Te niebieskie ślady były dziwne, zaskakujące, a przede wszystkim zbijały z tropu. Ale naukowiec nie mógł zrobić nic więcej, nie pobierając próbek z zębów przechowywanych w Moskwie. Aleksandr twierdził, że to niemożliwe. Dmitrij powiedział Lanie, że powinna już zająć się czym innym, podjąć nowy temat.

„Powiedzieli, że nie zostanie przeprowadzona żadna analiza". Nawet Lana przekonywała mnie, że na razie na nic więcej nie mogliśmy już liczyć. „Chcieli tylko, żebyśmy udowodnili, że to naprawdę zęby Hitlera. Teraz, kiedy to już się stało, wszystko zamknęli".

A gdybyśmy stwierdzili, że to nie jego zęby? Choć było to pytanie retoryczne. Lana odparła chłodno: „To byłby dla Rosji poważny problem".

---

* *Ibidem.*

Materiały archiwalne – informacje

Funkcjonariusze FSB nie udostępnili nam sygnatur dokumentów, które mogliśmy przejrzeć. Dlatego przyjęliśmy dla dokumentów pochodzących z archiwum FSB, a przytaczanych w tej książce symbol CA FSB. CA oznacza Centralnyj Archiw – Archiwum Główne.

W przypadku archiwum wojskowego RGWA (Rossijskij Gosudarstwiennyj Wojennyj Archiw) cytowane dokumenty pochodzą z indywidualnych akt nazistowskich więźniów sądzonych za zbrodnie wojenne. Przyjęliśmy dla nich skrót RGWA.

Archiwalne materiały GARF-u opatrzone są sygnaturami pochodzącymi z poszczególnych dokumentów.

s. 49: GARF 9401/2/552, f. 8–9.
s. 50: GARF 9401/2/551, f. 225.
s. 52–53: GARF 9401/2/552, f. 191–193.
s. 53–54: GARF 9401/2/552, f. 280–284.
s. 97: GARF 9401/2/552, f. 83.
s. 98: GARF 9401/2/552, f. 84.
s. 113: GARF 9401/2/552, f. 93.
s. 132: GARF 9401/2/550, f. 68–69.
s. 145: GARF 9401/2/556, f. 175.
s. 145–146: GARF 9401/2/556, f. 177.
s. 155: CA FSB.
s. 164-167: CA FSB.
s. 173: GARF 9401/2/556, f. 178.
s. 176–179 i 189: GARF 9401/2/556, f. 179.

s. 179–180: GARF 9401/2/556, f. 182.
s. 191–195: RGWA.
s. 199–205: GARF 9401/2/551, f. 49–61.
s. 216: GARF 9401/2/552, f. 113.
s. 216–223: GARF 9401/2/552, f. 2.
s. 219: GARF 9401/2/552, f. 2,1.
s. 220–221: GARF 9401/2/552, f. 1 zdjęcia, f. 4 tekst.
s. 222–223: GARF 9401/2/552, f. 5.
s. 223: GARF 9401/2/552, f. 12–13.
s. 231–233: GARF 9401/2/553, f. 97 i 103.
s.233, 234–235: GARF 9401/2/550, f. 71.
s. 236: GARF 9401/2/550, f. 72.
s. 239: GARF 9401/2/553, f. 97.
s. 240: GARF 9401/2/553, f. 98 i 99.
s. 241: GARF 9401/2/553, f. 100.
s. 242: GARF 9401/2/553, f. 103.
s. 243: GARF 9401/2/550, f. 76.
s. 245: GARF 9401/2/551, f. 32.
s. 258–259: GARF 9401/2/551, f. 134–139.
s. 261–262: GARF 9401/2/551, f. 136.
s. 262: GARF 9401/2/551, f. 59.
s. 263–264: GARF 9401/2/551, f. 30.
s. 265–266: CA FSB.
s. 267: GARF 9401/2/550, f. 26.
s. 268: CA FSB.
s. 269–270: CA FSB.
s. 277–278: GARF 9401/2/552, f. 275, 574, 363.
s. 280: GARF 9401/2/552, f. 263.
s. 281: GARF 9401/2/551, f. 47.
s. 281–282: GARF 9401/2/552, f. 268.
s. 282–283: GARF 9401/2/552, f. 276.
s. 283: GARF 9401/2/552, f. 276.
s. 283–284: GARF 9401/2/552, f. 197.
s. 284: GARF 9401/2/552, f. 199.

s. 286: GARF 9401/2/551, f. 55 i 138.
s. 287–288: GARF 9401/2/552, f. 140.
s. 288: GARF 9401/2/552, f. 58.
s. 288–289: GARF 9401/2/552, f.140.
s. 289: GARF 9401/2/552, f. 141.
s. 290–291: GARF 9401/2/552, f. 207.
s. 294–295: GARF 9401/2/556, f. 197.
s. 295–296: GARF 9401/2/552, f. 198.
s. 322: GARF 9401/2/551, f. 137.
s. 332: GARF 9401/2/552, f. 114.
s. 333: GARF 9401/2/552, f. 116.

Podziękowania

Pragniemy podziękować kierownictwom rosyjskich archiwów:

Larysie Aleksandrownie Rogowej (GARF, Państwowe Archiwum Federacji Rosyjskiej),

Władimirowi Iwanowiczowi Korotajewowi (RGWA, Rosyjskie Państwowe Archiwum Wojskowe),

Olegowi Konstantinowiczowi Matwiejewowi (COS, Centrum Prasowe FSB).

A także uczonym, którzy służyli nam pomocą przez cały okres naszego śledztwa:

Raphaëlowi Weilowi, Joëlowi Poupon, Patrickowi Rainsardowi.

Philippe'owi Charlier, którego niezmienny entuzjazm pozwolił nam doprowadzić do końca prace badawcze i potwierdzić autentyzm zębów Hitlera.

Szczególne podziękowania dla:

Oliviera Wlodarczyka i całego zespołu Ego za niezłomną wiarę w ten szalony pomysł.

Aleksandra Orłowa (Ministerstwo Spraw Zagranicznych Rosji) za cenna pomoc.

Naszych niezmordowanych tłumaczek i tłumaczy: Tatiany Szutowej (język rosyjski), Ulrike Zander i Aymerica Le Delliou (język niemiecki).

Podziękowania Lany Parshiny:

Dla Ludmiły Wasiliewny Dwojnicz i Natalii Pietrowny Parszyny.

Podziękowania Jean-Christophe'a Brisarda:
Dla Céline Lison za wnikliwą lekturę.
Dla Claude'a Quétela, który swymi wspomnieniami zachęcił mnie do podjęcia tego wyzwania.

Indeks osobowy

T

W

Ż

Słowniczek skrótów

CA FSB (Centralnyj Archiw FSB) – Archiwum Główne FSB

FSB (Fiedieralnaja Służba Biezopasnosti) – Federalna Służba Bezpieczeństwa

GARF (Gosudarstwiennyj Archiw Rossijskoj Fiedieracyi) – Centralne Archiwum Federacji Rosyjskiej

KGB (Komitet Gosudarstwiennoj Biezopasnosti) – Komitet Bezpieczeństwa Państwowego ZSRR

KPZR (KPSS, Kommunisticzeskaja Partia Sowietskogo Sojuza) – Komunistyczna Partia Związku Radzieckiego

NKWD (Narodnyj Kommisariat Wnutriennych Dieł) – Ludowy Komisariat Spraw Wewnętrznych ZSSR

MID (Ministierstwo Inostrannych Dieł) – Ministerstwo Spraw Zagranicznych

MGB (Ministierstwo Gosudarstwiennoj Biezopasnosti) – Ministerstwo Bezpieczeństwa Państwowego ZSRR

MWD (Ministierstwo Wnutriennych Dieł) – Ministerstwo Spraw Wewnętrznych ZSRR

RGWA (Rossijskij Gosudarstwiennyj Wojennyj Archiw) – Rosyjskie Państwowe Archiwum Wojskowe